江西财经大学信毅学术文库

促进城乡融合发展的财政政策研究

吴宗福 著

中国财经出版传媒集团
中国财政经济出版社
北京

图书在版编目（CIP）数据

促进城乡融合发展的财政政策研究 / 吴宗福著．--
北京：中国财政经济出版社，2024．4
（江西财经大学信毅学术文库）
ISBN 978-7-5223-2700-6

Ⅰ．①促… Ⅱ．①吴… Ⅲ．①财政政策-影响-城乡建设-经济发展-研究-中国 Ⅳ．①F299．21

中国国家版本馆 CIP 数据核字（2024）第 035861 号

责任编辑：彭　波　　责任印制：史大鹏
封面设计：王　颖　　责任校对：胡永立

促进城乡融合发展的财政政策研究
CUJIN CHENGXIANG RONGHE FAZHAN DE CAIZHENG ZHENGCE YANJIU
中国财政经济出版社 出版
URL：http：//www. cfeph. cn
E-mail：cfeph@ cfeph. cn

社址：北京市海淀区阜成路甲 28 号　邮政编码：100142
营销中心电话：010-88191522
天猫网店：中国财政经济出版社旗舰店
网址：https：//zgczjjcbs. tmall. com
中煤（北京）印务有限公司印刷　各地新华书店经销
成品尺寸：170mm×230mm　16 开　17 印张　221 000 字
2024 年 4 月第 1 版　2024 年 4 月北京第 1 次印刷
定价：78．00 元
ISBN 978-7-5223-2700-6
（图书出现印装问题，本社负责调换，电话：010-88190548）
本社图书质量投诉电话：010-88190744
打击盗版举报热线：010-88191661　QQ：2242791300

总　序

书籍是人类进步的阶梯。通过书籍出版，由语言文字所承载的人类智慧得到较为完好的保存，作者思想得到快速传播，这大大地方便了知识传承与人类学习交流活动。当前，国家和社会对知识创新的高度重视和巨大需求促成了中国学术出版事业的新一轮繁荣。学术能力已成为高校综合服务水平的重要体现，是高校价值追求和价值创造的关键衡量指标。

科学合理的学科专业、引领学术前沿的师资队伍、作为知识载体和传播媒介的优秀作品，是高校作为学术创新主体必备的三大要素。江西财经大学较为合理的学科结构和相对优秀的师资队伍，为学校学术发展与繁荣奠定了坚实的基础。近年来，学校教师教材、学术专著编撰和出版活动相当活跃。

为加强我校学术专著出版管理，锤炼教师学术科研能力，提高学术科研质量和教师整体科研水平，将师资、学科、学术等优势转化为人才培养优势，我校决定分批次出版高质量专著系列；并选取学校“信敏廉毅”校训精神的前尾两字，将该专著系列命名为“信毅学术文库”。在此之前，我校已分批出版“江西财经大学学术文库”和“江西财经大学博士论文文库”。为打造学术品牌，突出江财特色，学校在上述两个文库出版经验的基础上，推出“信毅学术文库”。在复旦大学出版社的大力支持下，“信毅学术文库”已成功出版两期，获得了业界的广泛好评。

"信毅学术文库"每年选取10部学术专著予以资助出版。这些学术专著囊括经济、管理、法律、社会等方面内容，均为关注社会热点论题或有重要研究参考价值的选题。这些专著不仅对专业研究人员开展研究工作具有参考价值，也贴近人们的实际生活，有一定的学术价值和现实指导意义。专著的作者既有学术领域的资深学者，也有初出茅庐的优秀博士。资深学者因其学术涵养深厚，他们的学术观点代表着专业研究领域的理论前沿，对他们专著的出版能够带来较好的学术影响和社会效益。优秀博士作为青年学者，他们学术思维活跃，容易提出新的甚至是有突破性的学术观点，从而成为学术研究或学术争论的焦点，出版他们学术成果的社会效益也不言自明。一般而言，国家级科研基金资助项目具有较强的创新性，该类研究成果常常在国内甚至国际专业研究领域处于领先水平，基于以上考虑，我们在本次出版的专著中也吸纳了国家级科研课题项目研究成果。

"信毅学术文库"将分期分批出版问世，我们将严格质量管理，努力提升学术专著水平，力争将"信毅学术文库"打造成为业内有影响力的高端品牌。

王　乔

2016年11月

前　言

马克思认为："城乡关系一改变，整个社会也跟着改变。"恩格斯指出："人们只有在消除城乡对立后，才能从他们以往历史所铸造的枷锁中完全解放出来"。随着社会生产力的发展，城乡之间必定走向融合。2017 年 10 月，党的十九大将"城乡融合发展"首次写入党的文献。2020 年 10 月，"十四五"规划将"基本公共服务实现均等化，城乡区域发展差距和居民生活水平差距显著缩小"列入 2035 年远景目标，并对构建新型工农城乡关系、推进城乡融合发展作出全面部署。2022 年 10 月，党的二十大提出"要坚持以推动高质量发展为主题""着力推进城乡融合和区域协调发展"。财政是国家治理的基础和重要支柱。财政政策如何促进城乡融合高质量发展，是实现共同富裕，以中国式现代化全面推进中华民族伟大复兴的重要议题，有待进一步考察与研究。

本书采用文献检索归纳法、调查分析法、实证分析法和规范分析法，在深入分析我国城乡融合发展现状、政策和相关文献的基础上，聚焦促进城乡融合发展的财政政策研究。本书通过构建综合指标体系测度了我国城乡融合发展水平，剖析了财政政策促进城乡融合发展的运行现状及其作用机理；从中国式财政分权、财政支出城市偏向、重点财政支出项目（即财政教育支出）等三个方面实证检验了财政政策对城乡融合发展的影响效应。在此基础上，从城乡经济融合、空间融合、社会融合、人口融合、生态融合等五个方面构建了财政政策促进城乡融合发展的政策支持体系。

具体而言，本书主要从以下方面进行了研究：

第一，梳理和分析了财政政策促进城乡融合发展的理论基础和作用机理。针对我国城乡关系发展现状，本书认为，非均衡协调发展理论、财政分权理论、实践论与矛盾论对本书研究具有重要的启示和指导意义。非均衡协调发展理论契合我国城乡发展实际，能够帮助本书准确把握城乡融合发展的历史脉络与演进规律；财政分权理论能够指导本书从政府行为导向、财政收支决策两个方面探究财政政策运行现状及其原因；而坚持实践论和矛盾论能够帮助本书把握城乡融合发展的核心问题和突出矛盾，构建科学、管用、高效的财政政策体系。研究发现，政府和政策是促进城乡融合发展的关键因素。在中国式财政分权体制下，地方政府享有一定的财政自主权，其对绩效目标的追求影响地方财政决策。中央政府以推进城乡融合发展为导向，通过优化财政分权制度与政府绩效考核指标，能够有效引导地方政府财政决策，纠正其财政支出偏向和重要支出项目选择，进而达成促进城乡融合发展的目标。

第二，考察了我国城乡融合发展现状并测度其发展水平。本书分四个阶段梳理了新中国成立后我国城乡关系的发展历程，通过文本分析和问卷调查，重点考察了党的十八大以来我国财政政策促进城乡融合发展的现状。在准确把握城乡融合发展内涵的基础上，从城乡人口融合、空间融合、经济融合、社会融合、生态融合等5个维度细分16个具体指标构建了城乡融合发展综合评价指标体系，选取2011~2019年我国237个地级市以上城市的面板数据，采用熵值法对我国城乡融合发展水平进行测度。经测度发现，我国城乡融合发展总体水平呈现逐年平稳上升趋势，但大多数城市的城乡融合发展水平仍然较低，不同城市的城乡融合发展水平极不平衡。从五个维度指标看，我国城乡生态融合发展水平最高，社会融合、空间融合发展水平居中，人口融合、经济融合发展水平最低。从空间分布看，我国城乡融合发展水平的热点区位于广东省南部和东南沿海一带，冷点区主要分布在中西部地区、部分东部内陆地区和北方地区。从城市区位差异看，我国城乡融合发展水平呈现东高西低、南高北低，中部地区先升后降的非均衡发展趋势。从城市规模差异看，我国各城市城乡融合发展水平随城市规模扩大而提高。

第三，利用城乡融合发展水平的评价数据，实证检验了我国财政政策促进城乡融合发展的影响效应。本书在理论分析和现实考察中发现，中国式财政分权为地方政府推进城乡融合发展提供了可能与方向；地方政府财政支出城市偏向拉大了城乡差距；而重点财政支出项目决定着财政政策促进城乡融合发展的实际效能。为此，本书利用我国 237 个城市的面板数据，采用面板固定效应模型分别从中国式财政分权、财政支出城市偏向、重点财政支出项目（即财政教育支出）三个方面实证检验了财政政策对城乡融合发展的影响效应。研究发现，中国式财政分权、财政教育支出对城乡融合发展存在促进效应，财政支出城市偏向对城乡融合发展存在抑制效应。具体来说，中国式财政分权和财政教育支出每提高 1%，就能够有效促进城乡融合发展水平增长 0.0880% 和 0.1159%；财政支出城市偏向每提高 1%，就会导致城乡融合发展水平下降 0.1051%。在借助工具变量法和动态面板 GMM 的方法缓解内生性问题，以及从替换核心解释变量、改变样本范围、平衡面板数据三个方面进行稳健性检验后，上述基准回归结论仍然成立。

本书通过影响机制检验发现，中国式财政分权通过提高区域创新能力推动城乡融合发展。一方面，中国式财政分权对区域创新能力的影响效应显著为正，财政分权程度每提高 1%，能够有效促进区域创新能力提高 4.1885%；另一方面，区域创新能力对城乡融合发展的影响也表现为促进效应，区域创新能力这一路径对中国式财政分权影响城乡融合发展的解释力度为 46.70%。财政支出城市偏向通过扩大城乡居民收入差距抑制城乡融合发展。一方面，财政支出城市偏向对城乡居民收入差距的影响效应显著为正，财政支出城市偏向每上升 1%，将导致城乡居民收入差距提高 0.1299%；另一方面，城乡居民收入差距对城乡融合发展的影响表现为抑制效应，城乡居民收入差距这一路径对财政支出城市偏向影响城乡融合发展的解释力度为 16.25%。财政教育支出通过促进数字经济发展推动城乡融合发展。一方面，财政教育支出对数字经济发展的影响效应显著为正，财政教育支出规模每上升 1%，能够有效推动数字经济发展水平提高 5.5951%；另一方面，数字经济发展对城乡融合发展的影响也表现为促进效应，数字经济发展这一路径对财政教育支出影响城乡融合发展的解释力度为 49.53%。本书通过异质性分析表明，中国式财政分权、财政支出城市偏向、财政教育支出对城乡融合发展的影响均存在不同程度的城乡融合发展五个维度细分指标的异质性、城市区位异质性和城市规模异质性。

第五，明确了财政政策促进城乡融合发展的主要职能、基本原则和重点领域，并构建了财政政策促进城乡融合发展的政策支持体系。结合前文研究，并在全面梳理分析我国财政政策促进城乡融合发展存在的问题与国外经验借鉴的基础上，本书提出，财政政策在促进城乡融合发展过程中至少应承担三种职能，即承担“公共财政”职能，提供城乡均等的基本公共服务；承担“民生财政”职能，满足城乡人民过美好生活的愿望；承担“发展财政”职能，激发城乡融合发展动力。财政政策促进城乡融合发展必须遵循整体规划、因地制宜、共建共享、多元共治、数字赋能等基本原则。结合实证分析结论，本书对财政政策促进城乡融合发展的重点领域进行了探讨，提出完善财政分权，深化财政管理体制机制改革；纠正财政支出偏向，补齐农业农村发展短板；突出重点支出项目，推进教育优先发展等政策建议。同时，考虑现有政策基础及政策优先序位，本书从城乡经济融合、空间融合、社会融合、人口融合、生态融合等五个方面构建了财政政策促进城乡融合发展的政策支持体系，具体政策建议包括：加强城乡交通网络建设投资，加大对信息技术和数字经济发展的财政支持，推进城乡物流产业发展，优化城乡资源配置，促进城乡人口双向交流，加快农村现代产业发展，推进城乡产业协同，支持新型城镇化拓围扩面，提供城乡均等的基本公共服务，全面消除城乡居民身份差异，缩小城乡居民收入差距，支持生态文明发展模式，推动城乡全域多维生态融合等方面内容。

在现有研究的基础上，本书可能在研究内容和研究方法上有所创新。首先，在研究内容上的创新包括：在理论上，围绕城乡人口融合、空间融合、经济融合、社会融合、生态融合等5个维度构建了我国城乡融合发展综合评价指标体系，系统讨论了中国式财政分权、财政支出城市偏向、财政教育支出对城乡融合发展的作用传导机制，并利用经验数据进行了实证检验。在实践上，将财政政策与城乡融合发展相结合，明晰了财政政策在促进城乡融合发展中的基本职能、作用机理、重点领域并构建了政策支持体系，深化和拓展了财政政策与城乡融合发展相关领域的研究，为当前积极的财政政策加力提效提供了参考。其次，在研究方法上，本书丰富了财政政策促进城乡融合发展的实证研究。已有文献主要采用定性方法进行相关问题的讨论，研究结论难以为制定精准化的城乡融合财政政策提供支撑。本书构建了城乡融合发展水平综合评价指标体系，采用熵值法测度了近年来我国237个地级市的城乡融合发展综合指数。在此基础上，采用面板固定效应模型，准确分析了中国式财政分权、财政支出城市偏向、教育财政支出对城乡融合发展的影响效应，有助于今后建立和优化我国促进城乡融合发展的财政政策。

作者

2024年2月

目　　录

第1章　绪　　论

首先，本章介绍选题的研究背景与意义，阐明深入研究促进城乡融合发展财政政策的必要性；其次，通过对国内外文献分析，从研究热点与趋势、城乡融合发展、促进城乡融合发展的财政政策等三个方面深入了解本书的研究现状，发现本书研究的重点与创新的空间；最后，基于以上分析，确定本书研究内容与方法，提出可能的创新与不足。

1.1　研究背景及意义

结合国家重大战略需求，本书以促进城乡融合发展的财政政策为研究对象，以非均衡协调发展理论、财政分权理论、实践论与矛盾论为理论基础，总结我国城乡关系发展历程，梳理当前我国促进城乡融合发展的财政政策，并剖析其作用机理，然后从中国式财政分权、财政支出城市偏向、重点财政支出项目（即财政教育支出）等三个方面进行实证检验，从促进城乡经济融合、空间融合、社会融合、人口融合、生态融合等五个方面构建财政政策促进城乡融合发展的政策支持体系，为解决当前我国城乡发展不平衡、破解制约城乡融合发展的主要障碍提供有益参考。

1.1.1 研究背景

随着生产力的发展，城乡之间必定实现融合发展，走向一体化。马克思在《哲学的贫困》中指出："城乡关系一改变，整个社会也跟着改变。"[①] 恩格斯在《论住宅问题》中提出："人们只有在消除城乡对立后，才能从他们以往历史所铸造的枷锁中完全解放出来。"[②] 著名政治学家萨缪尔·P. 亨廷顿提出，城乡区别是社会最现代部分与最传统部分的区别，现代化社会政治的一个基本问题就是找到填补这种差距的方式，通过政治手段重新创造被现代化摧毁的那种社会统一性[③]。为了实现这种统一性，党的十八届五中全会提出共享发展理念，强调共同富裕目标，要求"作出更有效的制度安排，使全体人民在共建共享发展中有更多获得感。"党的十九大将"城乡融合发展"首次写入党的文献，强调建立健全城乡融合发展体制机制和政策体系，推进中国特色社会主义工农城乡关系进入新的历史时期。在十九届中共中央政治局第八次集体学习会上，习近平总书记强调："在现代化进程中，如何处理好工农关系、城乡关系，在一定程度上决定着现代化的成败。"

推进城乡融合发展是党中央作出的重大决策，也是从根本上消除城乡差距、实现全体人民共同富裕的战略选择。"十四五"时期是我国从全面建成小康社会向基本实现社会主义现代化迈进的关键时期，也是全面开启社会主义现代化强国建设新征程的重要机遇期。2020 年 10 月，党的十九届五中全会通过了《中共中央关于制定国民经济和社会发展第十四个五年规划和二〇三五年远景目标的建议》（以下简称"十四五"规划），共 20 次提及"城乡"关系，指出我国"农业基础还不稳固，城乡区域发展和收入分配差距较大"，并将"经济总量和城乡居民

① 马克思恩格斯选集（第 1 卷）[M]. 北京：人民出版社，2012：237.

② 马克思恩格斯选集（第 3 卷）[M]. 北京：人民出版社，2012：265.

③ 萨缪尔·P. 亨廷顿. 变化社会中的政治秩序 [M]. 上海：三联书店，1989：67.

人均收入将再迈上新的大台阶”“基本公共服务实现均等化，城乡区域发展差距和居民生活水平差距显著缩小”列入2035年远景目标，对构建新型工农城乡关系、加快农业农村现代化、推进城乡融合发展作出全面部署。2022年10月，党的二十大提出“以中国式现代化全面推进中华民族伟大复兴”，对“加快构建新发展格局，着力推动高质量发展”进行了专题部署，要求“着力推进城乡融合和区域协调发展”。

本书研究主要基于以下背景：

第一，城乡融合高质量发展成为实现中国式现代化的重要内容。我国是世界上最早出现城镇的国家之一。长期以来，我国一直处于传统的农业社会，城乡互动少，城镇化进程缓慢。我国现代城镇化进程始于改革开放，之后进入快速发展阶段，城镇化率从1978年的17.9%快速提升至2022年的65.22%①。由于增速过快，进入21世纪以来，我国前期积累的城镇化问题也集中显现，城镇化速度加快与农村加速衰落形成鲜明对比。一方面，随着我国经济社会发展，尤其是工业化进程推进，大量人口从农村走向城市，使城市人口过度集中达到饱和状态，城市基础设施、公共服务难负其重，“城市病”问题明显；另一方面，农业农村大量人才尤其是技术型人才流出，基础设施差，农民收入低，农村已出现严重的“空心化”现象。城乡之间发展不平衡成为我国经济社会发展中最大的不平衡，乡村发展不充分成为我国经济社会发展中最大的不充分。2014年，中共中央、国务院印发《国家新型城镇化规划（2014～2020年）》，2017年党的十九大在推进新型城镇化建设的基础上提出实施乡村振兴战略。这是对我国城乡关系发展不协调问题的回应，也是在全面实现现代化进程中对农业农村“短板”进行的重点提升。新型城镇化的核心是人的城镇化。农民是乡村振兴的主体，也是城镇化的关键。新型城镇化和乡村振兴是相辅相成、互相促进的，必须统筹规划、

① 澎湃新闻.2022年城镇化率达65.22%，常住人口92071万人（EB/OL）.［2023-01-17］.［2023-02-25］，https：//m.thethesis.cn/newsDetail_forward_21594211.

协同推进、融合发展。深入推进高质量的城乡融合发展，是推进新型城镇化和实施乡村振兴战略的必然选择。党的二十大要求“着力推进城乡融合和区域协调发展”，明确“高质量发展是全面建设社会主义现代化国家的首要任务”。中国式现代化首先表现为人口规模巨大的现代化和全体人民共同富裕的现代化①。从长远发展来看，构建新型城乡关系和实现城乡融合高质量发展，是实现全体人民共同富裕、以中国式现代化全面推进中华民族伟大复兴的重要内容。

第二，财政是国家治理的基础和重要支柱。古人云：“财者、为国之命而万事之本”。财政可以看作是“财”与“政”的结合，纵观古今中外，“以政领财、以财辅政”一直是财政制度安排的核心内容（匡小平和熊高鹏，2023），财政工作被视为定国安邦的大事。我国历史上的多次重大改革，几乎都肇始于财政问题。关于财政职能定位，马斯格雷夫提出的财政负有资源配置、收入分配、经济稳定等职能的理论影响深远。新中国成立后，我国对财政职能进行了积极的探索和总结。借鉴西方财政理论，我国财政职能从改革开放之初的分配、调节和监督三项职能，逐渐拓展为分配、调控、配置和监督等四项职能，财政成为国家调控经济社会发展的重要手段。2013 年 11 月，党的十八届三中全会开创性地提出“财政是国家治理的基础和重要支柱”的重要论断，明确“科学的财税体制是优化资源配置、维护市场统一、促进社会公平、实现国家长治久安的制度保障”，从而跳出并超越了西方经典财政理论的定义范畴，从国家治理的层面提升了财政的职能定位，为我国政府采取财政政策促进经济社会发展提供了理论依据。财政体制改革因其具有牵一发而动全身的关键作用，成为我国全面深化改革的重点任务之一。我国财政体制改革在不断适应新形势、把握新规律、构建新格局的过程中全面深化，我国财政政策在促进我国经济社会持续健康发展、推进国家

① 习近平，高举中国特色社会主义伟大旗帜，为全面建设社会主义现代化强国而团结奋斗——在中国共产党第二十次全国代表大会上的报告（EB/OL）．［2022－10－16］［2023－02－25］，http：//cpc. people. com. cn/n1/2022/1026/c64094－32551700. html.

治理体系和治理能力现代化进程中发挥更大作用。

第三，中国学术要研究中国问题。问题是创新的起点和动力源。只有聆听时代的声音，主动策应国家重大战略需求，认真研究解决国家发展中重大而紧迫的问题，才能真正把握历史脉络，找到发展规律，推动理论创新。推进城乡融合高质量发展是推进中国式现代化的重要内容和实现共同富裕的重要基础。没有农村农民的富裕，就不会有全体人民的共同富裕；没有农业农村的现代化，也就无法实现中国式现代化。推进城乡融合发展，首先要坚持农业农村优先发展，补齐农业农村发展的"短板"；其次要发挥城乡各自优势，促进城乡交互融合，支持城乡融合高质量发展。财政政策如何助力城乡融合高质量发展，如何理解其理论基础、政策范畴、作用机理和改革方向；如何对现有财政政策促进城乡融合发展进行效应评价；如何合理进行财政分权、明确财政投入重点，优化现有财政政策组合，这些问题均为在中国式现代化背景下推进城乡融合高质量发展必须深入研究并予以明确的问题。本书通过对以上问题的研究，为解决我国当前城乡发展不平衡、农村发展不充分，以及破解制约城乡融合高质量发展的主要障碍提供有益参考。

1.1.2 研究意义

（1）理论意义。

第一，完善财政政策促进城乡融合发展的理论分析框架。城乡关系缘何至此，又将走向何方？中外学者采取不同的研究角度进行了分析与总结，提出均衡发展理论、二元经济结构理论等有影响的理论观点。本书认为，非均衡协调发展理论适合中国国情与城乡发展实际，具有较强的解释和指导能力，其中"非均衡"是我国当前城乡发展的实际，"协调"是我国政府长期追求的目标。考察财政政策如何促进城乡融合发展，涉及中央和地方政府财政关系、地方财力状况及支出偏向，财政分权理论为我们提供了很好的观察视角。此外，本书采用毛泽东同志提出的实践论与矛盾论来考察政府推进城乡关系发展的政策举措及策略安排。总体而言，本书尝试为新时代城乡关系的研究提供一个相对全面合理的理论分析思路。

第二，梳理财政政策促进城乡融合发展的作用机理及影响机制。本书采用广义财政政策概念，将财政分权纳入财政政策的概念范畴，并尝试从财政政策本身及其施政主体两个角度进行机理分析。就财政政策本身而言，其主要通过影响货币供给、价格变动、收入分配来引导市场主体行为，进而调节社会总需求，促进财政政策目标的实现。从我国财政政策施政主体来看，本书主要考虑在中国式财政分权体制下地方政府职能及政府官员行为，认为财政分权影响地方政府财政决策和财政能力，并进一步影响财政支出偏向与重点投入选择。本书的研究结论可能为后续相关研究提供借鉴，并为国家优化促进城乡融合的财政政策提供参考。

第三，构建财政政策促进城乡融合发展的政策支持体系。本书提出财政政策在推进城乡融合发展过程中至少应该承担三种职能，即承担“公共财政”的职能，提供城乡均等的基本公共服务；承担“民生财政”的职能，满足城乡人民过美好生活的愿望；承担“发展财政”的职能，提供城乡融合高质量发展的动力；并从财政政策促进城乡经济融合、空间融合、社会融合、人口融合、生态融合等五个方面提出政策建议，力争构建起较为完善的财政政策支持体系。

（2）实践意义。

第一，完善我国城乡融合发展水平测度，为优化促进城乡融合政策提供客观依据。本书全面梳理了新中国成立后我国城乡关系发展历程，梳理并分析党的十八大以来国家推进城乡融合发展的财政政策。然后，结合国内有关学者意见，从城乡人口融合、空间融合、经济融合、社会融合、生态融合等五个维度构建城乡融合发展水平的综合评价指标体系，选取 2011 ~ 2019 年我国 237 个城市的面板数据测度城乡融合发展水平，从城乡融合细分指标、空间、区位、城市规模等方面分析并发现问题，明确未来提升方向。

第二，实证检验财政政策对城乡融合发展的影响效应，突出政府和政策在推进城乡融合发展中的关键作用。本书在全面分析现有促进城乡融合发展的财政政策现状及不足的基础上，以财政分权理论为指导，重点考察并实证检验中国式财政分权、财政支出城市偏向、重点财政支出项目（即财政教育支出）对城乡融合发展的影响效应，考察与凸显政府尤其是地方政府在推进城乡融合进程中的关键作用。

第三，聚焦痛点难点和关键引擎，提出优化城乡融合财政政策的政策建议。在构建全面推进城乡融合发展的财政政策支持体系的基础上，提出完善财政分权、纠正支出偏向、坚持教育优先等推进城乡融合发展的重点领域，并围绕城乡经济融合、空间融合、社会融合、人口融合、生态融合等多个方面的全面融合，提出完善和优化当前财政政策的建议。

1.2 文献综述

1.2.1 研究热点与趋势分析

本章首先采用中国知网（CNKI）可视化分析图谱和 CiteSpace 软件对城乡关系研究领域的文献进行计量分析，以揭示我国当前城乡关系，以及财政政策促进城乡融合发展研究的最新进展、研究热点和基本趋势。CiteSpace 软件由华裔学者陈超美教授创制，可用于观察专门研究领域的研究趋势或动向，并以可视化方式呈现。

（1）关于城乡关系的研究趋势及热点。

本章以中国知网数据库学术期刊文献资料为研究基础，检索日期为

2023年1月25日，文献时间跨度不限，检索主题设置为“城乡关系”或“城乡发展”或“城乡融合”，筛选出“北大核心”、CSSCI、AMI文献题录信息，共检索学术论文8339篇，去除会议综述、征稿通知等无关信息，实际得到学术论文8317篇。

①研究趋势。根据图1.1，我国学者较早关注城乡关系发展。中国知网数据显示，1992年共发表该专题学术论文31篇。2002年以后，城乡关系研究热度和发文数量逐年增加，至2011年年发表学术论文数量达到622篇，后有所回落，2017年后又形成第二个研究热度上升期，至2022年年发表论文数量达到630篇。

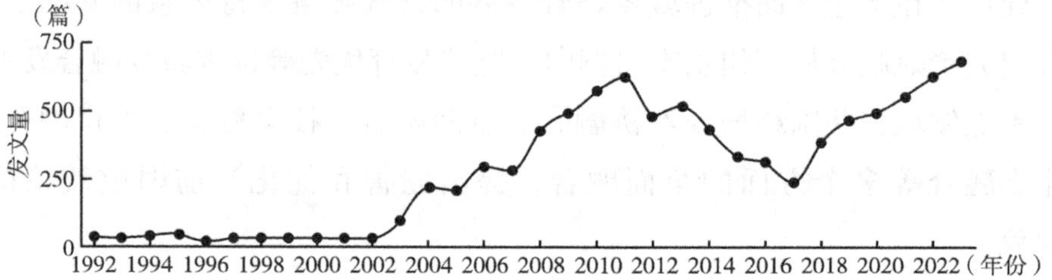

图1.1　我国城乡关系领域学术论文发表的基本趋势

资料来源：中国知网（CNKI）可视化分析。

②“城乡关系”研究热点。图1.2反映在中国知网学术期刊数据库检索文献中涉及城乡关系的主要主题发表学术论文情况。发文数量最高的为“统筹城乡发展”，共包含学术论文505篇，其次按发文数量排序，前2~10排名依次为“城乡一体化”“乡村振兴”“城乡统筹”“城乡统筹发展”“城乡融合”“城乡关系”“城乡收入差距”“城乡融合发展”“统筹城乡”。

图1.3对我国城乡关系研究发文数量前10位排序主要主题进一步分析，就发文热度而言，2003~2016年主要讨论“统筹城乡发展”“城乡统筹”“城乡统筹发展”“城乡一体化”“统筹城乡”等主题，这5个主题的发文数量在2010~2011年达到顶峰，随后逐年回落。2017年至今，“乡村振兴”“城乡融合”“城乡融合发展”越来越受到关注，

发文数量持续上升。而“城乡关系”“城乡收入差距”热度相对平稳，2002 年以来发文数量总体有所提升，但变动不大。

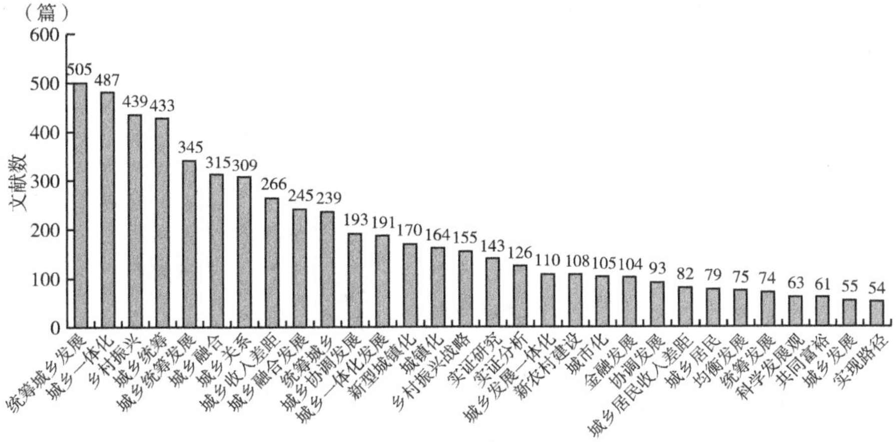

图 1.2　我国城乡关系研究领域学术期刊论文主要主题分布

资料来源：中国知网（CNKI）可视化分析。

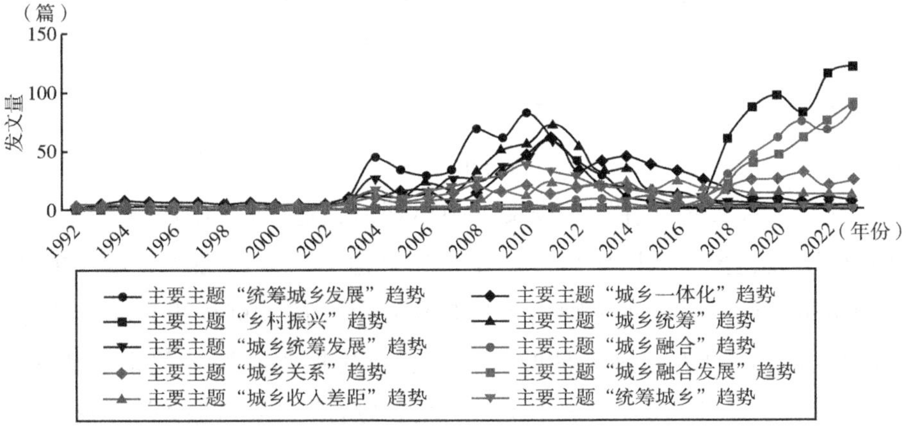

图 1.3　我国城乡关系发文数量前 10 位主题发文趋势

资料来源：中国知网（CNKI）可视化分析。

③“城乡融合发展”研究热点。根据选题需要，为进一步发现研究热点，本书将检索主题设置为“城乡融合发展”，检索时间跨度为 2012

年 11 月 8 日至今所有核心期刊和 CSSCI 文献资料，共检索出论文 937 篇，然后采用 CiteSpace 软件对高频关键词的共现性进行分析。运用软件时，以“Keyword”作为节点，将阈值设置为 10，绘制出核心关键词共现图谱（见图 1.4）。

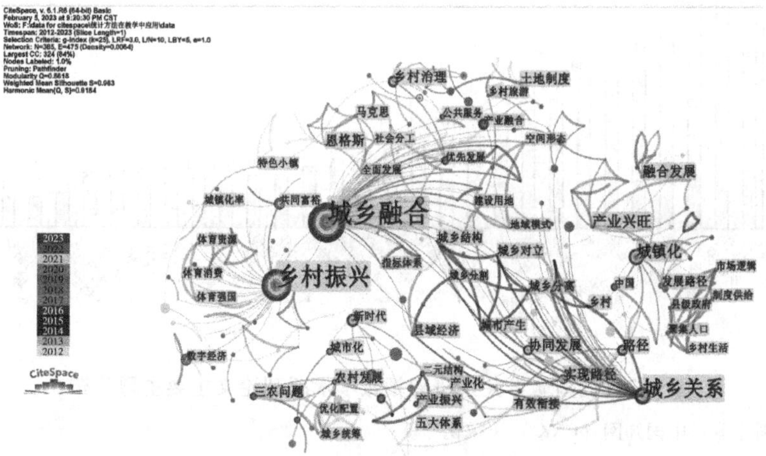

图 1.4　2012～2023 年城乡融合发展领域关键词共现网络知识图谱

资料来源：采用中国知网（CNKI）数据和 CiteSpace 软件自制。

图 1.4 中显示共有 385 个节点、475 条连接线，网络密度为 0.0064，节点代表关键词，节点的大小（圆圈）代表关键词出现的频次，连线代表关键词在同一篇文献中出现过，连线越粗则代表着关键词共现的次数越多。从图中可以看出，城乡融合、乡村振兴、城乡关系、共同富裕、产业兴旺等关键词出现频率较高。按关键词出现频次排序，得出排位前 6 的研究热点是城乡融合、乡村振兴、城乡关系、共同富裕、城镇化和新时代（见表 1.1）。“城乡融合”“乡村振兴”“城镇化”的中心度较高，对相邻节点的控制程度较大，说明它们是大多数学者开展城乡融合发展研究的核心。

（2）关于城乡融合与财政政策的研究趋势及热点。

根据中国知网学术期刊主题文献精确检索，检索日期为 2023 年 1 月 25 日，时间跨度不限，检索主题为“城乡融合”和“财政政策”，文献来源为“北大核心”、CSSCI、AMI 文献题录信息，共检索得到文献 4 篇，分别为朱恒鹏、杨志勇、洪俊杰等在《经济学动态》2021 年第 9 期发表的《深入学习贯彻习近平总书记“七一”重要讲话精神笔谈》，陈丽莎和孙健夫在《河北大学学报》2021 年第 7 期发表的《“十四五”时期支持城乡融合发展的财政政策研究》，樊轶侠在《人民论坛·学术前沿》2021 年第 2 期发表的《数字经济下的城乡融合发展财政政策取向研究》，以及王睦欣和庞德良在《经济纵横》2019 年第 12 期发表的《乡村经济多元化发展及其推进路径研究》。

表 1.1　　2012～2023 年城乡融合发展研究的高频关键词

排名	关键词	频数	中心度	年份
1	城乡融合	381	1.05	2012
2	乡村振兴	302	0.47	2017
3	城乡关系	100	0.35	2013
4	共同富裕	35	0.03	2020
5	城镇化	27	0.39	2018
6	新时代	20	0.32	2021

资料来源：采用中国知网（CNKI）数据和 CiteSpace 软件分析获得。

将文献来源类型调整为“全部期刊”后，共检索得到文献 15 篇，其中 2019 年 1 篇、2020 年 5 篇、2021 年 7 篇、2022 年 2 篇，含英文文献 1 篇。按“被引”排序，排在第一位的是樊轶侠发表的《数字经济下的城乡融合发展财政政策取向研究》，王睦欣和庞德良发表的《乡村经济多元化发展及其推进路径研究》、陈丽莎和孙健夫发表的《“十四五”时期支持城乡融合发展的财政政策研究》，以及朱恒鹏、杨志勇、洪俊杰等发表的《深入学习贯彻习近平总书记“七一”重要讲话精神笔谈》分别位于第二至四位，之后是房冰、麻晓萌、朱庆荣等人在 2020 年第 4 期《阿坝师范学院学报》发表的《内蒙古乡村振兴战略的财政支持研究》。

同样以“城乡融合”和“财政政策”为检索主题，将文献来源类型调整为“学位论文”后，共检索得到文献 10 篇，其中博士学位论文 2 篇、硕士学位论文 8 篇。2 篇博士学位论文分别为财政部财政科学研究所刘志刚（2012）的《推进城乡一体化发展的财政政策研究》以及东北林业大学贾琳（2014）的《统筹城乡发展的财政政策研究》。

（3）研究评述。

综合上述研究热点及趋势分析，我们可以得出如下结论和启示。

第一，关于城乡关系的研究大致可以分为两个阶段。第一阶段发生在 2002 年以后，城乡关系逐渐成为学术研究热点，发文数量逐年增加，主要研究主题为“统筹城乡发展”“城乡一体化”等，至 2011 年年发表学术论文数量达到顶峰后回落。第二阶段发生在 2017 年以后，主要研究主题“乡村振兴”“城乡融合发展”越来越受到关注，发文数量持续上升。

第二，城乡关系学术研究紧跟国家战略发展需求。2002 年 11 月，党的十六大提出“全面建设小康社会”的奋斗目标，统筹城乡经济社会发展成为全面建设小康社会的重大任务之一。2017 年 10 月，党的十九大报告提出“建立健全城乡融合发展的体制机制和政策体系”，首次将“城乡融合发展”列入国家重要文献。以上两次提法调整体现出的国家对城乡关系重大战略的调整，在时间上与前文分析的两次城乡关系研究热度上升趋势是完全对应的。

第三，关于促进城乡融合发展的财政政策领域的研究成果相对不足。设置期刊条件检索仅得 4 篇学术论文，不设条件检索也只有 15 篇期刊论文。这与城乡融合的战略定位和财政的国家治理基础地位暂不相称。通过修改搜索条件及查找书籍、报刊等，可以寻找到该主题的其他研究成果和文献，但该领域研究文献仍然显得总体不足。

此外，通过分析高产作者及学术机构可知，目前我国研究城乡融合发展主题的主要力量和重点机构集中在高等学校和科研机构。无论是学术论文发表数量靠前的作者，还是发表数量靠前的机构，高校占据绝对数量。研究机构也是其中重要力量，但社会组织、企事业单位等几乎看不到身影。

1.2.2 关于城乡融合发展的研究

(1) 城乡融合发展的趋势。

在国外关于城乡融合发展的研究中，德国经济学家约翰·冯·杜能(Johann Heinrich von Thünen) 较早地将城乡视为一体。他在1826年发表的《孤立国同农业和国民经济之关系》中首次提出城乡区位论，探求城乡之间不同产业的空间分布规律[①]。而其理论的原理最早可追溯至亚当·斯密 (Adam Smith) 的经济学思想。1615年，亚当·斯密在其著作《国民财富的性质及其原因的研究》中提出“先有乡村、后有城市”的发展顺序，并立足分工分析了城乡互利关系，以“农业—工业—国外贸易”的资本投入顺序揭示了城乡发展的初始状态[②]。

消灭城乡对立的思想是马克思主义城乡关系学说的精髓 (周林，2022)。早期空想社会主义者圣西门的城乡社会平等观、摩尔的乌托邦、傅立叶的“法郎吉”和“和谐社会”、欧文的“理性的社会制度”和“共产主义新村”等，都体现了对城乡协调发展的思考。1848年2月《共产党宣言》在伦敦发表，在论述革命措施时提出“把农业和工业结合起来，促使城乡之间的对立逐步消灭”[③]。马克思认为，“城乡融合”可以“避免二者的片面性和缺点”[④]，工农产业融合是城乡融合的客观要求，以城带乡是重要途径，必须“把农业和工业结合起来，使城乡对立逐步消灭”[⑤]。恩格斯首次提出“城乡融合”概念，并提出通过消除旧的分工，进行生产教育、变换工种、共同享受社会福利，使全体成

① 约翰·冯·杜能. 孤立国同农业和国民经济之关系 [M]. 吴衡康，译. 北京：商务印书馆，1986.

② 亚当·斯密. 国民财富的性质及其原因的研究 [M]. 郭大力，王亚南，译. 北京：商务印书馆，1974.

③ 马克思恩格斯选集 (第1卷) [M]. 北京：人民出版社，1995：273，283.

④ 马克思恩格斯选集 (第1卷) [M]. 北京：人民出版社，1995：305.

⑤ 马克思恩格斯文集 (第2卷) [M]. 北京：人民出版社，2009：53.

员的才能得到全面发展①。列宁、斯大林继承了马克思、恩格斯关于城乡关系的理论，并运用于分析俄国革命和建设时期城乡对立的问题，对实现俄国的城乡融合进行了论证和构思（张宥澈，2020）。

随着时间的推移，20 世纪 20 年代以来，西方发达国家以“刘易斯—拉尼斯—费景汉”模型、“托达罗”模型、“乔根森”模型和增长极理论、核心—边缘理论等为主要代表，认为加速城市和工业的增长能够促进经济增长和现代化，并且这种增长能够通过“涓滴效应”扩散到乡村地区（张晴等，2009）。这些以“城市偏向”为特征的理论推动了西方国家城镇化水平的快速提升。至 20 世纪 60 年代后期，大多数西方发达国家的城镇化率达到 60%。城镇化的快速推进也带来了诸多社会经济问题，引发了郊区化和逆城市化等现象的出现，进而催生了一系列乡村建设行动（文军、沈东，2015），加速了西方国家城乡融合发展的进程。

20 世纪 70 年代后，众多发展中国家经济发展加速，城乡关系发展问题的研究开始引起学界重视。加拿大学者 T. G. Mc Gee（1978）在对部分亚洲国家进行长期研究后发现，城乡传统差别和地域界限日渐模糊，城乡之间出现了一种以农业和非农业活动并存、趋向融合的地域组织结构，进而提出“Desakota”模型（后被称为“城乡一体化”理论）。这一模型产生的背景是对城市中心论学者的驳斥，并鼓励广大发展中国家探索适合本国国情的城乡融合发展之路（刘合光和潘启龙，2021）。道格拉斯（Douglass，1998）从城乡相互依赖角度提出区域网络发展模型。他认为，乡村的结构变化通过人、生产、商品、资金和信息等五种“流”与城市的功能和作用相联系，为确保城乡均衡，“流”必须实现“城乡联系的良性循环”，因此，必须重视提高居民日常生活质量和改善城乡基础设施网络（Fields and Gary，2005）。

进入 21 世纪后，西方发达国家城市化率已高达 70% ~80%（文

① 马克思恩格斯全集（第 3 卷）[M]. 北京：人民出版社，1960：57.

军、沈东，2015）。按照传统方式划分城市和乡村已不那么容易，过去显而易见的城乡界线被工业化弄得逐渐模糊。在许多欧洲国家，过去市区所特有的品质已不复存在，即使行政管理上的城乡区别也不那么清晰，城乡劳动力在功能上的分工越来越不明显，有形的和无形的人流、物流、资金流、信息流和技术把城乡统一在一起（Christer Bengs，2004）。

2004年10月，联合国人居署在内罗毕召开“提高城乡联系与协调经济发展国际会议”。各国与会专家和代表聚焦城乡协调可持续发展，以及推动中小城镇的规划建设、带动乡村地区发展、减少人口转移过程中的负面影响等议题进行了广泛的交流与研讨。时任联合国秘书长安南（Kofi A. Annan）在会议致辞中提出：“不要将‘城市’和‘农村’看作是相互隔离的实体，而应将它们视为经济和社会整体中的组成部分。”联合国人居署执行主任Anna Tibaijuka在发言中提出：“只有从整体的观念来看待城市地区和农村地区，将它们作为同一个综合系统中的一部分，我们才有可能实现可持续发展。”①

（2）城乡融合发展的内涵。

中国是世界上最早出现城镇的国家之一，城乡关系的形成可追溯到农耕文明初期。在我国古代文献中对城乡关系的论述多而分散，其中《周礼》作为最早、最完整的官制记录，总结出“体国经野”，即指城市规划时市区与郊区、城和乡要统一规划、统一考虑，强调了城乡整体观念和区域战略思想。随着我国社会生产力的发展，特别是新中国成立后，我国逐渐形成了具有“中国特色”的城乡关系发展思想。1949年毛泽东在党的七届二中全会上提出“城乡必须兼顾，必须使城市工作和乡村工作，使工人和农民，使工业和农业，紧密地联系起来”②，由此，我国先后形成了城乡兼顾、城乡互动、城乡均衡、城乡统筹、城乡

① “提高城乡联系与协调经济发展国际会议”论文集［C］. 建设部城乡规划司、中国城市规划设计研究院学术信息中心主编，2005.

② 毛泽东，1949年3月5日在中国共产党第七届中央委员会第二次全体会议上的报告（EB/OL），央视网，［2023－09－15］［2023－02－25］，https：//www.cctv.com/special/756/1/49929.html.

融合等城乡关系发展的指导思想，特别是党的十八大以来，国家先后提出“乡村振兴”“新型城镇化”“城乡融合发展”等战略安排。

就国内学术研究而言，其研究重点紧跟国家政策方针，对城乡融合的内涵进行了深入探讨。关于城乡统筹的内涵研究，陈永国（2008）认为，城乡统筹发展是基于中国经济发展的大局和各种社会矛盾的实际情况提出的城乡发展方略，统筹的重点是城市和农村能够相互适应、相互促进。黎苑楚等（2010）指出，统筹城乡发展是将城乡发展问题作为一个整体考虑，要充分实现中国城乡经济、政治、文化、体制等方面的统一协调发展。

2017 年 10 月，党的十九大报告提出“城乡融合发展”要求后，“城乡融合”成为我国学术研究的热点。学者们普遍认为，城市与农村是一个有机体，只有两者之间相互支撑，才能可持续发展。新型城镇化与乡村振兴的融合发展是缩小城乡差距、改变城乡二元结构、实现城乡可持续发展的有效途径；建立健全城乡融合发展体制机制和政策体系是实现乡村振兴的主要路径（盛开，2018；李刚，2022）。统筹城乡资源均衡、建设城乡生态、共享城乡发展成果是实现城乡融合发展的三条主要路径（梅浩，2018；陈明星，2018）。

关于城乡融合的概念内涵，学者们进行了广泛探讨并达成基本共识，提出立体多维的设想。周佳宁、秦富仓、刘佳（2019），陈方猛（2020）等提出，城乡融合是人口、空间、经济、社会、环境的多维融合。赵德起和陈娜（2019）提出，城乡融合是指城乡之间以生产力发展为基础，促进城乡之间经济发展、社会生活、生态环境等方面有机统一的过程，是城乡之间达到要素自由流动、产业一体化发展、生活方式和生活水平协调发展的一种状态。林昌华（2020）提出，城乡（高质量）融合是城乡经济、政治、文化、社会、生态等各发展要素的自由流动、彼此支撑和互相推动的过程，最终目的是实现城乡资源合理配置和双向自由流动。年猛（2020）认为，城乡融合是指在将城乡视为有机整体的基础上，实现城乡经济互动、社会交流、空间衔接并无障碍深度互动，同时又保留各自特色。刘爱梅（2021）指出，城乡融合是指城乡自然、经济、空间、人员等要素相互组合，是城乡两种空间、业态、生态系统的相互渗透、功能互补、利益共享的状态。邱文泽等（2021）认为，城乡融合是以城乡地域系统为对象，以三次产业融合为基础，以治理融合为手段，以人口、资本、信息、技术等要素融合为纽带的新型城乡关系。

（3）城乡关系发展的影响因素。

学者们普遍认为，政府和政策因素是影响城乡关系发展的关键因素，改革体制机制、完善规章制度是推进城乡融合发展的重要内容。刘淑虎等（2015）认为，城乡关系是透视国家目标与机制科学性的窗口，中国城乡关系受制于国家工业化与城市化进程影响，呈现出不同的阶段性特征。厉以宁（2009）、刘根荣（2009）认为，阻碍中国城乡经济一体化的深层成因是城乡市场分割与制度分割。谢志强和姜典航（2011）认为，政策成为影响城乡关系发展的重要因素，是中国城乡关系演变的基本特点。我国城乡经济社会发展存在显著差距，城乡关系失衡严重影响城镇化进程，户籍制度严重制约人口流动。张海鹏（2019）、年猛（2020）等指出，当前城乡关系中存在的主要问题包括户籍制度改革亟待深化、城乡二元经济结构相当尖锐、城乡要素合理配置机制尚未建立、城乡基本公共服务差距较大、农民增收困难、农村基础设施落后等。茅锐（2022）指出，当前我国城乡发展主要面临人口、经济、生态、公共设施和公共服务等五方面的结构性失衡。

（4）城乡关系发展的基本方向。

关于我国城乡关系未来发展的基本方向，学者们就明确城乡关系定位、深化制度与政策调整、加快资源要素流动等方面进行了探讨。叶超、曹志冬（2008）认为，中国城镇化道路和新农村建设模式选择应该统一在城乡关联发展的主题之下。郭涛（2012）认为，推进我国城乡关系发展，必须坚持同等互补、双向循序渐进、非均衡整体发展、政策系统协调等政策导向。刘根荣（2009）提出，促进城乡市场融合与制度融合是实现城乡一体化的重要途径，需要依靠市场力量与政府力量来共同驱动。许经勇（2020），茅锐（2022），傅元海、刘畝仁、岳芳敏等（2023）指出，要推进城乡融合发展，必须进行一系列制度性变革，包括户籍制度、土地制度、住房制度、教育制度、医疗制度、保险制度、财税制度、就业制度、公共品供给制度等。刘淑虎、任云英、马科梅等（2015）认为，推进城乡关系发展的机制构建要点包括多元主体下的权责重构、市场化互动与调配下的结构布局、城乡统筹下的制度调整与优化、区域视角下的规划体系构建。张海鹏（2019）建议，深化户籍制度改革，继续提高城镇化率，夯实城乡融合发展基础；优先推进城乡发展中需要一体化的内容，实现城乡融合发展重点突破；加快城乡要素市场一体化进程，攻克城乡融合发展的薄弱环节；推动乡村三次产业融合发展，夯实城乡融合发展的产业基础。

此外，Tacoli（2003）曾提醒，城乡融合发展不应忽视居民参与意愿和地区差异。叶红、唐双、彭月洋等（2021）认为，国外发达国家主流城乡关系发展路径不适用于新时代的中国，主动寻求城乡融合发展新模式是新时代中国城乡发展的适宜选择。刘合光、潘启龙（2021）提出，推进城乡融合发展必须凸显中国特色。An Yehyun 和 Kim Minjee（2022）以韩国的领土发展经验为例提出了三种平衡领土发展的战略类型。

（5）研究评述。

综合以上文献，我们可以得出如下结论和启示。

第一，西方发达国家城镇化水平已达到相当高的程度，基本已处于城乡融合发展状态，城乡矛盾不显著。其城镇化发展过程所取得的经验做法对我国推进城乡融合发展具有一定的借鉴意义与参考价值。发展中国家的城镇化进程因各自国力不同而呈现先后不一的加速状态，但我国学者对其关注较少，目前可获得的文献不多。虽然研究过程中也发现少量参考文献，但对我国推进城乡融合发展的参考价值不大。

第二，乡村振兴与新型城镇化是城乡融合发展的“一体之两翼”。

城乡融合涉及城镇与乡村发展，但又不止于城镇与乡村的各自发展，而是将两者融合，协同发展。现有文献对我国城乡融合发展的研究基本可以分为三个部分，即对乡村发展的研究、对城镇发展的研究和对城乡融合发展的研究。由于国家提出乡村振兴、新型城镇化、城乡融合发展战略的时间不同，学者们投入关注的时间也不同，因而，目前文献对以上三者关系尚未进行充分的逻辑梳理与理论论证。本书将以上三个方面的发展主题视为“一体”，将乡村振兴和新型城镇化作为城乡融合发展的“两翼”。推进城乡融合发展既要重视“两翼”的发展，更要重视“一体”的融合。

第三，政府和政策因素是影响城乡关系发展的关键。学者们普遍认为，我国城乡二元体制造成城乡市场、制度分割，导致城乡经济社会发展的差距拉大。推进城乡融合发展最重要的任务就是改变城乡二元体制。促进城乡市场融合与制度融合，需要依靠市场力量与政府力量来共同驱动，而发挥政府作用和深化体制机制改革是其中的重要内容。此外，城乡融合发展不应忽视居民参与意愿和地区差异。

第四，统筹规划并贯彻落实应成为促进城乡融合发展的基本要求。现有文献对于推进城乡融合发展所提出的政策建议，更多的是基于宏观层面和专门领域，对问题进行整体规划的比较少，讨论如何将政策制度贯彻落实的比较少。例如，有学者提出，推进城乡融合发展涉及户籍制度、就业制度、土地制度、住房制度、教育制度、医疗制度、保险制度、财税制度、公共品供给制度等方面的改革，但对具体如何改革、从哪里切入、阶段性目标怎么设定、如何跟踪检查等问题，进行深入研究的文献还比较少。

1.2.3 关于促进城乡融合财政政策的研究

（1）财政政策在城乡融合发展中的作用。

政府在促进城乡融合发展中起着重要作用，财政政策是政府推进城乡融合发展进程的重要工具。在国外文献中，亚当·斯密和凯恩斯是提倡利用税收调节功能促进城乡协调发展的代表。亚当·斯密认为，政府不应干预城乡经济，应实施公平、中立的税收政策来促进城乡经济的协调发展。凯恩斯的观点恰恰与之相反，认为政府应该适时干预经济，他提出的“干预经济理论”对各国政府实施经济政策产生了较大的影响。

近年来，学者们对财政政策与城乡融合发展的关系进行了研究，进一步肯定了财政政策对推进城乡融合发展的重要作用。韩硕和戴悦（2015）指出，公共财税制度是新型城镇化建设的必要前提和动力来源，新型城镇化所带来的公共物品与服务的升级改造需要政府财政的支持，市场的缺陷需要财税政策的调节。Li Ji 和 Wei Zhang（2019）认为，中国的城市化进程是由政府主导的，财政激励可以影响政府行为，进而影响经济社会发展。他们利用 2000～2012 年中国 30 个省区市的面板数据，从财政收入、税种、财政自筹率和税收损失等四个方面分析了财政激励对城市化的影响。Khalil Ahmadl 等（2021）从税收和支出两个方面对巴基斯坦城乡收入不平等的财政影响进行了调查，发现财政政策在稳定宏观经济变量和实现社会收入均等方面发挥着重要作用。David W. H. Wong 等（2022）在研究中国城镇化进程后认为，财政刺激方案在国家和区域两级改变了城市化的驱动因素。丁凯旋（2021）认为，政府实施的财税政策对城镇化建设的作用主要体现在财政支出和税收扶持两个方面：一方面为城镇化建设提供资金，通过资源的合理优化配置，保障城镇化建设的速度；另一方面为调控城镇化新发展理念，突出以“人”为核心的新型城镇化建设。Xiaoying Wan（2018）分析了江西省城镇化发展与财政政策的经验动态相关关系，发现财政政策与城市化之间存在协整关系，财政支出对江西城市化的影响大于财政收入。Khalil Ahmad, Safdar Ali 和 Ayesha Haider 等（2021）以巴基斯坦为例研究了城乡收入不平等的财政影响，认为税收政策对城乡收入分配的伤害更大，财政支出对收入分配也具有重要影响；贸易自由化可以大大改善城市地区的收入分配，但没有改善农村地区的收入分配。董昕（2023）认为，住房保障财政支出的增加有利于城乡人口的迁移。陈丽莎和孙健夫（2021）提出，支持城乡融合发展是“十四五”时期我国财政政策需要重点关注的内容之一。

（2）财政体制改革在城乡融合发展中的影响。

面对我国城乡发展不平衡不充分的问题，学者们普遍认为，深化财政体制改革是推动城乡融合发展的关键举措。他们提出的具体意见包括：完善公共财政框架、明确财权事权划分、调整财政支出结构、提高财政支出效率等。苏春红和李真（2022）认为，深化财政体制改革，优化政府财政支出结构，是推动城乡融合发展的关键举措。刘志刚（2012）提出，推进城乡一体化财政政策的有效实施，必须转变财政管理观念、找准财政角色定位、明确事权财权责任、创新财政监督模式。樊轶侠（2021）认为，经济数字化背景下财政政策促进城乡融合发展应坚持“以人为本”，不断完善城乡基本公共服务供给体制机制，促进城镇化、工业化、数字化协同发展。郑良海（2020）认为，财税政策对城镇化建设的作用主要体现在财政支出和税收扶持两大方面，并从提高财政支出效率、优化转移支付制度、完善地方税收体系建设、加大税收优惠政策的支持力度等方面提出政策建议。李钊（2015）指出，财税政策支持新型城镇化发展的现存问题包括城镇独立税源的缺乏、城乡分割的财税体制支农力度有限、财税政策的功能乏力等，进而提出改革和完善分税制财税体制、完善公共财政框架及服务机制、调整财政支出结构和转移支付政策制度、完善财税绩效评价体制等政策建议。杨艳俊（2020）提出，拓宽新型城镇化建设融资渠道，优化新型城镇化建设的地方税收制度等政策建议。刘建民等（2020）梳理了湖南省支持乡村产业振兴的财税政策，提出明确职能定位、把握政策统筹、做到精准施策、保障资金效率等政策建议。刘军和张泓瑶（2021）研究认为，扩大县级政府自主权可以激发县域经济活力，这为解决城乡收入差距问题提供了一种新思路。

此外，孙群力和周镖（2021）研究发现，地方政府在财政分权体制下有利于推进城乡融合发展，但其财政负担过重，当前要以建立现代财政制度为契机，完善财权与事权匹配，扭转地方政府的支出偏好，以使其财政资金更多地投向乡村。Jianing Zhou 和 Fan Yang（2023）通过对中国三大城市群的实证分析后提出，适度的财政分权，加上完善的市场和社会保障体系，促进了城乡要素的自由流动，促进了城乡一体化；而过度的财政分权会导致资源配置不当，阻碍城乡一体化发展。

（3）财政政策在缩小城乡发展差距中的作用。

在促进城乡融合发展的财政制度改革方面，学者们比较关注城乡发展差距问题，要求加大对农村农业的财政支持，缩小城乡发展差距。张卫航和黄汝婷（2018）研究发现，我国现行税收结构存在诸多不合理之处，没有起到预期的调节城乡收入差距和收入分配的功能。司春燕（2016）认为，积极的财政政策在刺激国内消费中存在一定的问题，包括分税制体制导致地方政府盲目投资和消费需求不足、税收政策对低收入者就业及收入的扶持力度不够、城乡收入差距拉大和社会保障机制不健全导致居民消费意愿不强等。陈丽华（2012）提出，要加快建立健全我国财政立法、完善地方税体系，以财政制度创新助推城乡经济一体化发展。吴俊培和郭柃沂（2016）认为，要建立一般转移支付基金制度，建立一般税收与一般公共产品之间的对应关系，推进城乡居民享受同等质量和数量的普通公共物品。张中敏（2019）在“以人民为中心”的逻辑框架下诠释了税收支持乡村振兴的理论转型方向和可能的政策选择，建议树立“人民中心”思维为税收支持乡村振兴提供理论支撑；树立“主动优化”思维为税收支持乡村振兴提供政策支撑；树立“整体推进”思维为税收支持乡村振兴开辟“中国道路”。孙志毅、杨文静（2020）等对新型城镇化背景下的差异性城乡税收制度改革路径进行了研究，认为当前可通过提升直接税占比、优化增值税税率、加大对农业生产财政补贴力度、改革资源税征管、调整个人所得税征税标准、加速房产税进程、调节城乡税收结构差异性等措施，来促进新型城镇化的全面发展。陈雪（2020）对乡村振兴背景下“农村微企”的财税金融支持进行了研究。董琦、袁娇、王敏（2022）建议，通过优化初次分配、再分配和第三次分配的税收政策，逐步缩小收入与财富分配差距；通过提高税收政策的整体性、针对性和有效性，逐步缩小城乡发展差距。

（4）财政政策在支持“三农”发展中的作用。

在缩小城乡发展差距方面，学者们强调要补足财政对农业农村的投入，支持农业农村加快发展。成同杰（2006）、孙昌乾（2019）、李成友等（2021）指出，财政支出偏向造成国家对农业农村的投入严重不足，农村公共产品供给资金得不到有效保障；金融机构与社会资本不愿或不敢投资农业农村，造成农业农村的发展远远落后于城市。潘林伟和吴娅玲（2019）发现我国现有财政收入分权、金融发展模式、农村固定资产投资结构等对缩小城乡收入差距具有阻碍作用，而农业出口、个人所得税占比、财政支出分权和国民经济税赋压力等则有利于缩小城乡收入差距。王安美（2021）认为，必须发挥财政税收政策作用，推进农业转型升级，具体包括增加财政对农业产业的无偿投入，推动政策性融资与投资，调整财政支农投入的使用方向等。陈佳渲（2019）研究了支持我国乡村旅游发展的财税政策，建议加大财政资金扶助力度，积极为乡村旅游融资。沈锋（2022）提出，财政支持高起点城乡融合行动，包括支持深化乡村集成改革、实施强村惠民计划、健全城乡共享体制机制等。罗芳和陈莹（2022）认为，加快农村基础设施建设、优化收入再分配机制、完善农村社会保障体系、切实推进乡村振兴对缩小城乡收入差距意义重大。

在缩小城乡收入差距方面，学者们认为，必须减轻农民负担，增加农民收入，构建支持农民增收的财税政策。李茂生和陈昌盛（2003）研究了农民减负、县乡财政解困问题，提出废止现行农业税体系，建立城乡统一税制；减少政府层次和精简政府工作人员。温来成（2005）提出，作为政府重要政策工具的税收政策，可通过构建城镇化税收政策体系，统一城乡税制，调节城乡居民收入。庞凤喜等（2006）指出，2006年我国农业税彻底取消，没有触及数额更大的农民间接税和“暗税”负担，难以从根本上解决农民负担过重的问题。张可云和杨孟禹（2015）研究指出，县域财政支出对本县农民收入的效应为正，对邻近县有促进作用；在县域内部层面要提高农村支出比例，积极支持发展农业。潘光曦和代善超（2019）结合国家实施乡村振兴战略的背景，分析了农民工返乡创业的现状与主要制约因素，从加大转移支付力度、设立专项扶植基金、提供税收优惠、拓宽融资渠道等角度提出促进农民工向新型职业农民转变的财税支持政策。

此外，学者们对财政政策的实施效率和政府能力提出要求。赵德昭（2022）实证检验了地方政府财政治理能力对就地城镇化的影响效应，认为在就地城镇化进程中，不仅应重视地方财政治理能力的提升，而且应注重农村人力资本的投入，“综合扶智”比“单纯输血”更加有效。Vernon Henderson（2002）通过对发展中国家城市化进程的研究提出，缓解城市过度集中需要对区域间交通和电信进行投资；并建议财政分权，以便内陆城市能够筹集财政资源，提供与主要城市在工业和人口方面竞争所需的服务。

（5）研究评述。

综合以上文献，我们可以得出如下结论和启示。

第一，财政政策促进城乡融合发展的研究有待进一步深入。从现有文献来看，学者们对于财政政策促进城乡关系发展的必要性和重要性，以及财政政策促进城乡融合发展的着力重点，即推进农业农村发展、缩小城乡收入差距，已经达成广泛共识。但对于财政政策促进城乡融合发展的整体规划研究不够，对于财政政策促进城乡社会融合、空间融合、生态融合、文化融合等方面的研究还比较少见；对于促进城乡融合发展的财政政策的作用机理、传导路径、关键领域、影响因素分析不多；对财政政策与货币政策、产业政策协同配合的研究有待深入。

第二，财政政策促进城乡融合发展的实证研究不足。现有文献大多基于定性分析后提出政策建议，主观性强，严谨性不够；所提出的政策建议大多基于问题，侧重于对症下药，针对性强，但前瞻性与全面性有所欠缺。通过科学测度城乡融合发展水平，进而围绕城乡融合发展多维体系整体设计促进城乡融合发展财政政策体系的研究较为少见。对于影响城乡融合发展的财政分权、财政支出偏向、重点财政支出项目等的效应研究尚需进一步加强。

第三，城乡融合高质量发展对国家财政的影响效应暂未纳入研究范畴。减税降费、增加投入几乎是所有学者提出促进城乡融合发展财政政策的必备选项，但却较少有学者关注财政本身存在的收支失衡风险。关于城乡融合高质量发展对于国家财政的重大意义在现有文献中也较少见到。

第四，区域城乡融合与财政政策关联研究不足。目前文献更多聚焦于研究城乡发展水平及收入差距问题，而基于不同区域特点与财政状况进行的研究较为少见。

1.3 研究内容和方法

1.3.1 研究内容

本书采用文献检索归纳法、调查分析法、实证分析法和规范分析法，在深入分析我国城乡融合发展现状、政策和相关文献的基础上，聚焦促进城乡融合发展的财政政策研究。本书通过构建综合指标体系测度了我国城乡融合发展水平，剖析了财政政策促进城乡融合发展的运行现状及其作用机理；并从中国式财政分权、财政支出城市偏向、重点财政支出项目（即财政教育支出）等三个方面实证检验了财政政策对城乡融合发展的影响效应。在此基础上，从城乡经济融合、空间融合、社会融合、人口融合、生态融合等五个方面构建了财政政策促进城乡融合发展的政策支持体系。

全书内容共分为9章，具体安排如下。

第1章，绪论。首先，介绍研究的背景与意义，阐明深入研究促进城乡融合发展财政政策的必要性；其次，通过国内外文献梳理，从研究热点与趋势、城乡融合发展、促进城乡融合发展的财政政策等三个方面深入了解研究现状，发现本书研究的重点与创新的空间；最后，基于以上分析，确定本书研究内容与方法，提出可能的创新和不足。

第2章，财政政策促进城乡融合发展的理论基础与作用机理。本章重点在于梳理与完善财政政策促进城乡融合发展的理论分析框架。首先，本章对乡村振兴、新型城镇化、城乡融合发展、财政政策等核心概念进行界定与辨析，明确研究范围；其次，对非均衡协调发展理论、财政分权理论、实践论与矛盾论等基础理论进行介绍，为后续研究提供理论支撑；最后，采用广义财政政策概念，将财政分权纳入财政政策的概念范畴，对财政政策促进城乡融合发展的作用机理进行分析。

第3章，财政政策促进城乡融合发展的现实考察。本章重点考察财政政策促进城乡融合发展的现状，发现不足，明确改革目标和方向。首先，本章总结了新中国成立后城乡关系发展历程，尝试找出其基本逻辑，获得经验与启示；其次，结合问卷调查考察了我国推进城乡融合发展的现实状况和主要成就，为后续深入研究财政政策促成城乡融合发展找准目标与方向；最后，梳理和分析党的十八大以来国家推进城乡融合发展政策文件中的财政内容，并考察财政政策促进城乡融合发展的现实状况。

第4章，我国城乡融合发展水平的测度与分析。本章将构建我国城乡融合发展的综合评价指标体系，并选取2011～2019年城市面板数据采用熵值法测度我国城乡融合发展水平。在此基础上分析我国城乡融合发展的总体水平和空间分布，以及可能存在的城市区位差异和城市规模差异，为后续财政政策研究提供现实依据。

第5章，中国式财政分权影响城乡融合发展实证分析。本章聚焦中央和地方政府财政分权关系，考察政府运用财政政策促进城乡融合发展的能力问题。首先，本章基于“为创新而竞争”的视角分析财政分权对城乡融合发展的作用机理；其次，构建基准回归模型，检验财政分权对城乡融合发展的影响效应，缓解可能存在的内生性问题，并进行稳健性检验；再次，根据理论分析和基准回归结论设计影响机制检验模型，探究财政分权影响城乡融合发展的内在逻辑；最后，从城乡融合发展的五个细分指数、城市区位和城市规模等三个方面讨论财政分权对城乡融合发展产生的异质性影响。

第6章，财政支出城市偏向影响城乡融合发展实证分析。本章聚焦财政支出城市偏向，考察政府运用财政政策促进城乡融合发展的意愿问题。首先，基于城乡居民收入差距持续扩大的特征分析财政支出城市偏向对城乡融合发展的影响效应和可能的作用机理；其次，构建基准回归模型，检验财政支出城市偏向对城乡融合发展的影响效应，缓解可能存在的内生性问题，并进行稳健性检验；再次，根据理论分析和基准回归结论设计影响机制检验模型，探究财政支出城市偏向影响城乡融合发展的内在逻辑；最后，从城乡融合发展的五个细分指数、城市区位和城市规模等三个方面讨论财政支出城市偏向对城乡融合发展产生的异质性影响。

第7章，财政教育支出影响城乡融合发展的实证分析。本章聚焦财政教育支出，考察政府运用财政政策促进城乡融合发展的效率问题。首先，基于数字经济发展的视角分析财政教育支出对城乡融合发展的影响效应和可能的作用机理；其次，构建基准回归模型，检验财政教育支出对城乡融合发展的影响效应，缓解可能存在的内生性问题，并进行稳健性检验；再次，根据理论分析和基准回归结论设计影响机制检验模型，探究财政教育支出影响城乡融合发展的内在逻辑；最后，从城乡融合发展的五个细分指数、城市区位和城市规模等三个方面讨论财政教育支出对城乡融合发展产生的异质性影响。

第 8 章，财政政策促进城乡融合发展的问题分析与经验借鉴。本章承接前文内容，对我国城乡融合发展存在的主要问题、财政政策促进城乡融合发展存在的不足进行全面梳理与总结，并借鉴国外有关经验，为后续提出科学合理、切实可行的政策建议奠定基础。首先，本章总结我国推进城乡融合发展存在的主要问题，为后续财政政策研究找准目标与方向；其次，根据前述现实考察与实证研究，总结发现我国财政政策促进城乡融合发展存在的不足；最后，通过梳理国外五个代表性国家推进城乡融合发展的基本模式，总结国外的财政政策推进城乡融合发展的经验做法，为本书的研究提供参考和借鉴。

第 9 章，财政政策促进城乡融合发展的政策建议。首先，本章提出财政政策促进城乡融合发展的职能定位，认为财政政策在推进城乡融合发展中至少应承担起提供城乡均等的基本公共服务、满足城乡人民过美好生活的愿望、激发城乡融合发展动力等三种职能；其次，提出财政政策促进城乡融合发展必须遵循整体规划、因地制宜、共建共享、多元共治、数字赋能等基本原则；再次，提出财政政策促进城乡融合发展的重点领域，包括完善中国式财政分权、纠正财政支出偏向、坚持教育优先发展；然后，提出财政政策促进城乡融合发展的政策体系构想，主要从城乡经济融合、空间融合、社会融合、人口融合、生态融合等五个方面构建财政政策促进城乡融合发展的政策支持体系；最后，提出完善财政政策促进城乡融合发展配套措施的政策建议。

1.3.2 研究方法

本书在实际研究过程中，将主要使用（但不限于）如下研究方法。

（1）文献检索归纳法。站在巨人的肩膀上，才能看得更远、望得更清。坚持学术的守正创新，必须重视现有文献的学习与研究。本书通过大量文献研读，发现并选定研究选题，确定研究视角，把握研究方法，构建基本研究框架；并从城乡融合发展、促进城乡融合发展的财政政策两个方面进行了文献综述。同时，本书力求全面梳理国家相关政策文件，延伸和拓展学术视野，以期奠定较为扎实的理论基础和政策支撑。

（2）调查分析法。为了解财政政策促进城乡融合发展的实际效应和群众反映，获得第一手数据，本书使用问卷星软件设计并发放我国财政政策促进城乡融合发展情况调查问卷，并对相关数据进行了深入分析。

（3）规范分析法。价值和理念创新是学术创新的关键基础。本书研究的核心问题是厘清财政政策促进城乡融合发展的理论基础、作用机理和目标方向，拟在非均衡协调发展理论、财政分权理论和实践论与矛盾论的基础上，探讨城乡融合发展问题，强化全体人民共同富裕的发展理念。

（4）实证分析法。实证分析法是以数据和事实为依据对事物客观属性的呈现，主要用于阐述“是什么”的问题。本书通过构建城乡融合发展水平综合测评指标，采用熵权法测算我国城乡融合发展的总体水平，并分别从中国式财政分权、财政支出城市偏向、重点财政支出项目等三个方面实证检验财政政策促进城乡融合发展的政策效应。

1.3.3 研究技术路线

根据研究目标及研究内容，本书采用的研究技术路线如图 1－5 所示。

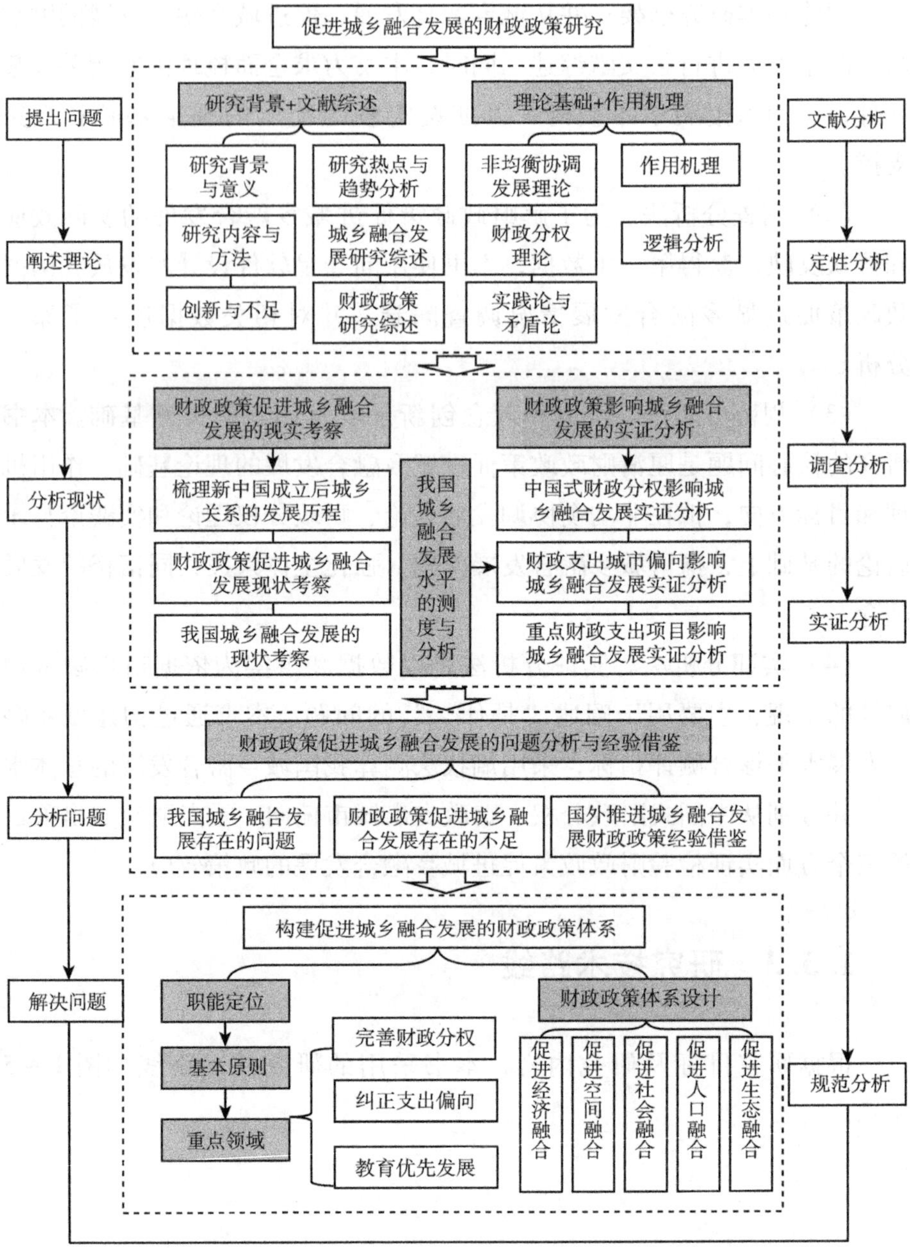

图 1.5　本书的研究技术路线

1.4 创新与不足

在现有研究的基础上，本书可能在研究内容和研究方法有所创新。

在研究内容上的创新包括：在理论方面，围绕城乡人口融合、空间融合、经济融合、社会融合、生态融合等5个维度构建了我国城乡融合发展综合评价指标体系，系统讨论了中国式财政分权、财政支出城市偏向、财政教育支出对城乡融合发展的作用传导机制，并利用经验数据进行了实证检验。在实践方面，将财政政策与城乡融合发展相结合，明晰了财政政策在促进城乡融合发展中的基本职能、作用机理、重点领域并构建了政策支持体系，深化和拓展了财政政策与城乡融合发展相关领域的研究，为当前积极的财政政策加力提效提供了参考。

在研究方法上的创新体现在，本书丰富了财政政策促进城乡融合发展的实证研究。已有文献主要采用定性方法进行相关问题的讨论，研究结论难以为制定精准化的城乡融合财政政策提供支撑。本书构建了城乡融合发展水平综合评价指标体系，采用熵值法测度了近年来我国237个地级市的城乡融合发展综合指数。在此基础上，采用面板固定效应模型，准确分析了中国式财政分权、财政支出城市偏向、教育财政支出对城乡融合发展的影响效应，有助于今后建立和优化我国促进城乡融合发展的财政政策。

本书的不足主要在于：

第一，财政政策促成城乡融合发展的效应分析有待深入。城乡融合发展涉及立体多维，且我国在财政收支栏目设置上尚未单列促进城乡融合发展的具体项目，本书根据研究需要以及在现实可能的情况下，重点选取了中国式财政分权、财政支出城市偏向、财政教育支出实证检验财政政策促成城乡融合发展的影响效应，尚未全面细化财政收支分类与具体项目对促进城乡融合发展的影响进行效应研究。

第二，财政政策促进城乡融合发展的实地调研有待深入。尽管本书设计了财政政策促进城乡融合发展的调研问卷并进行线上调研与实地访谈，但受时间精力影响，以及公众对城乡融合、财政政策的理解还不够深入，所获调研数据有限，更大范围、更加全面的实地调研有待加强。

第2章　财政政策促进城乡融合发展的理论基础与作用机理

理论是行动的先导。首先，本章对乡村振兴、新型城镇化、城乡融合发展、财政政策等核心概念进行界定与辨析，明确选题研究范围；其次，对非均衡协调发展理论、财政分权理论、实践论与矛盾论等基础理论进行介绍，为后续研究提供理论支撑；最后，采用广义财政政策概念，将财政分权纳入财政政策的概念范畴，对财政政策促进城乡融合发展的作用机理进行分析。

2.1　财政政策促进城乡融合发展的核心概念

概念能够反映事物属性和特征，是认识事物、分析现象的基本前提。正确认识城乡融合发展相关概念及其特征，有利于准确把握国家推进城乡融合发展的政策内涵。根据本书的需要及城乡融合发展趋势，本章选取“乡村振兴”“新型城镇化”“城乡融合发展”“财政政策”等四个核心概念进行内涵的分析与介绍

2.1.1 乡村振兴

“一个区域的核心就是‘城’，核心的外围人口密度较低的地带是‘乡’。”① 乡村是“人类聚落的童年”（王路，1999），是城市发展的母体。乡村由从事农业生产的农民及其经营的产业——农业以及其居住场所——村庄所构成，兼具生产、生活、生态、文化等多重功能，与城镇互促互进、共生共存，共同构成人类活动的主要空间。当前，我国农业生产方式由人力耕种向机械化、科技化发展，乡村正发生着巨大的变化，人口从乡村聚落向城镇化发展，农民向新型农民或城市市民转变。新时代乡村的内涵在升级，发展有了新的方向。

进入21世纪以来，全面建成小康社会成为我国经济社会发展的主要目标。党的十六大、十七大和十八大，立足“2020年全面建成小康社会”的战略目标，均对“三农”（即农业、农村、农民）工作作出部署。党的十六大报告提出“全面繁荣农村经济，加快城镇化进程”，将统筹城乡经济社会发展、建设现代农业、发展农村经济、增加农民收入等列为国家经济社会发展的重大任务。党的十七大报告提出“统筹城乡发展，推进社会主义新农村建设”，要求加强农业基础地位，走中国特色农业现代化道路，建立以工促农、以城带乡的长效机制，形成城乡经济社会发展一体化的新格局。党的十八大报告提出“推动城乡发展一体化”，明确城乡发展一体化是解决“三农”问题的根本途径，要求加大城乡发展统筹力度，增强农村发展活力，逐步缩小城乡差距，促进城乡共同繁荣。

在此基础上，党的十九大报告提出“实施乡村振兴战略”，强调农村发展要以“产业兴旺、生态宜居、乡风文明、治理有效、生活富裕”为目标，城乡关系要以“建立健全城乡融合发展体制机制和政策体系”

---

① 费孝通．乡土中国［M］．上海：上海人民出版社，2006：1．

为重点，明确了“加快推进农村现代化”的总任务。2017 年，中央农村工作会议全面阐释了实施乡村振兴战略的重大意义和深刻内涵，并对推进实施“乡村振兴战略”提出明确要求。2018 年，中央一号文件《关于实施乡村振兴战略的意见》，提出实施乡村振兴战略的总体要求和思路举措，并明确实施乡村振兴战略的阶段任务包括“到 2020 年，乡村振兴取得重要进展，制度框架和政策体系基本形成”“到 2035 年，乡村振兴取得决定性进展，农业农村现代化基本实现”“到 2050 年，乡村全面振兴，农业强、农村美、农民富全面实现”。文件同时提出提升农业发展质量、推进乡村绿色发展、繁荣兴盛农村文化、加强农村基层治理、提高农村民生保障水平、打好精准脱贫攻坚战、推进农业农村体制机制创新、强化农村人才支撑、开拓投融资渠道、坚持和完善党的领导等系列工作措施。

乡村振兴作为新时代中国特色社会主义建设的新战略，反映了党对农村发展战略思想的与时俱进，体现了党对农村政治、经济、文化、社会、生态发展的全面推进和长远谋划，是党在新时代为农村发展设定的新目标、提出的更高要求。基于乡村发展现状，结合党的十九大提出的乡村振兴总要求，乡村产业兴旺、生活富裕共同构成乡村生态宜居、乡风文明、治理有效的基础，而生态宜居、乡风文明、治理有效则对产业兴旺和生活富裕起着推动作用，以上五个方面的发展要求相辅相成、互促共进，共同推进实现我国乡村的良性发展。实施乡村振兴战略，是解决当前我国城乡发展不平衡不充分问题的需要，也是满足人民日益增长的美好生活需要的迫切要求，更是加快农业现代化、推进农村长远发展和促进农民共同富裕的关键举措。

2021 年 5 月，国家印发《中华人民共和国乡村振兴促进法》，提出“全面实施乡村振兴战略，开展促进乡村产业振兴、人才振兴、文化振兴、生态振兴、组织振兴，推进城乡融合发展等活动”。由此，推进乡村产业振兴、人才振兴、文化振兴、生态振兴、组织振兴成为实施乡村振兴战略的核心内容。具体而言：（1）产业振兴，就是要推进农业高质量发展，深入推进农业发展供给侧结构性改革，构建农村三次产业融合发展体制机制，实现农民增收、农村经济繁荣。（2）人才振兴，就是要运用各类政策、机制、平台等多形式、多渠道，鼓励和支持社会各类人才服务乡村建设，投身乡村发展。（3）文化振兴，就是要以社会主义核心价值观为引领，大力传承和发展优秀传统文化和乡村特色文化，大力弘扬民族精神与时代精神，加强农村精神文明建设，提高乡村社会文明程度。（4）生态振兴，就是要建立绿色的生产方式和产业结构，形成绿色的生活方式和人居空间，绿化美化乡村环境，建设和美乡村。（5）组织振兴，就是要保证乡村振兴的政治基础，建立健全现代乡村社会治理体制和形成“三治合一”（即自治、法治、德治）的现代乡村社会治理体系，建设充满活力、和谐有序的善治乡村。

2.1.2 新型城镇化

在国外许多国家，镇的人口规模小，有的甚至没有镇的建制。因此，“Urbanization”一般被译为“城市化”，主要指乡村向城市的转变过程。中国设有镇的建制，而且不少镇的人口规模与国外的小城市相当，人口不仅向“city”转移，也向“town”集聚，这是中国特色城镇化的一个特点，也是“Urbanization”在我国被译为“城镇化”的原因（张占斌，2013）。城镇化是经济发展与人类进步的重要动力和我国全面建成小康社会的重要载体，也是实现共同富裕和“以中国式现代化全面推进中华民族伟大复兴”的必由之路。改革开放以来，中国的城镇化演绎了波澜壮阔的史诗，城镇化进程的规模和速度为人类历史之前所未有。据有关统计，1978～2021年，中国拥有城市数量由193个增加到692个，城区人口由7682万人增加到45747.9万人①。1980年中国拥

① 2021年城乡建设统计年鉴（EB/OL），［2022－10－12］［2023－02－25］，见 https://www.mohurd.gov.cn/gongkai/fdzdgknr/sjfb/index.html.

有百万以上人口的特大城市共15个[①]，而截至2021年，中国拥有城区人口超过1000万的超大城市5个、人口在500万至1000万的特大城市7个、人口100万以上的中小城市78个[②]。中国成为世界上超大城市、特大城市最多的国家。但数量的扩张伴随着质量的滞后，我国城镇化水平与西方发达国家相比还存在差距，城镇化发展质量还需要进一步提升。

2014年3月，中共中央、国务院印发的《国家新型城镇化规划（2014～2020年）》指出“我国城镇化是在人口多、资源相对短缺、生态环境比较脆弱、城乡区域发展不平衡的背景下推进的”，要求围绕全面提高城镇化质量，加快转变城镇化发展方式，坚持以人的城镇化为核心，有序推进农业转移人口市民化；要以城市群为主体形态，推动大中小城市和小城镇协调发展；以综合承载能力为支撑，提升城市可持续发展水平；以体制机制创新为保障，通过改革释放城镇化发展潜力，坚持以人为本、四化同步、优化布局、生态文明、文化传承的中国特色新型城镇化道路。具体而言：（1）以人为本，就是要以人的城镇化为核心，合理引导城乡人口流动，持续推进农业转移人口市民化和城镇基本公共服务常住人口全覆盖，不断提高人口素质，促进社会公平正义，使全体居民共享现代化发展成果。（2）四化同步，就是要推动信息化与工业化深度融合、工业化与城镇化良性互动、城镇化与农业现代化协调发展，促进城镇发展和产业支撑、就业转移和人口集聚相统一，以及城乡要素平等交换和公共资源均衡配置，形成以工促农、以城带乡、工农互惠、城乡一体的新型工农城乡关系。（3）优化布局，就是要根据资源环境的承载能力，构建科学合理的城镇化宏观布局，科学规划城市群建设，优化城市内部空间结构，严格控制城镇建设用地规模和合理控

---

① 段进军，姚士谋，陈明星等．中国城镇化研究报告［M］．苏州：苏州大学出版社，2013.

② 2021年城市建设统计年鉴（EB/OL），［2022－10－12］［2023－02－25］，见 https：//www. mohurd. gov. cn/gongkai/fdzdgknr/sjfb/index. html.

制城镇开发边界，促进城市紧凑发展，提高国土空间利用效率。(4) 生态文明，就是要把生态文明理念全面融入城镇化建设进程，推进绿色、循环、低碳发展，推动形成绿色低碳的生产生活方式和城市建设运营模式。(5) 文化传承，就是要根据不同地区的自然条件、历史基础和文化禀赋，鼓励差异化、多样化发展，形成尊重历史、符合实际、各具特色的城镇化发展模式。

2022年6月，在“十三五”时期以来新型城镇化取得重大进展、城镇化水平和质量大幅提升的基础上，国家发展改革委印发《“十四五”新型城镇化实施方案》，明确“十四五”时期深入推进以人为核心的新型城镇化战略的目标任务和政策举措，就加快农业转移人口市民化、优化城镇空间布局、推进新型城市建设、提升城市治理水平、推进城乡融合发展等方面进行了重点部署。2022年10月，党的二十大再次强调“推进以人为核心的新型城镇化，加快农业转移人口市民化”“以城市群、都市圈为依托构建大中小城市协调发展格局，推进以县城为重要载体的城镇化建设”，并要求“坚持人民城市人民建、人民城市为人民，提高城市规划、建设、治理水平，加快转变超大特大城市发展方式，实施城市更新行动，加强城市基础设施建设，打造宜居、韧性、智慧城市”。

2.1.3 城乡融合发展

改革开放以来，我国城乡居民生活水平总体实现历史性跨越，但城乡差距仍然存在，城乡二元结构成为我国经济社会发展的主要障碍之一。进入21世纪以来，统筹城乡发展，缩小城乡差距，实现城乡居民和谐相处、各得其所成为党和国家推进城乡整体现代化的重要目标。我国推进城乡关系发展大致经历了由“统筹城乡发展”到“城乡一体化”再到“城乡融合发展”的演进过程。2003年10月，党的十六届三中全会提出“统筹城乡发展”，并将其放至“五个统筹”① 的首位，核心是解决城乡收入差距大、城乡发展不平衡、城乡公共服务不均等的问题。但彼时的“城乡统筹”政策更侧重于政府调控，寄希望于通过政府指导推进资源的均衡配置。党的十七大提出“科学发展观”，要求“形成城乡经济社会发展一体化新格局”。2012 年 11 月，党的十八大就“推动城乡发展一体化”进行了专题部署，要求建立“以工促农、以城带乡”的新型城乡关系。但此时的政策重心仍然侧重于城市的发展，希望通过城市发展带动乡村发展。

2017 年 10 月，党的十九大首次将“城乡融合发展”正式写入党的文献，提出“建立健全城乡融合发展体制机制和政策体系”。“城乡融合发展”概念的正式提出，既是对“统筹城乡发展”和“城乡一体化”概念的继承，又体现了新时代城乡关系建设的发展要求和时代特征。城乡融合发展与之前提出的解决城乡关系的理念、思路相比，更加强调乡村作为与城市具有同等地位的有机整体，通过激发内生活力，变“被促、被带、被哺、被支持”为主动发展、积极突破，进而实现城乡经济、社会、文化、生态的全面共同发展。推进城乡融合发展，就是要坚持城乡平等，缩小城乡发展差距和居民生活水平差距，以乡村振兴和新型城镇化为双动力，逐步形成城乡互补、工农互促、协调发展、共同繁荣的新型工农城乡关系。“城乡融合发展”理念的提出，表明中国城乡关系发生了历史性变革，城乡发展进入了共建、共享、共赢的发展新阶段。

马克思、恩格斯曾总结过城乡融合的内容，包括城乡产业的有机结合②和城乡人口的均衡分布③。但中国特色社会主义新时代背景下的城

① 五个统筹：党的十六届三中全会《决定》提出的“统筹城乡发展、统筹区域发展、统筹经济社会发展、统筹人与自然和谐发展、统筹国内发展和对外开放”的新要求，是时任党中央领导集体对发展内涵、发展要义、发展本质的深化和创新，蕴含着全面发展、协调发展、均衡发展、可持续发展和人的全面发展的科学发展观。

② 马克思恩格斯文集（第 1 卷）[M]. 北京：人民出版社，2009：689.

③ 马克思恩格斯文集（第 9 卷）[M]. 北京：人民出版社，2009：308.

乡融合具有更加丰富的内容。它是“城乡自然要素、经济要素、空间要素和人员要素的优化组合，是城乡两种空间、业态、生态系统的相互渗透、密切联系、功能互补和利益共享”（易赛键，2019）。城乡融合发展既包括全域性的城乡空间交互融合、整体性的城乡生产要素融合、多领域的城乡产业发展融合，还包括系统性的城乡制度融合、文化融合和心理融合。将城乡作为一体进行整体融合性思考是城乡融合发展的重要前提。在城乡融合发展过程中，城市拥有的资金、人才、科技和乡村拥有土地、资源、劳动力等要素资源将实现自由流动和合理配置，第一、第二、第三产业发展将全面提高，城乡居民生活习惯的心理定式、生产习惯的心理暗示、文化背景上的心理落差将慢慢消逝（张春波，2021）。

综上所述，城乡融合发展相关概念之间的关系如图 2. 1 所示。

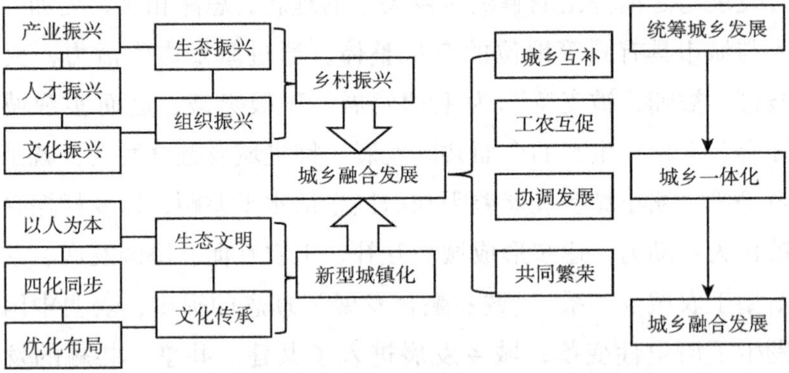

图 2. 1　城乡融合发展相关概念之间的关系

2. 1. 4　财政政策

财政政策是国家经济政策的重要组成部分。作为政府调节分配、调控经济、配置资源和提供公共服务的重要手段，财政政策有着极其丰富的内容。从广义上讲，财政政策是指政府为了达到一定的经济和社会目的而制定的指导财政分配活动、处理财政分配关系的基本准则和措施的总称。而狭义的财政政策则是指政府为了实现社会总需求与社会总供给的均衡，对财政收支对比关系进行调整的准则和措施的总称（匡小平、肖建华，2012）。一般而言，一定时期的财政政策，体现在财政收入、财政支出、国家预算、公共债务等各个方面，是为国家实现一定时期或更长时期的社会、经济发展目标服务的[①]。2013 年，党的十八届三中全会作出“财政是国家治理的基础和重要支柱”的重要论断，将财政与国家治理相联接，将其由经济范畴提升到国家治理范畴，成为可以跨越国家治理所有领域、覆盖国家治理所有活动的综合性治理因素（高培勇，2019）。

基于研究的需要，本书采用宏微观相结合的研究视角和综合性财政政策概念，全面分析财政政策对促进城乡融合发展的政策影响，同时选择中国式财政分权、财政支出城市偏向、重点财政支出项目（即财政教育支出）三个角度对我国财政政策促进城乡融合发展的政策效应进行实证检验，进而提出切实可行的政策建议。在实证检验部分，本书采用财政自给度测度地方政府财政分权。在概念范畴上，将财政分权纳入广义财政政策的概念范畴，对财政体制与财政政策作简并处理，不再进行概念上的刻意区分。

（1）财政政策的基本要素管理。

财政政策涉及的内容庞大，要全面理解财政政策，必须首先清楚财政政策的制定、实施、调整与完善等方面的管理。科学有效的政策管理工作，是制定实施财政政策、发挥财政职能作用的重要前提和基础保障（谢旭人，2011）。

第一，关于财政政策的管理主体。财政政策的制定主体是按照国家法律规定或国家权力机关授权，制定或参与制定财政政策的国家机关及

① 中国社会科学院经济研究所编．现代经济辞典［M］．南京：凤凰出版社，江苏人民出版社，2005：65.

政府部门。财政政策的执行主体包括组织或参与实施财政政策的政府部门、社会机构和企事业单位。

第二，关于财政政策管理目标。在社会主义市场经济条件下，一般包括经济增长、物价稳定、充分就业和国际收支平衡等四个方面。

第三，关于财政政策的政策工具。财政政策的政策工具是指为实现财政政策目标而选择的各种政策工具及其组合。从财政收入方面看，有税收、收费、国债、利润上缴等形式。从财政支出方面看，有转移支付、财政补贴、公共投资、政府采购等形式。此外还包括预算管理约束、国有资产管理、折旧率变动等。

第四，关于财政政策的分类。按作用特点分类，可分为总量调节财政政策、结构调节财政政策；按政策调节经济周期分类，可分为自动稳定的财政政策、相机抉择的财政政策；按对国民经济总量的影响分类，可分为扩张性财政政策、紧缩性财政政策、中性财政政策；按政策的经济效应分类，可分为分配性财政政策、调节性财政政策、再分配性财政政策。

第五，关于财政政策的调整与完善。相机抉择是财政政策管理的基本要求。财政政策的调整完善包括长期的政策调整、中期的政策调整、年度政策调整，以及突发事件的政策应对等。

（2）财政政策的制定依据。

财政政策的制定出台必须充分了解政策环境与实施目标，不断提高政策的科学性和可行性。一般而言，在政策制定过程中必须综合考虑国家财政总体运行情况、国内经济发展形势和国际政治经济形势变化。

（3）财政政策的目标确定。

在综合考虑经济稳定增长、物价稳定、充分就业和国际收支平衡的基础上，要根据我国经济社会发展的实际情况，确定具体政策目标或目标组合，形成财政政策目标体系。首先，要重视财政政策目标与经济社会发展目标的逻辑协调。坚持全局观和大局观，找准财政政策目标定位，促进国家经济社会全面发展。其次，要重视过程目标与最终目标的体系协调。分步确定财政政策目标，完善过程目标，细分最终目标，形成合理的政策目标体系。最后，要重视单一目标和多重目标的时间协调。抓住主要矛盾，紧盯主要目标，注重综合协调，把握轻重缓急，防止因财政政策调整对社会经济发展造成大的冲击。

（4）财政政策与其他政策工具的协调配合。

为了形成国家政策合力，实现政策预期目标，财政政策必须加强与货币、金融、产业、就业、发展规划、生态环保等其他政策之间的协调配合，尤其要重视财政政策与货币政策之间的协调配合。财政政策和货币政策是政府在市场经济条件下实施宏观经济调控的两大主要工具，尽管它们的作用机理和传导机制不同，但它们各有作用领域和功能优势，必须根据经济运行的实际情况，加强它们之间的协调配合。根据经济形势不同，财政政策和货币政策的协调模式也有所不同。一般而言，它们之间存在“双松”“双紧”“双稳健”“松紧配合”等模式选择。

2.2　财政政策促进城乡融合发展的理论基础

2.2.1　非均衡协调发展理论

均衡与非均衡、协调与不协调是两对相互矛盾又辩证统一的科学命题，也是涉及一个国家和地区经济社会发展道路选择的实践问题，由此形成了区域经济学和发展经济学中不同的理论流派和政策主张。针对我国区域发展现状，北京邮电大学茶洪旺教授提出了非均衡协调发展理论，对本书关于城乡融合发展的研究具有重要的启发作用和参考价值。

（1）均衡发展理论与非均衡发展理论。

一般而言，均衡发展理论包括区域经济均衡发展理论和区域空间结构均衡理论。新古典区域均衡发展理论是区域均衡发展理论的典型代表。该理论建立在自动平衡倾向的新古典假设基础之上，认为只要在完全市场竞争条件下，资本、技术与劳动力等生产要素为实现其最高边际报酬率而流动，市场价格和竞争机制会推动社会资源实现最优配置，使区域之间的经济增长与发展水平自动趋向均衡。区域均衡是“完全理性人”在充分考虑社会、经济、环境的综合成本、效益前提下的合理选择和规划解（陈雯，2008）。该理论有所不足的是，其忽略了现实生活中的若干基本事实。例如，区域本身几乎不可能拥有推动所有产业和各地均衡发展的资本和其他资源。同时，它忽略了规模效应和技术进步，将技术进步作为外生因素，排除在分析框架之外。另外，区域生产同质、市场透明、生产要素完全自由流动等前提条件在经济实践中几乎不可能实现。区域均衡发展理论从理性观念出发，采用静态分析方法，把问题过分简单处理，与经济发展的实践距离太远，常常无法解释现实的经济增长过程，也没有办法为区域发展问题找到真正的出路。

与区域均衡发展理论相比较，非均衡发展理论更加丰富多样。就其内容而言，包括创新理论、增长极理论、二元经济结构理论、核心区与边缘区理论、梯度推移理论，以及产业集群理论等。熊彼特（Joseph Alois Schumpeter）的创新理论将实现经济增长的诱因归结为技术进步与企业家创新，认为创新能够促进企业或地区实现螺旋式的“不均衡状态”的经济增长，创新成功的企业或产业具有规模效应和集聚效应①。弗朗索斯（Francois Perroux）的增长极理论认为，区域经济增长首先由若干起支配或推动作用的经济部门——增长极引起，在增长极的作用下首先取得点的突破，然后通过不同渠道向外扩散进而带动整个经济的增长②。缪尔达尔（G. Myrdal）的二元经济结构理论提出“回波效应”和“扩散效应”的概念，为国家制定宏观经济政策提供了理论依据③。赫

① 约瑟夫·熊彼特. 经济发展理论［M］. 商务印书馆，1997.

② 弗朗索瓦·佩鲁. 经济空间：理论与应用［M］. 经济学季刊，1950（64）.

③ 缪尔达尔. 国际不平等和外国援助的回顾［M］. 经济科学出版社，1988：153.

希曼（Albert Otto Hirschman）的“核心区—边缘区”理论认为，经济增长不会同时出现在所有地区，而一旦出现在某处，在巨大集聚经济效应的作用下将促使要素集聚，从而使该地区经济增长加速，最终形成具有较高收入水平的核心区[①]。弗农（RuttanVernon）的梯度推移理论以经济、技术发展水平的梯度分布为基础，把以加工业、高技术产业为主的城市或发达地区视为高梯度地区，把以传统农业和劳动密集型产业为主的农村和不发达地区视为低梯度地区，梯度推移则是动态极化效应与扩散效应共同作用的结果[②]。20 世纪 90 年代，产业集群理论进一步发展了区域非均衡发展理论。该理论认为，大量产业联系紧密的企业和机构在空间聚集，可以形成强劲、持续的竞争优势；投入产出聚集、购物聚集、信息聚集是引起产业集群的三个因素（Porter M. E.，1998）。然而，非均衡发展理论在指导区域发展实践时也遇到不少问题，如以上具有代表性的理论都认为非均衡发展是经济发展的必要条件，但却没有阐述非均衡发展的合理界限问题，也忽略了均衡发展的积极作用。此外，它们对政府和市场作用的认识存在差异，关于推进区域经济发展的政策主张也不一致。

（2）非均衡协调发展理论。

茶洪旺（2008）认为，新中国成立以来的经济发展实践表明，区域经济均衡发展理论和非均衡发展理论都存在明显的局限性。它们没有处理好中国国民经济发展的根本问题——效率和公平的问题，无法同时达成国民经济高效运转和适度非均衡增长、促进各地区经济社会协调发展和共同繁荣这两项重要的发展目标。本书认为，区域经济非均衡协调发展理论是适应中国国情的，特别是 21 世纪以来经济社会发展形势的，用创新的思维提出的一种区域经济发展的全新理论。它在借鉴吸收区域均衡发展理论、非均衡发展理论成果的基础上，实现

① 艾伯特·赫希曼著．经济发展战略［M］．经济科学出版社，1991.

② 王育宝，李国平．狭义梯度推移理论的局限性及其创新［J］．西安交通大学学报（社科版），2006（9）：25 –30.

了对市场经济和区域发展规律、市场与政府的关系的深刻认识和准确把握。其理论主旨是把非均衡发展和协调发展两者有机结合并统一起来，用于指导区域经济发展的全过程。该理论认为，非均衡发展是区域经济发展的正常状态和一般规律，协调发展是党领导下社会主义新中国推进国民经济建设不懈追求的重要目标。推进区域经济发展，无论在任何时期都必须把非均衡发展和协调发展统一起来，在实现动态协调过程中持续推进非均衡发展，逐步缩小区域发展差距，进而实现全面发展与共同富裕。

理论的价值在于实践的需要。区域经济发展中非均衡状况是必然存在的，既包括产业、部门之间的非均衡，也包括地域、城乡之间的非均衡。在资源条件有限的情况下，让一部分自然条件和经济基础较好的地区率先发展起来，形成具有比较优势的产业，进而成为各具特色的经济增长极，然后带动和支撑整个地区经济发展。这种非均衡发展策略是必要而且明智的选择。此时不可能也不应该把区域均衡发展作为首要的舍此无他的目标追求。但国民经济是由各种经济关系组成的紧密相依的有机整体，既要讲重点，又要重协同，在推进区域非均衡发展的同时必须重视促进区域、产业、城乡、经济增长与生态环境之间的协调发展，必须在推进非均衡发展过程中实现动态协调发展，既要让各地区的比较优势得到充分发挥，又要使各区域相互支持、联动发展。因此，“协调发展”本身就是对非均衡发展的完善和发展，是非均衡发展的最优的“度”。

总结世界各国现代化发展历程，区域经济非均衡协调发展理论具有很强的解释力和适应性。所有幅员辽阔的发达国家以及发展中国家，在推进工业化和现代化的进程中，几乎无一例外地都要经历由区域非均衡发展到非均衡协调发展的过程。例如，19 世纪的美国、20 世纪 70 年代的法国都经历了这种过程。1949 年新中国成立后，我国区域经济发展也经历了从均衡到非均衡的转换，至今仍然存在区域经济格局分化、南北差距和城乡差距过大等区域非均衡发展的问题（刘秉镰等，2019），仍然还处在追求非均衡协调发展的进程之中。

从本书的研究来看，非均衡协调发展理论很好地体现了中国特色社会主义的本质要求，构建了市场经济条件下区域经济发展的最佳模式（荼洪旺，2008），有助于指导考察我国城乡关系的发展现状，把握城乡融合发展的历史脉络与演进规律，既保速度，又重质量，推进城乡融合发展形成“又快又好”的新态势。面向未来，我们要把非均衡协调发展理论应用于指导我国推进城乡融合发展的伟大实践，既要发挥市场在资源配置中的基础性作用，尽快建立健全统一开放、竞争有序的城乡市场体系，推进土地、资本、技术、劳动力等生产要素在城乡之间自由流动，发挥城乡各自特色优势，鼓励具备条件的地区优先发展，率先示范，进而推进城乡融合高质量发展；又要充分发挥政府在宏观调控中的职能，根据协调发展要求，通过财政、货币、产业、收入、进出口管理等宏观调控手段，推进乡村基础设施建设，补齐乡村在基本公共服务等事业发展中的“短板”，营造城乡经济社会协调发展的良好环境。

2.2.2　财政分权理论

财政分权是识别和解读当代中国政府治理模式的一个重要视角。分权理论根源于层级制社会有机体的行动边界。一般认为，分权是指上层组织将资源分配、行政管理的权力和责任转移给下级组织的行为。相对国家而言，分权是指权力从中央政府转移到各专门机构、地方政府或其他公共组织的过程。分权不仅发生在存在高低层级的政府之间，也可能发生在政府与非政府组织之间。在众多形式不一的分权之中，财政分权具有十分重要的地位，也历来备受世人关注。财政集权与财政分权是现代国家权力分布的核心问题。20 世纪以来，世界各国纷纷推行财政分权改革。财政分权作为市场经济和政治下的一种财政体制类型，不仅是发达的联邦制国家的常态，在发展中国家也得到了越来越普遍的推行。

传统的财政分权理论产生于20世纪50年代，有代表性的人物和学说主要包括蒂布特（Charles Tibout）的“以足投票理论”、施蒂格勒（George Stigler）的“菜单理论”、马斯格雷夫（Musgrave R. A.）的“分权思想”、奥茨（Wallace E. Oates）的“分权定理”、特里希（Richard W. Tresch）的“偏好误识理论”以及布坎南（James M. Buchanan）的“俱乐部分权理论”。这些理论的核心观点包括：（1）地方政府比中央政府更接近居民，更容易利用信息优势实现资源优化配置，可以更加有效地提供符合民众需求的公共服务。（2）在财政分权制度下，地方政府之间会产生竞争，可以促使它们更好地反映居民偏好，实现税收和支出的最优组合，提高公共物品和服务的供给效率。（3）地方政府本身也存在行动边界，存在最优事权范围。

20世纪80年代以来，温格斯特（Barry R. Weingast）、钱颖一和罗兰（Roland G.）等学者们在传统的财政分权理论基础上将“经济人”假设引入政府官员行为分析，聚焦制度安排和经济增长，将社会、经济和环境等综合起来研究，形成了新一代的财政分权理论。该理论认为，地方政府及其官员都有自己的利益诉求，他们不是中央政府的“代理机构”，其本质与企业经纪人类似，都在追求获得自我利益最大化。该理论还注意到财政分权中的“寻租”问题。关于如何在政府间进行合理分权，美国学者罗伊·鲍尔（Roy Bahl）强调，有效的收入分配离不开对支出的认识，财政分权必须按照正确的顺序进行改革，即首先给予地方政府财政支出职权，然后再决定财政收入的分配。

中国式财政分权从1978年结束计划经济时期“统收统支”财政体制开始起步，20世纪80年代实行的财政包干制、1994年进行的分税制改革将其不断推向深入。有学者将中国政府的财政治理结构称为“三明治”式结构，即除中央政府和基层政府外，其他各级地方政府都受到上一级政府的财政控制，本身的财政自主度较低，难以有效驾驭上级政府赋予的繁重任务。各级政府都在财政集权（即依靠本级力量统一治理）和财政分权（即激励下级政府自行治理）两套基本方案间进行平衡。在平衡的过程中，地方政府对财政集权或分权的偏好就会得到显示（于君博、王国龙，2016）。总体而言，中国式财政分权为地方政府和企业分享经济成果创造了条件，促进了资本的合理配置，推动了地方经济发展。但国内学者的研究显示，我国经济增长中出现的很多问题都与财政分权制度设计存在关系。例如，靳涛（2006）指出，分税制改革导致地方政府为“GDP 竞赛”，造成中国地区间经济增长差异日益扩大。刘承礼（2011）认为，“中国式财政分权”具有税收立法权高度集中，地方税收自主权相当有限；财政支出结构优化步伐滞后于财政收入安排变革，地方财力与事权不相称等特征。

从本书的研究来看，财政分权理论能够从政府行为导向、财政政策决策两个方面探究当前财政政策在促进城乡融合发展中的效应及其深层原因。首先，能够指导厘清中央和地方政府在城乡融合发展过程中的财政事权与支出责任划分，进而考察当前我国财政政策促进城乡融合的总体状况及政策效能。其次，地方政府及其官员“经济人”假设对地方政府财政支出偏向和重点财政支出项目选择具有较强的解释力，能够指导分析政府官员决策及政府财政行为，考察其决策原理与行为模式，提出有利于推进城乡融合发展的政府行政管理优化方案和地方政府财政支出结构调整的优化意见。

2.2.3　实践论与矛盾论

毛泽东同志分别于 1937 年的 7 月和 8 月在延安发表了《实践论》和《矛盾论》。两篇著作的写作目的主要是批判党内存在的严重的主观主义，特别是经验主义和教条主义，为中国共产党人正确领导中国革命提供了科学的世界观和方法论指导。《实践论》和《矛盾论》成为毛泽东哲学思想的代表性著作，奠定了毛泽东实践论与矛盾论的理论基础。它们共同丰富和发展了马克思主义认识论与辩证法，极大地推动了马克思主义中国化的进程，不仅为中国共产党提供了科学的世界观和方法论，还为党的思想路线和政策方针制定奠定了理论基础，对于推进新时代我国城乡融合发展也具有重要的指导意义。

毛泽东在《实践论》中强调了认识与实践的辩证关系，提出实践是认识的来源和基础，理论对实践具有指导作用，实践是检验真理的唯一标准，以及实践、认识、再实践、再认识等推进认识深化的循环过程。文章告诉我们，人们的认识活动，不仅在于了解客观实践的规律性，更重要的是要运用规律性的认识能动地去改造世界。认识来源于实践，认识也要能动地反作用于实践。在《矛盾论》中，毛泽东开篇讲道："事物的矛盾法则，即对立统一的法则，是唯物辩证法的最根本的法则"。该文的主要观点包括：矛盾的普遍性和特殊性相互联系、相互转化；事物发展过程中存在主要矛盾和矛盾的主要方面，主要矛盾与次要矛盾以及矛盾诸方面又具有同一性和斗争性等。实践论和矛盾论作为科学的方法论，为指导中国共产党人解决中国问题提供了理论原则。坚持实事求是，重视调查研究；把握重点与关键，分清事物的轻重缓急，有助于打开问题的症结，开阔解决问题的视野与思路。由于矛盾普遍存在、相互交织，在推进现代化进程中就必须学会根据矛盾的不同性质决定解决矛盾的不同方法，用不同的方法解决不同的矛盾。

从新中国成立以来的发展实践来看，越是复杂和关键的时候，越能体现实践论与矛盾论的指导价值。1949～1956 年，由新民主主义社会向社会主义社会过渡时期，抓住主要矛盾完成对农业、手工业和资本主义工商业的社会主义改造；1956 年，毛泽东发表《论十大关系》，开始把党和国家工作的着重点转移到社会主义建设上面来；1978 年，一场关于"真理标准"的大讨论强调"实践是检验真理的唯一标准"，成为实现党和国家历史性伟大转折的思想先导。进入新时代以来，建设小康社会，推进乡村振兴，全面脱贫攻坚，党的一系列战略决策均较好地贯彻了重视实事求是、抓住主要矛盾、推进协调发展的重要思想。

从本书的研究来看，当前我国社会主要矛盾发生变化，人们对美好生活提出更多更高的要求，但我国区域、城乡、群体、领域之间仍存在资源分配、收入水平、公共服务等方面发展不平衡不充分的问题。坚持实践论和矛盾论，能够帮助我们把握城乡融合发展核心问题和突出矛盾，做到既要重视了解我国城乡建设实情，敢于面对问题和矛盾，主动寻求解决方案；又要明确主次，抓住重点，出台科学、管用、高效的财政政策，循序渐进地推进城乡融合高质量发展。

理论基础指导本书研究的基本路径如图 2.2 所示。

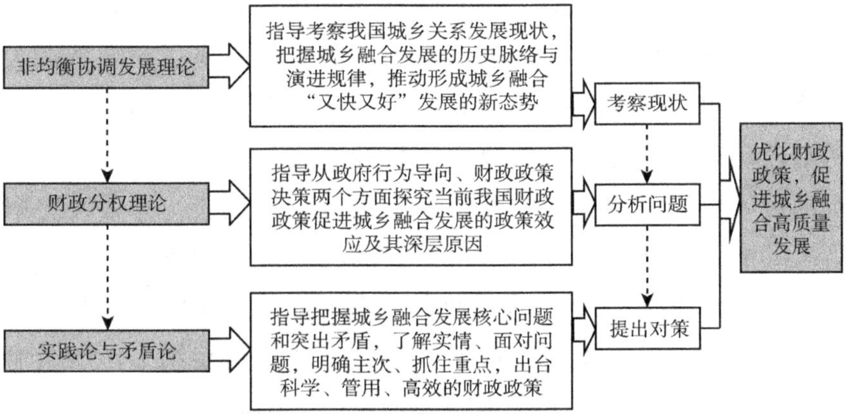

图 2.2　理论基础指导本书研究的基本路径

2.3　财政政策促进城乡融合发展的作用机理

2.3.1　财政政策作用传导机制分析

财政政策体系复杂，联接与构成因素多，目标和功能也各不相同，政策类型不同，其作用机理也不一样。本书梳理文献发现，学者们对财政政策的作用机理使用了不同的概念表述，包括作用机理、作用机制、传导机制、作用渠道、传递机制等，但研究方向主要集中在两个方面：一是定性研究，重点分析财政政策对作用对象造成影响的基本逻辑；二是定量研究，观察和测度财政政策在多大程度上影响作用对象（舒志彪，2016）。

谢旭人（2011）指出，财政政策的作用渠道，是指财政政策通过对补贴、税收等政策管理工具的选择或组合实施，传导并引起财政收入或财政支出的变动，从而调整企业和个人的经济利益与经济行为，直接或间接影响社会总供给和总需求，最终达到宏观调控目标的路径。唐祥来和康锋莉（2017）认为，财政政策的实施需要经历从财政政策工具选择到财政政策目标实现的转变，在此期间需要特定的传导媒介适应不同的经济环境进行信息交流，并最终将财政政策工具的变量转化为财政政策目标的变量。他们进一步指出，财政政策的传导媒介主要是货币供给、价格变动和收入分配。此外，财政政策能够达成宏观调控目标，还基于其不同政策工作所具有的保障、杠杆、引导等三种作用（谢旭人，2011）。参照以上观点，本书认为，财政政策发挥作用的传导途径大致可以梳理如下，即“确定政策意图—选择政策工具—媒介传导信息—主体调整行为—社会供需变动—实现政策目标”。

（1）财政政策通过影响货币供给影响社会供需变动。

市场经济的运行，表现为川流不息的货币流通。货币是所有经济主体完成收支活动的载体，也是经济主体之间实现信息交流和价值互换的重要媒介。财政的收支活动表现为一种货币的流动，具有直接参与宏观经济运行，并据以实现宏观经济调控的功能（李扬，2021）。无论是增加财政支出规模，还是减小财政支出规模，都必须通过货币供给量作为媒介，并通过货币供给量的变化来影响社会总需求的调整。例如，提高税率、发行国债等政策，可以推动货币从企业部门和普通居民手中流向政府，减少货币总供给量，进而压缩社会总需求。降低税率、增加补贴等政策，可以减少货币从普通居民和企业部门手中流向政府，增加货币总供给量，进而扩大社会总需求。从我国财政政策的实际运行情况看，无论实施扩张性财政政策，还是紧缩性财政政策，其政策依据是国家经济运行状况，而传导机理都是通过财政收支的增减影响货币供给量，调节社会总需求，进而改变社会经济运行现状。财政政策的落脚点在于改变货币分布。财政政策通过改变货币分布，来提高社会资金的利用效率，加快货币流通速度，进而推进经济社会全面发展。

（2）财政政策通过影响价格变动影响社会供需变动。

价格政策是财政政策的有效补充。财政政策工具的使用也需要通过价格机制来体现，或者与价格政策相配合，进而引导市场主体行为。例如，产业和部门的利润率差别，除了受技术和成本的影响外，主要与价格相关。财政专项补贴和税收优惠，可以降低高新技术企业的产品成本，间接提高其产品价格，进而激励企业创新，推进产业转型。对于“夕阳产业”和“落后产能”企业，通过提高产品税率或加征原材料税费，可以间接降低其产品价格和提高其原材料价格，进而引导企业加快化解或淘汰落后产能，推进供给侧结构性改革。与此同时，按照市场规则，某些产业因市场价格低可能引起发展动力不足，甚至危及社会稳定与国家安全，需要财政政策予以特别保障。例如，增加农产品价格补贴可以保障国家粮食安全；对自然垄断行业的价格管制，能够促进民生需求等。

（3）财政政策通过影响收入分配影响社会供需变动。

财政政策对个人收入分配的影响，主要体现在改变个人实际货币收入和货币收入的实际购买力。对居民征税将使其税后收入减少，财政补贴将使居民实际收入增加，而货币的升值与贬值将造成居民拥有货币收入的实际购买力发生变动。居民个人的收入变化会影响其储蓄和消费行为，改变其工作和闲暇的相对成本，进而影响劳动者在两者之间的选择。在财政政策工具中，税收与转移支付最常被用来调节居民的收入分配，引导居民行为决策。例如，开征个人所得税影响人们对工作的选择，开征消费税影响居民消费支出，开征利息税影响居民储蓄行为。当且仅当税率随着居民收入增加而提高时，才能做到“量能征税”，缩小居民贫富差距（刘伟、王灿等，2018）。而社会保障支出和财政补贴支出等转移性支出，因其单方向直接给予居民个人，其收入效应更加明显。财政政策对企业利润分配的影响，主要通过企业所得税来实现。企业所得税通过影响企业税后利润，进而影响企业的生产经营行为，特别是投资行为。

2.3.2 财政政策成效实现路径探讨

财政政策作为国家决策强有力的支撑工具，必须适应国家治理的要求。一是必须保障消费和投资的匹配，保证不出现社会总供给或总需求不足等问题；二是必须适应经济社会发展的要求，保证整个社会公共需求与私人需求相匹配。梳理财政政策与城乡融合发展之间的作用关联，在国家宏观政策与市场微观主体之间，还必须加入政府行为这一关键变量。在中国式分权体制下，地方政府拥有一定的税收权限和支出责任，基层政府有权自主选择适合当地发展的政策类型（张明源，2021）。“锦标赛”式的地区竞争在我国社会经济发展的过程中扮演着重要角色，地区间的财政竞争对地区社会经济增长具有重要影响。推进城乡融合发展，涉及城乡自然、经济、空间、人员等要素的优化组合，是城乡空间、业态、生态系统的全面交互与渗透融合，必须解决好政府采用财政政策的能力、意愿和效率问题。

本书认为，在中国式财政分权体制下，财政分权程度决定地方政府的财政能力（即财政自给度），地方政府对绩效目标的追求影响其财政决策行为。由于地方政府拥有一定程度的财政自主权，地方官员可以根据其政治目标和个人偏好选择财政政策工具，决定财政支出策略。政府财政政策通过影响货币供给、价格变动和收入分配来引导市场主体行为，进而调节社会总需求和总供给，促进与实现城乡融合高质量发展。

中央政府以推进城乡融合发展为导向，通过调整与优化财政分权制度与政府绩效考核指标，能够有效引导地方政府财政决策，纠正其财政支出偏向和重要支出项目选择，进而达成促进城乡融合高质量发展的目标。

本书从理论分析和现实考察中发现，政府和政策因素是影响城乡关系发展的关键因素。财政政策是城乡融合发展的重要政策工具。中国式财政分权为地方政府推进城乡融合发展提供了可能与方向；地方政府财政支出城市偏向拉大了城乡差距，成为推进城乡融合发展的阻碍；而重点财政支出项目决定着财政政策促进城乡融合发展的实际效能。从中国式财政分权、财政支出偏向、重点财政支出项目三个方面，可以分别考察政府实施财政政策促进城乡融合发展的能力、意愿和效率等问题。为此，本书在第 5 章、第 6 章和第 7 章将分别从中国式财政分权、财政支出城市偏向、重点财政支出项目（即财政教育支出）三个方面进一步探究财政政策对城乡融合发展的作用机理，并实证检验我国财政政策对城乡融合发展的影响效应。

财政政策促进城乡融合发展的作用机理如图 2.3 所示。

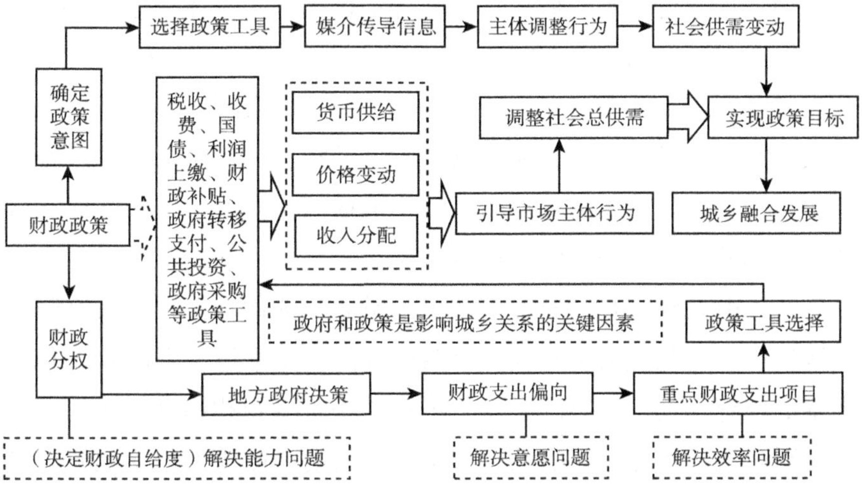

图 2.3　财政政策促进城乡融合发展的作用机理

2.4 本章小结

明确核心概念范畴和基础理论内涵，是开展研究工作的前提。本章首先对乡村振兴、新型城镇化、城乡融合发展、财政政策等核心概念进行界定与辨析，明确本书的研究范围；其次，对非均衡协调发展理论、财政分权理论、实践论与矛盾论等与本书研究相关的基础理论进行阐述，为研究提供理论支撑；最后，采用广义财政政策概念，将财政分权纳入财政政策的概念范畴，对财政政策促进城乡融合发展的作用机理进行分析。

本章的主要结论如下：

第一，“城乡融合发展”概念的提出，既是对“统筹城乡发展”和“城乡一体化”概念的继承，又体现了新时代城乡关系建设的发展要求和时代特征。城乡融合发展与之前提出的解决城乡关系的理念、思路相比，更加强调乡村作为与城市具有同等地位的有机整体，通过激发内生活力，变“被促、被带、被哺、被支持”为主动发展、积极突破，进而实现城乡经济、社会、文化、生态的全面共同发展。推进城乡融合发展，就是要坚持城乡平等，缩小城乡发展差距和居民生活水平差距，以乡村振兴和新型城镇化为双动力，逐步形成城乡互补、工农互促、协调发展、共同繁荣的新型工农、城乡关系。

第二，财政政策是国家经济政策的重要组成部分。作为政府调节分配、调控经济、配置资源和提供公共服务的重要手段，财政政策有着极其丰富的内容。基于研究的需要，本书采用宏微观相结合的研究视角和综合性财政政策概念，将财政分权纳入广义财政政策的概念范畴，对财政体制与财政政策作简并处理。为了全面分析财政政策对促进城乡融合发展的政策影响，本书选择中国式财政分权、财政支出城市偏向、重点财政支出项目（即财政教育支出）三个角度进行实证检验，进而提出切实可行的政策建议。

第三，针对我国城乡关系发展现状，非均衡协调发展理论、财政分权理论、实践论与矛盾论对本书关于城乡融合发展的研究具有重要的启发和指导意义。非均衡协调发展理论很好地体现了中国特色社会主义的本质要求，构建了市场经济条件下区域经济发展的最佳模式，有助于指导考察我国城乡关系的发展现状，把握城乡融合发展的历史脉络与演变规律。财政分权理论能够从政府行为导向、财政政策决策两个方面探究当前财政政策在促进城乡融合发展中的效应及其深层原因。而坚持实践论和矛盾论，能够帮助我们把握城乡融合发展最核心的问题和最突出的矛盾，做到既重视了解我国城乡建设实情，敢于面对问题和矛盾，主动寻求解决方案；又能明确主次，抓住重点，出台科学、管用、高效的财政政策，循序渐进地推进城乡融合高质量发展。

第四，财政政策体系复杂，联接与构成因素多，目标和功能也各不相同，政策类型不同，其作用机理也不一样。参照有关学者观点，财政政策发挥作用的传导路径大致可梳理为“确定政策意图—选择政策工具—媒介传导信息—主体调整行为—社会供需变动—实现政策目标”。其传导媒介主要有货币供给、价格变动和收入分配。而财政政策促进城乡融合发展的基本逻辑为财政分权决定着地方政府的财政能力（即财政自给度），地方政府对绩效目标的追求影响着其财政决策行为。中央政府以推进城乡融合发展为导向，通过优化与调整财政分权与绩效考核指标，能够引导地方政府财政决策，纠正其财政支出偏向和重要支出项目选择，进而引导其达成“促进城乡融合高质量发展”的目标。

第3章　财政政策促进城乡融合发展的现实考察

知往鉴今，以启未来。本章首先总结新中国成立后城乡关系发展历程，尝试找出其基本逻辑，获得经验与启示。然后，结合问卷调查考察我国推进城乡融合发展的现实状况和主要成就，为后续深入研究财政政策促成城乡融合发展找准目标与方向。最后，梳理和分析党的十八大以来国家推进城乡融合发展的政策文件中的财政内容，并通过对中央政府工作报告相关内容的分析、群众满意度问卷调查等方式考察财政政策促进城乡融合发展的现实状况。

3.1　新中国成立后城乡关系的发展历程

新中国成立之初，中国仍然是一个生产力发展水平落后的农业大国。在1949年的劳动力结构中，农业就业人口占比高达84%，工业就业人口占比为7%，其他类型就业人口占比为9%。在当年工农业总产值中，农业、工业产值占比分别为70%和30%（吴丰华，2013）。新中国成立后，统筹城乡发展成为转变经济发展方式和促进社会主义现代化建设的重要抓手。我国城乡关系由分割分治到融合发展，大体经历了“城乡兼顾—城乡二元—城乡统筹（含城乡一体化）—城乡融合”的发展历程，具体可以分为以下四个阶段。

3.1.1 城乡兼顾与双向流动时期（1949～1957年）

1949年新中国成立之初，整个国家经济基础薄弱，内外交困、百废待兴。国家面临的最根本问题就是巩固新生政权，快速恢复国民经济，实现工业化，摆脱“一穷二白”的落后面貌。1949年9月30日，由毛泽东同志代为起草的中国人民政治协商会议第一届全体会议宣言《中国人民大团结万岁》宣告，中央人民政府“将领导全国人民克服一切困难，进行大规模的经济建设和文化建设，扫除旧中国所留下来的贫困和愚昧，逐步地改善人民的物质生活和提高人民的文化生活。①”1949～1952年，党和政府的中心任务是为争取国家财政经济状况的根本好转而奋斗。为此，国家高度重视沟通城乡联系，兼顾城乡发展，重建城乡市场流通，快速恢复并加强城乡交通，建设了国营商业和供销合作社体系。1950年12月，陈云同志在政务院第六十二次政务会议上将中国经济好转的主要原因归结为“除调整工商业外，是由于贸易公司收买农民的粮食、棉花、出口物资和土产，以百分之九十的农业和手工业经济，带动了百分之十的工业经济转动起来。②”1951年2月21日，中财委在致华东局、西南局、中南局并报中央的电报中提出五条财经方针，第一条为“大力促进城乡地区间物资交流”③。1951年4月4日，陈云同志在中国共产党第一次全国组织工作会议上报告1951年的财经工作要点，其中第一条是“城乡交流”④。发展城乡物资交流，增加了农民收入，为工业品下乡创造了条件，刺激了工商业和城乡经济发展，有力地促进了国民经济的恢复和发展。

在此期间，党和政府尤其重视保障农业正常发展，防止“谷贱伤

① 毛泽东文集（第五卷）［M］．北京：人民出版社，1996：348.

② 金冲及．陈云传（第二卷）［M］．北京：中国文献出版社，2015：17.

③ 迟爱萍．抗美援朝财经工作方针的拟定和演变（下）［J］．世纪风采，2020，（11）：3－10.

④ 陈云文稿选编（一九四九——一九五六年）［M］．北京：人民出版社，1982：114.

农”。1950 年 9 月 20 日，毛泽东在薄一波、刘澜涛关于华北局工农业情况的综合报告上批示认为，华北局关于解决华北工农业产品价格“剪刀差”不断增大问题提出的意见是正确的，认为此事“极为重要”，不能久延不决；要求采取适当的步骤停止农产品价格继续下跌，同时适当地降低某些工业品的价格①。此后，政府从 1951 年 11 月到 1952 年 12 月期间先后四次提高农副产品价格，工业品价格相对降低，工农业产品价格“剪刀差”缩小。1951 年 3 月 22 日，中共中央发出《关于召开土产会议，加强推销土产的指示》，目的在于便利城乡之间在农副产品销售中加强交流。由此，新中国成立之前长期割裂的城乡关系得到初步扭转。

由于农村经过土地改革后剩余劳动力增加，以及国家工业化建设及新建扩建部分城市带来了就业机会的增加，特别是 1953 ~ 1957 年实行发展国民经济的第一个五年计划（以下简称“一五”计划），国家开始大规模开展经济建设，从农村招收了大批职工。工业化的启动带动了城市化的发展，我国城乡人口双向流动日益活跃，城镇人口占比快速提高。1950 ~ 1952 年三年国民经济恢复时期，我国农村人口较多地迁入城市，城镇人口总数由 5765 万人增加到 7163 万人，增加了 1398 万人，城镇人口占比由 10.64% 上升到 12.46%。1953 ~ 1957 年“一五”计划期间城镇人口已接近 1 个亿（9949 万人），全国净增城镇人口 2786 万人，其中由农村直接迁入城市的人口为 1500 万左右，平均每年约 300 万，城镇人口占比由 12.5% 上升到 15.4%。其间，国家还组织动员人多地少的内地向边疆地区移民，组织城市疏散人口支援内地、支援边疆、支援农村。

值得一提的是，国家于 1953 年开始实施以重工业优先发展为核心内容的“一五”计划，但由于初期投资增长过快，造成经济结构失衡、农副产品短缺，进而对城市社会稳定和工业化战略实施构成严重威胁。

① 顾龙生．毛泽东经济年谱［M］．北京：中共中央党校出版社，1993：285.

1953 年年底，国家在全国实行农副产品统购统销制度，规定农民除去消费和积累的定额后，其余农副产品均由国家全部征购。农副产品统购统销制度实质上揭开了将农业剩余转移到城市建设的“以农促工、以乡养城”发展模式的序幕。

3.1.2　二元结构形成与持续时期（1958～1978 年）

农业人口从农村流入城市满足了城市经济发展对劳动力的需求，也让城市在食品供应、就业保障等方面显得越来越难负其重。因体制机制和自然灾害等原因，1956～1957 年农村出现粮食短缺，农村人口大批进入城市谋生。为了缓解城市管理压力，遏制农村人口向城市转移，国家出台一系列禁止农村人口自由流入城市的政策制度。中共中央、国务院于 1957 年 12 月 18 日发布了《关于制止农村人口盲目外流的指示》（以下简称《指示》），制止农村人口盲目外流的情况继续发生，这成为造成后来城乡封闭、割离的直接动因。《指示》要求各级地方政府采取强有力的措施坚决制止“盲流”现象。制止的办法包括：加强对农村人口的思想教育；在铁路沿线或交通要道加强对盲目外流农村人口的劝阻工作；在城市和工矿区动员盲目流入的农村人口返回原籍并严禁流浪乞讨；要求各企业、事业部门和机关、部队、团体、学校等一切用人单位不得擅自招工（包括临时工）；动员由外地流入、尚未安置的本地农村人口返回原籍；遣返农村外流人口必须一次遣返到家，不得中途转送；要求民政、公安、铁道、劳动、交通、商业、粮食、监察、工会、共青团、妇联等各部门、各组织共同参与、密切配合，中央各有关部门在业务范围内发出指示，责成所属单位执行。由此，一场阻止农村人口进入城市的“盲流”围追堵截战拉开序幕。

1958 年 1 月 9 日，全国人大常委会 91 次会议通过并正式实施《中华人民共和国户口登记条例》，开始以法律的形式限制农村人口向城市自由迁徙，对农民进城作出严格的约束性规定，即农民由农村迁往城市，必须持有城市劳动部门的录用证明、学校的录取证明，或者城市户口登记机关的准迁证明，这样才能向常住地户口登记机关申请办理迁出手续。后来的事实表明，农民能够拿到这“三证”之一的机会越来越少，基本丧失了自由流入城市的可能。新的户籍制度将居民分为农业户口和非农业户口两种类型，将城乡人口分割为两个不同的利益群体。户籍制度不仅限制城乡人口的自由流动，而且与粮食、燃料、副食品等生产、生活资料供给制度，以及教育、住宅、医疗、就业、养老、劳动保护、生育保险等福利制度结合在一起，使不同户口类型的人享受不一样的社会福利待遇，而农民基本被排除在国家福利制度之外（陈方猛，2020）。二元户籍制度背后是城乡间相差甚远的公民待遇，这造成很长一段时间的城乡割离。

与此同时，工农业产品价格“剪刀差”使农村生产要素最大限度流往城市。1958 年 8 月，北戴河会议通过了《关于在农村建立人民公社问题的决议》，在“大跃进”思想指引下建立人民公社制度。该制度将农村经济收归集体经营，农业生产要素配置与农民出现分离，造成城乡之间生产要素的自由流通被完全禁止。

为了缓解城市压力，调节城乡关系，1961 年国家曾要求 1958 年后进城的工人原则上退回农村，随后动员城镇知识青年上山下乡，然而这些政策并未达到预期效果。由于“文化大革命”的发生，1966 ~ 1977 年我国城市发展基本停止，城乡割裂使农村发展也陷入停滞（张琳等，2022）。至 1978 年，我国仍有 82.1% 的人口生活在农村，而农业总产值只占全社会总产值的 22.9%，农村居民人均纯收入 133.57 元、人均生活消费品支出 69.63 元，其中食品支出 46.59 元，占比为 65.8%。以恩格尔系数衡量，农民处于绝对贫困状态（韩俊，2009）。

1952 ~ 1978 年中国农业资本流出情况如图 3.1 所示。

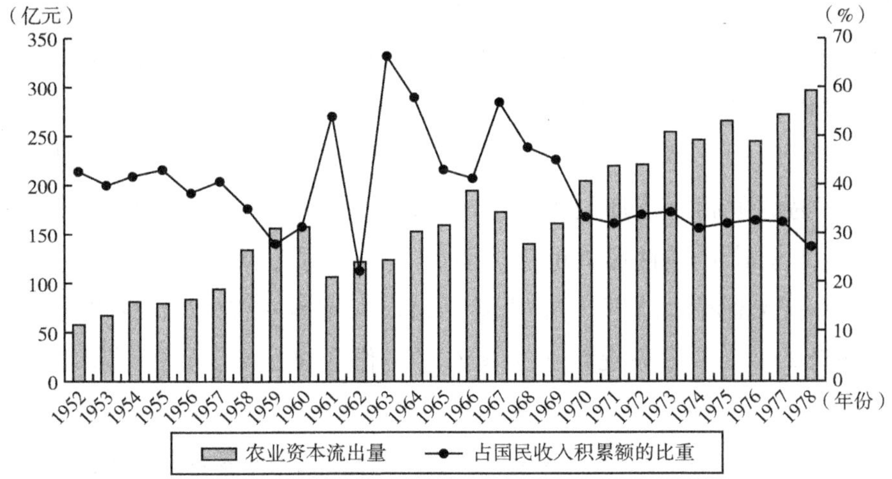

图 3.1　1952～1978 年中国农业资本流出情况

资料来源：吴丰华．中国近代以来城乡关系变迁轨迹与变迁机理（1840～2012）[D]．西北大学，2013.

3.1.3　城乡改革与统筹发展时期（1979～2012 年）

1978 年 12 月，党的十一届三中全会吹响了改革开放的号角，党和国家的工作重心由此转移到社会主义现代化建设上来，并作出实行改革开放的战略决策，我国城乡关系进入了一个新的历史时期。此前，由于人民公社制度管理缺乏民主、经营方式僵化，广大农民的生产积极性受到长期压抑，阻碍了农业生产的发展。1978 年秋，安徽省部分地区遭受自然灾害，当年该省凤阳县小岗村的农民通过签订“秘密契约”自发恢复 20 世纪 60 年代曾经试行的包产到户制度。而此时也正值党的十一届三中全会提倡“解放思想、实事求是”精神，党中央允许并鼓励地方探索“建立和健全农业生产责任制”。小岗村“包产到户”消息传开，各地迅速跟进，“包产到户”快速在全国农村普遍开展。后来，部分地区在“包产到户”的基础上又创造了“包干到户”的办法。1980

年5月，邓小平在同中央负责工作人员谈话时评价了农村政策放宽后“包产到户”的做法，强调了农村工作要解放思想、因地制宜发展生产，提出了“关键是发展生产力”等重要观点①。在此基础上，中共中央当年印发75号文件提出了“适当地放宽对自留地、家庭副业和集市贸易的限制。特别是尊重生产队的自主权，因地制宜地发展多种经营，普遍建立各种形式的生产责任制，改进劳动计酬办法”“在边远山区和贫困落后地区，可以包产到户”等深受农民欢迎的农业政策。1982年中共中央批转《全国农村工作会议纪要》，进一步肯定了“双包到户”（即包产到户、包干到户）是社会主义集体经济的生产责任制。1983年中央一号文件肯定了普遍实行的多种形式的农业生产责任制。以“交够国家的，留足集体的，剩下都是自己的”为特征的家庭联产承包责任制逐渐成为农村生产组织的主要形式。1978～1985年，中国改革的重心在农村，农民被不断赋权，农村家庭经济形式得到重新确立。

农村改革的另一个突破点在于乡镇企业的崛起。随着农村家庭联产承包责任制的建立，农村集体生产组织形式的瓦解，农村富余劳动力开始出现，农村集体副业成为乡镇企业的萌芽。1984年，中央印发4号文件决定将社队企业改名为“乡镇企业”，并发出指示肯定乡镇企业是农业生产的重要支柱。乡镇企业的兴起，使农村经济活力不断被释放。同时，国家陆续推出多项改革政策，提高粮食收购价格，缩小工农业“剪刀差”，鼓励农村发展多种经营。与之相伴的是，粮食统购统销制度逐步瓦解，户籍壁垒开始松动，农民外出经营和务工逐渐被允许，中国的城镇化进程也随之加快。这段时期，党和国家对城乡关系的认识出现渐进式调整，我国城乡关系获得很大的改善，农村迅速发展，农民收入提升，城乡差距缩小。

农村改革的成功为城市工商业的改革提供了经验和示范，同时也倒

① 邓小平文选（第二卷）[M]. 北京：人民出版社，1993：316.

逼着城市改革。随着对外开放的深入和市场化机制的完善，我国改革的重心开始转向城市。在政府和市场的双重作用下，各类资源陆续向城市和沿海地区倾斜，城乡收入差距再次拉大。1984年党的十二届三中全会通过《中共中央关于经济体制改革的决定》，全面推进以促进城市发展为中心的经济体制改革，计划体制、企业体制、价格体系、投资体制、金融体制等各方面改革全面展开，对外开放进一步扩大。1992年邓小平“南方谈话”和党的十四大的召开标志着我国改革开放进入了一个新的时期，城乡关系也进入新的阶段。城市改革从蔬菜和副食品供应制度开始，到1993年，同城市户口密切联系、关系城市千家万户的重要生活凭证——粮本与粮票退出了历史舞台。城市社会福利制度、劳动就业制度、住房制度乃至户口管理制度都在逐步改革与松动之中。

1995年前后，农业、农村、农民问题（以下简称“三农”问题）开始出现，到1998年“三农”问题日益严重，主要表现为农业生产严重下降，农村社会矛盾急剧上升，农民负担不断加重。1998~2003年我国粮食产量连续五年大幅下降，粮食播种面积锐减，农村出现前所未有的“抛耕”现象（陈方猛，2020）。

在乡镇企业发展和城市改革推动下，以及城市经济开发区普遍建立的背景下，基于工业收益大于农业收益的市场效应，农民通过直接投资（乡镇企业）、提供廉价劳动力（外出务工）、供给廉价土地资源（农地征用）等方式，自发推动农村生产要素快速向城市流动，为城市和工业的发展提供了强大的动力。据统计，1982~2002年，全国城镇总人口从21480万增加到50512万，城市化水平从1985年的23.7%上升到2002年的39.1%。但同期我国城乡居民收入差距却进一步扩大。2002年我国城镇居民人均可支配收入达到7703元，比1984年增长了11.7倍，而农村居民人均纯收入仅为2476元，比1984年增长6倍，城乡居民收入比为3.11∶1。1985~2002年，我国城乡居民收入比由1.86上升至3.11（杜香，2011）。

城乡差距扩大对国民经济可持续发展，以及国家政治稳定和社会和谐产生严重的不利影响。为此，国家对城乡发展战略和政策导向做出重大调整。2002 年，党的十六大提出“全面建设小康社会”奋斗目标。统筹城乡经济社会发展成为全面建设小康社会的重大任务之一。党的十六届三中全会提出了“五个统筹”思想，城乡统筹发展成为首个统筹内容。同时，国家“十一五”规划提出“建设社会主义新农村”并强调“以工促农，以城带乡是长效机制”。2004 ~ 2012 年，中央一号文件持续聚焦“三农”问题，强调“三农”问题的“重中之重”地位，提出粮食保护收购、粮食补贴、农机补贴，医保、低保、义务教育，危房改造、乡村公路建设等系列“强农、惠农、富农”政策，统筹城乡发展的新机制逐步形成。在这一时期，国家采取了包括推进农业产业化经营，提高城镇化水平带动富余劳动力向非农产业和城镇转移，加大对农业农村的投入与支持等一系列促进农业农村发展的新政策，将提高农民收入水平与基本保障作为改善民生的重点，推进城乡关系向着一体化方向发展。2006 年 1 月 1 日，在中国实行 2600 多年的农业税正式取消。2007 年党的十七大正式提出“城乡一体化”发展目标，党的十七届三中全会对农村改革做出新的部署，推进实现农民工与城镇居民在各方面的待遇同等。2007 年以来，城乡间生产要素流动更为自由，公共资源配置更为均衡，公共财政覆盖农村的范围不断扩大。国家调整政策，开始了“工业反哺农业、城市支持农村”的历史性转变。

3.1.4 城乡融合高质量发展时期（2012 年至今）

2012 年以来，我国经济发展进入新常态，逐渐由高速增长阶段转向高质量发展阶段。农业农村发展、城乡协同高质量发展受到党和国家的高度重视。2012 年 11 月，党的十八大报告提出：“城乡发展一体化是解决‘三农’问题的根本途径”。2013 年 11 月，党的十八届三中全会首次提出“形成以工促农、以城带乡、工农互惠、城乡一体的新型工农城乡关系”。2017 年 10 月，党的十九大报告提出“建立健全城乡融合发展的体制机制和政策体系”，首次在党的文献中正式提出“城乡融合发展”理念。2021 年中央一号文件强调，要加快县域内城乡融合发展，推进以人为核心的新型城镇化。全面推进脱贫攻坚、实施乡村振兴战略、推进新型城镇化建设、构建城乡融合发展体制机制，城乡关系在一系列强有力的政策推动下不断得到发展和改善。

首先，全面打响脱贫攻坚战。城乡居民收入差距是城乡差距的重要体现，经济发展不平衡是城乡发展不平衡的最主要方面。长期以来，农村贫困发生率远远高于城市，绝对贫困人口主要集中在农村。为此，党中央把脱贫攻坚摆到治国理政的重要位置，举全党全国全社会之力，全面打响脱贫攻坚战。2012 年年底，国家启动新时代脱贫工作；2013 年提出精准扶贫理念；2015 年要求在扶持对象、项目安排、资金使用、措施到户、因村派人、脱贫成效等六个方面实施“六个精准”；2017 年把精准脱贫列为三大攻坚战之一，我国针对农村农民的扶贫工作快速推进。2021 年 2 月 25 日，在全国脱贫攻坚总结表彰大会上，国家领导人宣布，我国脱贫攻坚战取得全面胜利，如期完成新时代脱贫攻坚目标任务，即在现行标准下 9899 万农村贫困人口全部脱贫，832 个贫困县全部摘帽，12.8 万个贫困村全部出列，区域性整体贫困得到解决，完成了消除绝对贫困的艰巨任务（习近平，2021）。

其次，大力推进新型城镇化建设。2013 年 11 月，中共中央印发的《关于全面深化改革若干重大问题的决定》提出“推进以人为核心的城镇化”，要求建立支持农业转移人口市民化的财政机制，稳步推进城镇基本公共服务常住人口全覆盖。2022 年 7 月，国家发展改革委印发《“十四五”新型城镇化实施方案》，提出“农业转移人口市民化质量显著提升，城镇基本公共服务覆盖全部未落户常住人口”，要将长期居住和生活在城市的农业转移人口完全纳入城市公共服务体系和社会保障体系。这些措施不仅使农业转移人口能够生活在城市，更重要的是让他们全面融入城市。

再次，全面推进乡村振兴。2017 年 10 月，党的十九大提出“实施乡村振兴战略”，明确“产业兴旺、生态宜居、乡风文明、治理有效、生活富裕”的总要求，加快推进农业农村现代化。2018年1月，中共中央、国务院印发《关于实施乡村振兴战略的意见》，对乡村振兴进行了全面部署。2018年9月，《乡村振兴战略规划（2018～2022年）》发布，提出在干部配备上优先考虑、在要素配置上优先满足、在资金投入上优先保障、在公共服务上优先安排等“四个优先”，加快补齐农业农村发展“短板”。2022年1月，中共中央、国务院印发《关于做好2022年全面推进乡村振兴重点工作的意见》，提出全力抓好粮食生产和重要农产品供给、强化现代农业基础支撑、坚决守住不发生规模性返贫底线、聚焦产业促进乡村发展、扎实稳妥推进乡村建设、突出实效改进乡村治理、加大政策保障和体制机制创新力度、坚持和加强党对“三农”工作的全面领导等8个方面35条推进乡村振兴的具体措施。此外，值得一提的是，我国中央一号文件（即中共中央每年发布的第一份文件）关注“三农”发展已成为传统，对推进农村工作、补齐发展“短板”、促进城乡融合发挥了重要作用。

2012年以来中共中央、国务院一号文件如表3.1所示。

表3.1　　2012年以来中共中央、国务院一号文件

年份	文件名称
2012年	关于加快推进农业科技创新，持续增强农产品供给保障能力的若干意见
2013年	关于加快发展现代农业，进一步增强农村发展活力的若干意见
2014年	关于全面深化农村改革，加快推进农业现代化的若干意见
2015年	关于加大改革创新力度，加快农业现代化建设的若干意见
2016年	关于落实发展新理念，加快农业现代化，实现全面小康目标的若干意见
2017年	关于深入推进农业供给侧结构性改革，加快培育农业农村发展新动能的若干意见
2018年	关于实施乡村振兴战略的意见
2019年	关于坚持农业农村优先发展，做好“三农”工作的若干意见
2020年	关于抓好“三农”领域重点工作，确保如期实现全面小康的意见
2021年	关于全面推进乡村振兴，加快农业农村现代化的意见
2022年	关于做好2022年全面推进乡村振兴重点工作的意见
2023年	关于做好2023年全面推进乡村振兴重点工作的意见

数据来源：根据国家官方网站信息整理。

最后，不断完善城乡融合发展政策体系。党的十八大以来，党和政府还着力消除影响城乡关系健康发展的制度性障碍，出台了一系列促进城乡融合发展的政策文件。2013年11月，中共中央印发《关于全面深化改革若干重大问题的决定》，提出“全面放开建制镇和小城市落户限制，有序放开中等城市落户限制”。2014年7月，国务院印发《关于进一步推进户籍制度改革的意见》，提出“取消农业户口与非农业户口性质区分”。2018年9月，中共中央、国务院印发的《乡村振兴战略规划（2018～2022年）》第十篇专题部署“完善城乡融合发展政策体系”，提出了加快农业转移人口市民化、强化乡村振兴人才支撑、加强乡村振兴用地保障、健全多元投入保障机制、加大金融支农力度等一揽子促进城乡融合发展的政策措施。2019年4月，中共中央、国务院印发《关于建立健全城乡融合发展体制机制和政策体系的意见》，提出“以协调推进乡村振兴战略和新型城镇化战略为抓手，以缩小城乡发展差距和居民生活水平差距为目标，以完善产权制度和要素市场化配置为重点，坚决破除体制机制弊端，促进城乡要素自由流动、平等交换和公共资源合理配置，加快形成工农互促、城乡互补、全面融合、共同繁荣的新型工农城乡关系，加快推进农业农村现代化”的指导思想和“到2022年，城乡融合发展体制机制初步建立”“到2035年，城乡融合发展体制机制更加完善”“到本世纪中叶，城乡融合发展体制机制成熟定型”的发展目标，以及“健全农业转移人口市民化机制”“建立城市人才入乡激励机制”等鼓励城乡人员交流互动方面的系列政策举措。

在城乡基本公共服务均等化方面，党和国家也出台了系列政策，推动城乡居民在教育、医疗、社会保障等方面实现并轨。国务院于2014年、2015年、2016年分别发布《关于建立统一的城乡居民基本养老保险制度的意见》《关于进一步完善城乡义务教育经费保障机制的通知》《关于整合城乡居民基本医疗保险制度的意见》，在全国范围内建立统一的城乡居民基本养老保险制度，城乡统一、重在农村的义务教育经费保障机制和统一的城乡居民医疗保障制度（陈方猛，2020）。

我国城乡关系发展阶段及主要特征如表 3.2 所示。

表 3.2　　　　我国城乡关系发展阶段及主要特征

发展阶段	起止时间	主要特征
城乡兼顾与双向流动时期	1949～1957 年	沟通城乡联系，兼顾城乡发展，城乡人口双向流动活跃，城镇人口比重快速提高。
二元结构形成与持续时期	1958～1978 年	划分农业和非农业户口，遏制农村人口向城市转移，利用价格"剪刀差"使农村生产要素最大限度流往城市。
城乡改革与统筹发展时期	1979～2012 年	实行家庭联产承包责任制，乡镇企业崛起，城市经济开发区普遍建立，农村生产要素自发向城市流动，城乡差距扩大，"三农"问题受到重视。
城乡融合高质量发展时期	2012 年至今	实施精准扶贫，打响脱贫攻坚战，实施乡村振兴战略与新型城镇化建设，完善城乡融合发展政策体系，推进城乡融合高质量发展。

数据来源：根据文章内容整理。

回顾与总结新中国成立后我国城乡关系发展历程，我们可以得出以下启示。

第一，政府和政策因素是影响城乡关系发展的关键因素，经济发展是决定城乡关系走向的重要基础。无论是新中国成立之初为快速扭转国家经济落后局面、夯实国家经济发展基础而推进的城乡兼顾与双向流动，还是城乡二元结构形成与持续时期禁止农村人口流入城市，以及改革开放后出现的政策松动与城乡统筹发展，城乡关系的改变首先由国家根据经济社会发展形势判断而作出的战略与政策调整引起。发展战略与政策改变，城乡关系也随之改变。而在这种改变背后起基础性作用的则是国家经济发展的需要，经济发展状况决定着城乡关系的基本走向。

第二，农业农村农民发展长期处于滞后状态，农村为我国工业化、城镇化发展作出重大贡献。在新中国成立后的很长一段时期，国家实行"以农促工、以乡养城"的发展模式，如实行农副产品统购统销制度、城市生产生活资料供给制度，以及户籍与福利待遇捆绑挂钩、工农产品长期存在“剪刀差”等。即使在实行改革开放后，大量农民工涌入城市，他们从事着最繁重而艰苦的劳动，却只能（甚至不能）享受远低于城市居民的基本公共服务待遇。进入 21 世纪以来，国家对城乡政策进行了调整，“三农”问题受到重视，城乡关系才逐步走向融合。

第三，财政政策是城乡融合发展的重要政策工具，财政支出偏向造成农业农村发展滞后。回顾新中国成立以来我国城乡关系发展历程，我们可以看到国家财政的清晰身影。例如，国家“一五”计划期间对重工业发展的大笔投资、城乡二元结构背景下对城市投入的偏向、改革开放后对农村农业发展的支持，以及之后推进脱贫攻坚、乡村振兴、新型城镇化建设，都需要国家财政的大力支持。由于财政支出城市偏向的影响，我国农业农村发展严重滞后。

第四，城乡融合发展是历史的选择，共同富裕是处理城乡关系的目标导引。从最初的保障农业正常发展，防止“谷贱伤农”；到“双包到户”，激发农业农村发展活力；到持续聚焦“三农”问题，出台系列“强农、惠农、富农”政策；再到消除影响城乡关系健康发展的制度性障碍，推进城乡融合高质量发展。尽管探索的道路曲折，但国家推进城乡融合高质量发展，逐步实现共同富裕的目标与方向日益明晰。

3.2　我国城乡融合发展的现状考察

3.2.1　我国城乡融合发展的现状调查

“春江水暖鸭先知”，财政投入城乡融合发展的直接结果是城乡融合发展水平的提升，而城乡融合发展水平提升的深切感知者则是身在其中的普通群众。为获取群众评价与反馈的第一手数据，本书于 2023 年

2月使用问卷星软件设计并发放我国财政政策促进城乡融合发展情况调查问卷（问卷内容见附录），共收回有效问卷1315份。在调查对象城乡分布上，城镇收回705份、农村收回610份，各占比为53.61%和46.39%；在区域位置方面，东部地区收回425份、中部地区收回768份、西部地区收回86份、东北地区收回36份，各占比为32.32%、58.40%、6.54%和2.74%。考虑普通群众不一定准确理解城乡经济融合、社会融合、人口融合等专业术语，本章在设计调查问卷时有意选择更为直观可感的城乡融合发展观察指标。根据问卷调查数据，在城乡融合发展现状评价方面，调查对象对我国当前农村基础设施配套建设、城乡生产资源流动、农村公共服务、农村人居环境治理等方面表示"满意"或"很满意"的比例分别为69.12%、61.52%、65.17%和67.37%，表示"一般"的比例分别为28.37%、33.54%、29.50%和27.07%，表示"不满意"或"很不满意"的比例分别为2.51%、4.94%、5.33%和5.55%（见表3.3至表3.6）。

表3.3　调查对象对当前农村基础设施配套建设的满意度情况

选项	小计	比例
很不满意	5	0.38%
不满意	28	2.13%
一般	373	28.37%
满意	405	30.80%
很满意	504	38.32%
本题有效填写人次	1315	

表3.4　调查对象对当前城乡生产资源的流动方向满意度情况

选项	小计	比例
很不满意	9	0.68%
不满意	56	4.26%
一般	441	33.54%

续表

选项	小计	比例
满意	316	24.03%
很满意	493	37.49%
本题有效填写人次	1315	

表 3.5　　调查对象对当前农村公共服务满意度情况

选项	小计	比例
很不满意	16	1.22%
不满意	54	4.11%
一般	388	29.50%
满意	364	27.68%
很满意	493	37.49%
本题有效填写人次	1315	

表 3.6　　调查对象对当前农村人居环境治理投入满意度情况

选项	小计	比例
很不满意	8	0.61%
不满意	65	4.94%
一般	356	27.07%
满意	406	30.87%
很满意	480	36.50%
本题有效填写人次	1315	

从总分为 5 分的城乡融合发展之经济发展、基础设施建设、社会事业发展、生态环境矩阵量表得分来看，基础设施、生态环境、社会事业、经济发展等方面城乡融合评价平均分分别为 3.99 分、3.96 分、3.86 分和 3.67 分。从总体来看，调查对象对我国城乡基础设施建设、生态环境融合认可度偏高，对城乡社会事业、经济发展融合认可度偏低。从单项指标来看，在“经济发展”指标中，对“城乡居民人口城

镇化率显著提高”认可度高，对“城乡居民消费差距逐渐缩小”“城乡居民可支配收入差距明显下降”“城乡居民收入差距明显缩小”认可度偏低。在“基础设施建设”融合指标中，对“农村电话、宽带等通讯信息化建设有所改善”认可度高，对“农村文化馆数占比增加”“农村医疗条件显著进步”认可度偏低。在“社会事业发展”指标中，对“农村养老保险、农村合作医疗参保率不断提高”认可度高，对“农村体育场馆建设资金投入增加”“农村科技创新加快发展”认可度偏低。在“生态环境发展”指标中，对“城市建设更加整洁、卫生、便利”认可度高，对“农村工业固体、废气和工业粉尘排放量有所控制”认可度偏低（见表3.7至表3.10）。

表3.7 调查对象对我国城乡融合发展之“经济发展”指标评价情况

题目\选项	1	2	3	4	5	平均分
城乡居民人均GDP提升较快	76（5.78%）	108（8.22%）	322（24.49%）	329（25.01%）	480（36.50%）	3.78
城乡居民人口城镇化率显著提高	49（3.73%）	48（3.65%）	241（18.33%）	408（31.02%）	569（43.27%）	4.06
城乡一、二、三产业结构融合好	53（4.03%）	160（12.17%）	401（30.49%）	293（22.28%）	408（31.02%）	3.64
城乡居民收入差距明显缩小	132（10.04%）	205（15.59%）	337（25.63%）	236（17.95%）	405（30.80%）	3.44
城乡居民可支配收入差距明显下降	57（4.33%）	208（15.82%）	405（30.80%）	245（18.63%）	400（30.42%）	3.55
城乡居民年末储蓄存款余额逐步增加	64（4.87%）	137（10.42%）	369（28.06%）	312（23.73%）	433（32.93%）	3.69
城乡居民消费差距逐渐缩小	92（7.01%）	129（9.76%）	432（32.93%）	281（21.34%）	381（28.96%）	3.55
小计	523（5.68%）	995（10.81%）	2507（27.24%）	2104（22.86%）	3076（33.42%）	3.67

表 3.8 调查对象对我国城乡融合发展之“基础设施建设”指标评价情况

题目\选项	1	2	3	4	5	平均分
农村交通基础设施建设不断完善	18（1.37%）	46（3.50%）	249（18.94%）	354（26.92%）	648（49.28%）	4.19
农村电力能源、清洁能源设施建设有所改善	25（1.90%）	56（4.26%）	262（19.92%）	380（28.90%）	592（45.02%）	4.11
农村电话、宽带等通讯信息化建设有所改善	16（1.22%）	25（1.90%）	233（17.72%）	372（28.29%）	669（50.87%）	4.26
农村水利设施建设有所改善	28（2.13%）	41（3.12%）	317（24.11%）	364（27.68%）	565（42.97%）	4.06
农村文化馆数占比增加	72（5.48%）	225（17.11%）	360（27.38%）	201（15.29%）	457（34.75%）	3.57
农村医疗条件显著进步	61（4.64%）	124（9.43%）	353（26.84%）	284（21.60%）	493（37.49%）	3.78
小计	220（2.79%）	517（6.55%）	1774（22.48%）	1955（24.78%）	3424（43.40%）	3.99

表 3.9 调查对象对我国城乡融合发展之“社会事业发展”指标评价情况

题目\选项	1	2	3	4	5	平均分
农村基础教育发展水平有所提高	56（4.26%）	97（7.37%）	309（23.50%）	340（25.86%）	513（39.01%）	3.88
农村教育支出明显增加	57（4.33%）	76（5.78%）	325（24.71%）	317（24.11%）	540（41.06%）	3.92
农村科技创新加快发展	64（4.87%）	125（9.51%）	352（26.77%）	305（23.19%）	469（35.67%）	3.75
农村养老保险、农村合作医疗参保率不断提高	41（3.12%）	48（3.65%）	273（20.76%）	388（29.51%）	565（42.97%）	4.06

续表

题目\选项	1	2	3	4	5	平均分
农村医疗卫生设施不断完善、医疗水平不断提高	48（3.65%）	81（6.16%）	297（22.59%）	352（26.77%）	537（40.84%）	3.95
农村文化建设投入显著增加	36（2.74%）	145（11.03%）	344（26.16%）	277（21.06%）	513（39.01%）	3.83
农村体育场馆建设资金投入增加	75（5.78%）	193（14.90%）	290（22.28%）	294（22.59%）	463（35.36%）	3.70
农村社会优抚、社会救济财政资金投入不断加大	44（3.35%）	104（7.91%）	301（22.89%）	345（26.24%）	521（39.62%）	3.91
城乡居民文化卫生、医疗保健、教育投资及维权意识差距缩小	56（4.26%）	116（8.82%）	321（24.41%）	345（26.24%）	477（36.27%）	3.81
小计	477（4.03%）	985（8.32%）	2812（23.76%）	2963（25.04%）	4598（38.85%）	3.86

表 3.10　调查对象对我国城乡融合发展之“生态环境发展”指标评价情况

题目\选项	1	2	3	4	5	平均分
农村水土、森林、草原等资源得到有效保护	28（2.13%）	65（4.94%）	284（21.60%）	417（31.71%）	521（39.62%）	4.02
农村工业固体、废气和工业粉尘排放量有所控制	48（3.65%）	97（7.38%）	381（28.97%）	320（24.33%）	469（35.67%）	3.81
农村生产、生活环境污染问题得到改善	36（2.74%）	80（6.08%）	325（24.71%）	357（27.15%）	517（39.32%）	3.94
城市建设更加整洁、卫生、便利	28（2.13%）	45（3.42%）	276（20.99%）	421（32.02%）	545（41.45%）	4.07
小计	140（2.66%）	287（5.46%）	1266（24.07%）	1515（28.80%）	2052（39.01%）	3.96

在调查对象完成问卷主观题“您对改进和完善本选题研究的建议”时，也收集到不少关于城乡融合发展现状的反馈。例如，“不同省份城乡融合发展水平差异很大”“政府需进一步加大推进城乡融合发展的工作力度”“应该注重城乡融合中财税对城乡发展基础问题的影响”“注重不同群体的特点和需求，让更多的人感受到城乡融合发展的好处”“平均分配医疗、教育、就业服务等公共资源”“推进农村资源向城镇居民开放”“合理调整产业结构，加快城乡建设，缩短城乡差距”“要关注城镇化后产生的生活保障问题及生活成本问题”等等。这些意见反馈，一方面有助于我们了解当前我国城乡融合发展现状；另一方面也指明了未来推进城乡融合发展的重点与方向。

3.2.2　我国城乡融合发展的主要成就

党的十八大以来，我国持续深化财税体制改革，不断加强财政资源统筹，着力解决城乡发展中不平衡不充分的问题，完善农业农村发展支持政策，推动城乡融合高质量发展。根据国家统计局公布的相关数据，我国在推进城乡基础设施建设、基本公共服务、脱贫攻坚、农业转移人口市民化、生态文明建设等方面都取得不错的成绩。

（1）城市发展不断优化，城镇化水平稳步提高。截至2021年末，我国城市数量达691个，比2012年末增加34个。其中，地级以上城市297个，增加8个；县级市394个，增加26个。建制镇21322个，增加1441个。按2020年末户籍人口规模计算，100万以上人口的地级以上城市共164个，增加37个；万亿GDP城市由7个增至24个，6个城市GDP突破2万亿元；城镇就业人员从2012年的37287万人增加到46773万人，累计增加9486万人；城镇居民人均可支配收入从2012年的24127元增加到47412元，年均实际增长5.7%；城镇居民人均消费支出从17107元增加到30307元，年均实际增长4.4%；城镇居民家庭恩格尔系数28.6%，下降3.4个百分点。截至2020年末，地级以上城市境内等级公路里程、境内高速公路里程、实有城市道路面积分别比2012年增长24.6%、60.5%和54.6%。多层次轨道交通网络加快形成，铁路网对20万以上人口城市的覆盖率达到99%，高铁网对50万人口以上城市的覆盖率扩大到90%。节能环保投入大幅增加，空气质量、水质量持续改善，城市环境基础设施更加完善①。

（2）农业发展成就显著，乡村生产生活条件不断改善。2012年，我国粮食产量首次达到0.6万亿公斤。2015年起，我国粮食产量连续八年超过0.65万亿公斤，2021年我国粮食产量共6828.5亿公斤。畜牧生产能力不断增强，全国蔬菜和瓜果产量持续增加。2021年，我国农业科技进步贡献率突破60%，农业科技整体水平跨入世界第一方阵。2021年末，我国农村公路总里程达446.6万公里，农村宽带用户总数达1.58亿户；村通公共交通占比达到87.3%，村进村主要道路路面和村内主要道路为水泥或柏油路分别达到99.1%和97.4%，村安装了有线电视达94.2%，村通宽带互联网达到99.0%，实现电子商务配送站点的村超过33万个，农村基础设施不断完善，农村生产生活条件显著改善②。2018年以来农村累计改造厕所4000多万户；2021年农村卫生厕所普及率超过70%，生活垃圾实行收运处理的自然村占比保持在90%以上，农村生活污水治理率达到近30%③。

（3）农业转移人口市民化有序推进，城乡融合发展质量提高。2014年以来，全国有1.3亿农业转移人口成为城镇居民。2022年末，我国常住人口城镇化率达到65.22%，比2012年末提高12.12个百分点。城镇基本公共服务覆盖范围扩大，农民工参加城镇职工基本医疗和

① 统计局网站．党的十八大以来经济社会发展成就系列报告：新型城镇化建设扎实推进 城市发展质量稳步提升（EB/OL）．[2022－09－29][2022－12－25]，http://www.gov.cn/xinwen/2022－09/29/content_5713626.htm.

② 统计局网站．农业发展成就显著 乡村美丽宜业宜居——党的十八大以来经济社会发展成就系列报告之二（EB/OL）．[2022－09－15][2022－12－25]，http://www.gov.cn/xinwen/2022－09/15/content_5709899.htm.

③ 统计局网站．党的十八大以来经济社会发展成就系列报告：生态文明建设深入推进 美丽中国引领绿色转型（EB/OL）．[2022－10－09][2022－12－25]，http://www.gov.cn/xinwen/2022－10/09/content_5716870.htm.

养老保险的比例提高，义务教育阶段90.9%的随迁子女在流入地公办学校就读或享受政府购买学位服务。城乡居民收入差距缩小，农村居民收入增速连续12年快于城镇居民。2021年城乡居民人均可支配收入比值为2.50，比2012年降低0.38个百分点，城乡居民收入相对差距持续缩小。2021年全国居民人均消费支出24100元，城镇居民人均消费支出30307元，农村居民人均消费支出15916元，分别比2012年年均实际增长5.9%、4.4%和8.0%。城乡居民恩格尔系数比2012年分别下降3.4个和3.2个百分点。2021年，城乡居民居住在钢筋混凝土或砖混材料结构住房的户比重达到96.2%和77.6%，城乡居民有安全饮用水的户比重为99.5%和97.0%，城乡居民有管道供水入户的户比重为98.7%和92.7%①。城乡医疗服务和教育服务水平持续提高。2021年，城镇地区所在社区、农村地区所在自然村有卫生站的户占比分别达到87.5%和94.8%。城镇地区户所在社区、农村地区户所在自然村可以便利上幼儿园或学前班占比分别为99.0%和90.1%，可以便利上小学户占比分别达到99.2%和91.3%②。2013～2021年，中西部地区新增高速公路里程5.3万公里，占全国新增高速公路里程的73.0%③。

此外，我国脱贫攻坚取得历史性成就。我国农村贫困人口实现全部脱贫。2013～2020年，我国农村贫困人口累计减少9899万人，年均减贫1237万人，贫困人口“两不愁三保障”全面实现，脱贫攻坚战取得全面胜利④。

---

① 统计局网站．党的十八大以来经济社会发展成就系列报告：新型城镇化建设扎实推进 城市发展质量稳步提升（EB/OL）．[2022－09－29][2022－12－25]，http：//www.gov.cn/xinwen/2022－09/29/content_5713626.htm.

② 统计局网站．党的十八大以来经济社会发展成就系列报告：居民收入水平较快增长 生活质量取得显著提高（EB/OL）．[2022－10－11][2022－12－25]，http：//www.gov.cn/xinwen/2022－10/11/content_5717716.htm.

③ 统计局网站．深入贯彻落实新发展理念　交通通信实现跨越式发展——党的十八大以来经济社会发展成就系列报告之六（EB/OL）．[2022－09－21][2022－12－25]，http：//www.gov.cn/xinwen/2022－09/21/content_5710926.htm.

④ 统计局网站．党的十八大以来经济社会发展成就系列报告：脱贫攻坚战取得全面胜利 脱贫地区农民生活持续改善（EB/OL）．[2022－10－11][2022－12－25]，http：//www.gov.cn/xinwen/2022－10/11/content_5717712.htm.

3.3 财政政策促进城乡融合发展的现状考察

“财赋者，邦国之本，如生人之喉命，天下治乱轻重系焉”，唐代著名财政学家杨炎曾如是说。推进城乡融合发展离不开财政的保障与支持，离不开真金白银的投入。考察推进城乡融合发展的政策制度与实践过程，时常涌现“财政”的身影。

3.3.1 财政政策促进城乡融合文本梳理

中共中央2013年11月印发的《关于全面深化改革若干重大问题的决定》专题对“深化财税体制改革”提出要求，要求重点增加对民族、边疆、贫困地区和革命老区的转移支付；允许财政项目资金直接投向符合条件的合作社；鼓励和引导工商资本到农村发展；制定实施免税、延期征税等优惠政策，构建多层次社会保障体系等与城乡融合发展直接相关的条款内容。

中共中央、国务院2014年3月印发的《国家新型城镇化规划(2014~2020年)》和国家发展改革委2022年6月印发的《“十四五”新型城镇化实施方案》主要从财政政策支持新型城镇化发展方面提出了具体要求。其主要包括：一是统筹推进农业转移人口实现市民化。各级政府要根据事权划分承担相应财政支出责任，建立转移支付与农业转移人口市民化挂钩机制，健全中央和省级财政对农业转移人口市民化的奖励机制，增强接收农业转移人口落户较多地区政府的公共服务保障能力。二是保障随迁子女平等享有受教育权利。各级政府要将农民工随迁子女的义务教育纳入当地教育发展规划和财政保障范畴。三是营造良好城镇就业创业环境。运用税费减免、财政支持、创业投资引导、小额贷款担保、政策性金融服务等手段为中小企业提供良好的经营环境。四是推进城乡规划、公共服务和基础设施一体化。扩大公共财政覆盖农村范围，提高基础设施和公共服务保障水平。五是保障农业生产。继续加大中央财政对粮食主产区的投入，健全和完善粮食主产区利益补偿机制和农产品价格保护制度。六是创新城镇化资金保障机制。培育地方主体税种，完善城镇基本公共服务支出分担机制，加快财税体制和投融资机制改革，建立健全地方债券发行管理制度，逐步建立多元化、可持续的城镇化资金保障机制。加大财政、土地、金融、编制等方面对新型城镇化的支持力度。

中共中央、国务院 2018 年 1 月印发的《关于实施乡村振兴战略的意见》和 2018 年 9 月印发的《乡村振兴战略规划（2018～2022 年）》主要从财政支持乡村振兴方面提出了具体要求。其主要包括：一是加强对农业农民的支持。探索将带动农户数量和成效作为安排财政资金支持新型农业经营主体的重要参考依据。鼓励将符合条件的财政资金，特别是扶贫资金，以自愿入股方式投入新型农业经营主体。加快将支持“双创”财政政策向返乡下乡创新创业人员拓展，提高财政支农资金的使用效益。二是支持乡村卫生环境整治。探索建立农村垃圾污水处理付费制度，完善财政补贴和农户付费合理分担机制。三是明确县乡财政事权和支出责任。改进乡镇财政预算管理制度，落实支持农业转移人口市民化的财政政策。四是加强乡村振兴投入保障。建立乡村振兴战略财政保障制度，确保财政投入与乡村振兴目标任务相适应，增加地方自主统筹空间，形成财政优先保障、金融重点倾斜、社会积极参与的多元投入格局。全面执行以财政投入为主的村级组织经费保障政策。

中共中央、国务院 2019 年 4 月印发的《关于建立健全城乡融合发展体制机制和政策体系的意见》主要从城乡融合发展角度对支持农业转移人口市民化、引导各类人才入乡、加强乡村基础设施建设等方面提出要求。其主要包括：一是健全农业转移人口市民化机制。全面落实支持农业转移人口市民化的财政政策，建立健全农业转移人口市民化成本由政府、企业、个人三方分担机制，以及中央预算内投资向吸纳农业转移人口落户数量较多的城镇倾斜的政策。二是建立城市人才入乡激励机制。制定财政、金融、社会保障等激励政策，吸引各类人才返乡、入乡创业，鼓励大学毕业生、外出务工或经商人员回乡创业。三是加强城乡基础设施建设。将城乡道路等公益性设施的管护和运行投入纳入一般公共财政预算。鼓励涉农财政性建设资金支持符合条件的农业产业化规模化项目。四是健全财政投入保障机制。鼓励各级财政支持城乡融合发展，发挥财政引导作用，撬动更多社会资金投入。支持地方政府在债务风险可控前提下发行政府债券，用于城乡融合公益性项目。健全以财政投入为主的村级组织运转经费保障机制。

此外，根据地方政府网站公开信息或媒体信息查询，中共中央、国务院 2019 年 4 月印发《关于建立健全城乡融合发展体制机制和政策体系的意见》后，全国 32 个地区（含新疆生产建设兵团，不含港澳台地区）共有 24 个地区出台省级配套实施方案。部分市县级基层政府也出台了具体落实文件。部分地区还分年度制定了本地区城乡融合发展工作要点。策应国家开展城乡融合发展试验区工作的要求，11 个入选地区均制定出台了“国家城乡融合发展试验区实施方案”。

从政策文本上看，不仅国家层面发布的政策制度涉及财政支持的问题，不同层级的地方政府发布的促进城乡融合发展政策制度也包含了众多财政相关的内容。从本质上讲，自古以财立政，无财不政，促进城乡融合发展的每一项制度以及制度的每一项条款的落实，都需要国家财政的支持。从财政政策的覆盖范围来看，主要具有“补两头、抓中间”的特征，即补足农业农村发展的历史欠账和补充城市提供均等化基本公共服务的成本负担，抓好农业转移人口市民化和城市人才入乡激励等管理服务工作。从财政政策工具的选择来看，具有工具样式多、重视效率、相机抉择性强等特征。

3.3.2　财政政策促进城乡融合状况考察

根据实践经验分析，财政政策是否有效落实至关重要。财政政策即使设计是科学的，也只是迈出了政策有效性的第一步。要让政策切实发挥作用，还必须保证政策的切实落实与真正落地。促进城乡融合发展的财政政策，从宏观到微观，点多面广，除政策本身的科学性、可行性影响之外，还涉及各方面工作的支持与配合。鉴于财政政策促进城乡融合发展的数据统计分散而难以整合，本章主要从历年中央政府工作报告获取信息，以期达到窥斑见豹的效果。

从 2013～2023 年中央政府工作报告数据（见表 3.11）来看，国家持续关注城乡融合发展问题，在推进城乡基础设施建设、城乡居民基本社会保障、农村贫困人口脱贫攻坚、农村水电与住房保障、城乡教育发展、农业转移人口市民化、农业农村发展等方面投入较多，并取得一定的成效。

表 3.11　党的十八大以来历年政府工作报告中的财政政策与城乡融合发展

年份	涉及财政政策促进城乡融合发展的主要数据
2013	五年来，城镇化率由 45.9% 提高到 52.6%。中央财政“三农”累计支出 4.47 万亿元，年均增长 23.5%。农业补贴资金增加到 1923 亿元。小麦、稻谷最低收购价累计提高 41.7% 和 86.7%。新建改建农村公路 146.5 万公里，改造农村危房 1033 万户，解决了 3 亿多农村人口的饮水安全和无电区 445 万人的用电问题。国家财政性教育经费支出年均增长 21.58%，2012 年占国内生产总值比例达到 4%。1260 万农村户籍孩子在城市接受义务教育。城乡居民各项养老保险参保达到 7.9 亿人，各项医疗保险参保超过 13 亿人。
2014	城镇居民人均可支配收入实际增长 7%，农村居民人均纯收入实际增长 9.3%，农村贫困人口减少 1650 万人。完成 1.5 万座小型水库除险加固，新解决农村 6300 多万人饮水安全问题。城乡低保标准分别提高 13.1% 和 17.7%。学生营养改善计划惠及 3200 万孩子。城乡居民基本医保财政补助标准增加到人均 280 元。

续表

年份	涉及财政政策促进城乡融合发展的主要数据
2015	农村居民人均可支配收入实际增长 9.2%；农村贫困人口减少 1232 万人；6600 多万农村人口饮水安全问题得到解决。新增节水灌溉面积 223 万公顷，新建改建农村公路 23 万公里。城乡低保标准分别提高 9.97% 和 14.1%，28 个省区市实现了农民工随迁子女在流入地参加高考。全民医保覆盖面超过 95%。
2016	又解决 6434 万农村人口饮水安全问题。农村贫困人口减少 1442 万人。城镇保障性安居工程住房基本建成 772 万套，棚户区住房改造开工 601 万套，农村危房改造 432 万户。
2017	农村贫困人口减少 1240 万，易地扶贫搬迁人口超过 240 万。棚户区住房改造 600 多万套，农村危房改造 380 多万户。1600 万人进城落户。全国财政专项扶贫资金投入超过 1000 亿元。为 1700 多万困难和重度残疾人发放生活或护理补贴。
2018	五年来，粮食生产能力达到 0.6 万亿公斤。城镇化率从 52.6% 提高到 58.5%，8000 多万农业转移人口成为城镇居民。贫困人口减少 6800 多万，易地扶贫搬迁 830 万人，贫困发生率由 10.2% 下降到 3.1%。居民收入年均增长 7.4%。社会养老保险覆盖 9 亿多人，基本医疗保险覆盖 13.5 亿人。棚户区住房改造 2600 多万套，农村危房改造 1700 多万户，上亿人喜迁新居。
2019	居民人均可支配收入实际增长 6.5%。棚户区住房改造 620 多万套，农村危房改造 190 万户。近 1400 万农业转移人口在城镇落户。城乡居民基础养老金最低标准从每月 70 元提高到 88 元。
2020	农村贫困人口减少 1109 万，贫困发生率降至 0.6%。居民人均可支配收入超过 3 万元。
2021	城镇新增就业 1186 万人，年末全国城镇调查失业率降到 5.2%。年初剩余的 551 万农村贫困人口全部脱贫、52 个贫困县全部摘帽。
2022	居民人均可支配收入实际增长 8.1%。新开工改造城镇老旧小区 5.6 万个，惠及近千万家庭。对种粮农民一次性发放 200 亿元补贴。确定 160 个国家乡村振兴重点帮扶县。提高学生营养改善计划补助标准，3700 多万学生受益。
2023	2022 年基础设施投资增长 9.4%。脱贫人口务工规模超过 3200 万人，共向 1000 多万失业人员发放失业保险待遇。向更多低收入群众发放价格补贴，约 6700 万人受益。

由于中央政府工作报告涉及全国性年度全局工作，视野宏大，覆盖面广，侧重宏观事件与数据的发布。2013 年以来，在涉及促成城乡融合发展的财政政策作用成效上，主要聚焦特定时期或年度重点工作任

务，如危房改造、脱贫攻坚、城乡低保、安居工程、农村基础设施建设等，而关于微观层面的促进城乡融合发展的常规性工作项目，以及基层群众的评价与反馈纳入报告的内容不多。

3.3.3　财政政策促进城乡融合满意度调查

老百姓说好才是真的好。为获取群众评价与反馈的第一手数据，在本书 2023 年 2 月关于我国财政政策促进城乡融合发展情况调查问卷中，根据调查反馈，调查对象对当前财政政策促进城乡融合发展的力度、契合度、税收调节功能表示“满意”和“很满意”的占比分别为 65.4%、65.86%、64.04%；表示“一般”的占比分别为 29.28%、31.1% 和 30.11%，表示“不满意”和“很不满意”的占比分别为 5.32%、3.04% 和 5.85%（见表 3.12 至表 3.14）。

表 3.12　调查对象对当前财政政策促进城乡融合发展的力度评价

选项	小计	比例
很不满意	8	0.61%
不满意	62	4.71%
一般	385	29.28%
满意	389	29.58%
很满意	471	35.82%
本题有效填写人次	1315	

表 3.13　调查对象对当前财政政策促进城乡融合发展的契合度评价

选项	小计	比例
很不满意	4	0.3%
不满意	36	2.74%
一般	409	31.1%
满意	397	30.19%
很满意	469	35.67%
本题有效填写人次	1315	

表 3.14 调查对象对当前促进城乡融合发展的税收调节功能的满意度情况

选项	小计	比例
很不满意	12	0.91%
不满意	65	4.94%
一般	396	30.11%
满意	381	28.97%
很满意	461	35.07%
本题有效填写人次	1315	

考虑问卷调查对象为一般普通群众，他们不一定完全理解国家财政政策及财政政策工具问题，本书还就财政政策促进城乡融合发展进行了专题访谈。访谈对象主要为地级市财政局干部及工作人员。从访谈反馈情况来看，获得的信息主要包括：一是党的十八大以来，国家在推进城乡融合发展上投入的财政资金巨大，并取得可喜成绩，城乡面貌发生了巨大改变。受访对象普遍认可推进城乡融合发展的重大意义并支持加大财政资金投入；二是政府财政预决算制度尚未单列城乡融合发展项目，具体使用的财政资金更多地表现为财政支农资金或财政发展公共事业与提供民生保障资金等；三是财政促成城乡融合发展的具体政策越到基层越容易出现执行不到位或打折扣等问题。

3.4 本章小结

本章首先总结了新中国成立后我国城乡关系发展历程，尝试找出其基本逻辑，获得经验与启示；其次，通过问卷调查考察了我国推进城乡融合发展的现实情况和主要成就，为后续深入研究财政政策促成城乡融合发展找准目标与方向；最后，梳理和分析了党的十八大以来国家推进城乡融合发展政策文件中的财政内容，并考察了财政政策促进城乡融合发展的现实状况。

本章的主要结论如下：

第一，新中国成立后，统筹城乡发展成为我国转变经济发展方式和促进社会主义现代化建设的重要抓手。我国城乡关系由分割分治到融合发展，大体经历了“城乡兼顾——城乡二元——城乡统筹（含城乡一体化）——城乡融合”的发展历程。回顾与总结新中国成立后我国城乡关系发展历程，我们可以得出以下启示：一是政府和政策因素是影响城乡关系发展的关键因素，经济发展是决定城乡关系走向的重要基础；二是农业农村农民发展长期处于滞后状态，我国农村为工业化、城镇化发展作出重大贡献；三是财政政策是城乡融合发展的重要政策工具，财政支出偏向造成农业农村发展滞后；四是城乡融合发展是历史的选择，共同富裕是处理城乡关系的目标导引。

第二，党的十八大以来，我国持续深化财税体制改革，不断加强财政资源统筹，着力解决城乡发展中不平衡不充分的问题，完善农业农村发展支持政策，推动城乡融合高质量发展。根据本书 2023 年 2 月问卷调查数据，调查对象对我国当前农村基础设施配套建设、城乡生产资源流动、农村公共服务、农村人居环境治理等方面表示“满意”或“很满意”的比例分别为 69.12%、61.52%、65.17% 和 67.37%，表示“一般”的分别为 28.37%、33.54%、29.50% 和 27.07%，表示“不满意”或“很不满意”的比例分别为 2.51%、4.94%、5.33% 和 5.55%。从城乡融合发展之经济发展、基础设施建设、社会事业发展、生态环境发展矩阵量表得分来看，基础设施、生态环境、社会事业、经济发展等方面城乡融合评价平均分分别为 3.99 分、3.96 分、3.86 分和 3.67 分。调查对象对我国城乡基础设施建设、生态环境发展融合认可度偏高，对城乡社会事业发展、经济发展融合认可度偏低。从单项指标来看，调查对象对城乡融合具体内容的评价也各不相同。

第三，党的十八大以来，国家高度重视推进城乡融合发展，制定了一系列包含丰富财政内容的文件政策。从本质上讲，自古以财立政，无财不政，促进城乡融合发展的每一项制度以及制度的每一项条款的落实，都需要国家财政政策的支持。财政政策是否有效落实至关重要。从2013～2023年中央政府工作报告数据来看，国家持续关注城乡融合发展问题，在推进城乡基础设施建设、城乡居民基本社会保障、农村贫困人口脱贫攻坚、农村水电与住房保障、城乡教育发展、农业转移人口市民化、农业农村发展等方面投入较多，并取得一定的成效。从调查问卷反馈情况来看，调查对象对当前财政政策促进城乡融合发展的力度、契合度、税收调节功能表示“满意”和“很满意”的占比分别为65.4%、65.86%和64.04%；表示“一般”的占比分别为29.28%、31.1%和30.11%；表示“不满意”和“很不满意”的占比分别为5.32%、3.04%和5.85%。

第四，根据国家统计局公布的相关数据，我国城市发展不断优化，城镇化水平稳步提高；农业发展成就显著，乡村生产生活条件不断改善；农业转移人口市民化有序推进，城乡融合发展质量提高。此外，我国脱贫攻坚取得历史性成就。

第4章　我国城乡融合发展水平的测度与分析

本章利用城市层面数据构建我国城乡融合发展水平的综合评价指标体系，采用熵值法测度我国城乡融合发展综合水平，并分析我国城乡融合发展水平的空间分布，以及可能存在的城市区位差异和城市规模差异。

4.1　城乡融合发展的综合评价指标体系构建

4.1.1　构建思路

我国城乡融合发展水平的测度需要构建一个科学的综合评价指标体系。近年来，不少学者对此进行了探索。赵德起和陈娜（2019）从城乡融合发展的前提、城乡融合发展的动力、城乡融合发展的结果等3个维度选取指标构建了城乡融合发展水平综合测评体系。刘荣增等（2020）从经济发展动力、交通信息网络、生态承载能力、居民生活水平等4个维度选取指标构建了城乡融合发展综合水平测评体系，并运用熵值法对我国城乡融合发展水平进行测度。周佳宁等（2019）、李红锦和张丁山（2022）、黄永春等（2022）从经济、人口、区域（空间）、社会、环境等多维度构建了“双向互动”和“相互交融”的城乡融合发展测评指标体系。Jianing Zhou 和 Fan Yang（2023）基于从生产主义到后生产主义的概念从人口、空间、经济、社会和环境等 5 个层面构建城乡一体化测评框架，并采用修正后的动态协调耦合度（CCD）模型衡量我国城乡一体化水平。

城乡融合发展是城乡人口、空间、经济、社会、生态等方面全面系统的发展，以实现城乡区域协调高质量发展和城乡居民公共服务均等化为目标。本章在准确把握城乡融合发展内涵的基础上，借鉴黄永春等（2022）、李红锦和张丁山（2022）的思路，从城乡人口融合、空间融合、经济融合、社会融合、生态融合等 5 个维度构建城乡融合发展综合评价指标体系。

第一，城乡人口融合。城乡融合发展需要以人为本，城乡人口互动是实现城乡融合发展的内在动力。一方面，城乡人口融合推动了城乡劳动力自由流动，有助于提高资源配置效率；另一方面，城乡居民的双向互动有助于提高城镇化率，推动我国新型城镇化进程。

第二，城乡空间融合。城乡融合发展需要打通城乡之间的空间阻隔，改善城乡之间的交通网络和信息网络。城乡空间融合有助于推动城乡要素双向流动，从而提高城乡一体化水平。

第三，城乡经济融合。城乡经济协调发展是城乡融合发展的重要内容，城乡经济融合需要通过公平的经济政策，提高城乡资源配置效率，推动城乡产业融合发展，从而达到缩小城乡居民劳动生产率、收入和消费差距的目的。

第四，城乡社会融合。城乡融合发展需要以城乡社会融合作为有力支撑，城乡社会融合要求城乡居民在教育、医疗、社会保障和就业等领域均衡发展，从而实现城乡居民基本公共服务均等化，不断提高城乡居民的获得感与幸福感。

第五，城乡生态融合。绿水青山就是金山银山，城乡生态融合是城乡绿色发展的要求。推动城乡融合发展，不仅要提高居民的收入水平和生活水平，还要治理好城乡居民生产和生活所产生的污染物，提高城乡资源利用率，推动城乡居民与自然和谐共生。

4.1.2 数据来源

已有文献大多采用省级层面的面板数据构建城乡融合发展的综合评价指标体系，但该做法忽视了同一省级行政区内不同城市之间的城乡融合发展仍有差异。鉴于此，本章选取样本信息更为丰富的城市面板数据展开研究。此外，考虑到北京市、天津市、上海市和重庆市属于直辖市，相较于其他城市的行政级别更高，属于省级政府，可能导致城乡融合发展水平的测度存在偏差，因而剔除这四个城市的相关数据。最终，本章选取2011~2019年我国237个城市（不含直辖市）的面板数据测度城乡融合发展水平。研究数据主要源于《中国城市统计年鉴》《中国城市建设统计年鉴》，以及EPS数据平台中的中国区域经济数据库等。对于统计年鉴中存在的缺失值，本章主要通过各个城市的统计年鉴或线性插值法进行补充。同时，以2003年为基期，对各城市各年度地区生产总值进行平减计算和规范化处理。

4.1.3 指标选取

借鉴已有研究，本章构建的城乡融合发展综合评价指标体系包括5个维度16个具体指标，如表4.1所示。城乡人口融合主要反映城乡劳动力的流动性，选取的指标包括城乡人口密度、城镇化率和非农与农业人口比；城乡空间融合主要反映城乡间的基础设施联通，选取的指标包括土地城镇化水平、公路密度和信息化程度；城乡经济融合主要反映城乡经济发展和城乡居民生活水平的均衡度，选取的指标包括城乡经济发展、城乡收入结构、城乡消费结构和城乡产业结构；城乡社会融合主要反映城乡居民享受的基本公共服务均等化程度，选取的指标包括医疗服务配置、教育服务配置和社会保障服务配置；城乡生态融合主要反映城乡融合发展的环境治理水平，选取的指标包括建成区绿化覆盖率、污水处理能力和工业烟尘排放。

表 4.1　　　　城乡融合发展的综合评价指标体系

目标维度	一级指标	二级指标	计算说明	指标属性
城乡融合发展	人口融合	城乡人口密度	总人口/行政区域土地面积（万人/平方公里）	正
		城镇化率	城镇人口/总人口（%）	正
		非农与农业人口比	第二三产业从业人员/第一产业从业人员（%）	正
	空间融合	土地城镇化水平	建成区面积/行政区域面积（%）	正
		公路密度	公路里程/行政区域面积（%）	正
		信息化程度	移动电话用户数（万户）	正
	经济融合	城乡经济发展	人均地区生产总值（万元）	正
		城乡收入结构	城乡人均可支配收入比（%）	负
		城乡消费结构	城乡居民人均消费支出比（%）	负
		城乡产业结构	城乡二元对比系数（%）	正
	社会融合	医疗服务配置	城乡每万人医疗卫生机构床位数（张）	正
		教育服务配置	城乡每万人拥有中小学个数（所）	正
		社会保障服务	城乡失业保险覆盖率（%）	正
	生态融合	建成区绿化覆盖率	建成区的绿化覆盖面积占比（%）	正
		污水处理能力	污水处理厂集中处理率（%）	正
		工业烟尘排放	工业烟粉尘排放量（吨）	负

4.2　城乡融合发展水平的熵值法测度

关于城乡融合发展的测度，已有文献主要采用层次分析法、主成分分析法、熵值法等方法合成计算城乡融合发展水平。其中，层次分析法属于主观赋权法，虽然能够充分反映各指标的定性和定量信息，但是专家的评分具有较强的主观性和随意性，从而在一定程度上影响测度结果的可信度和一致性。主成分分析法主要根据降维的思路，对数据信息进行浓缩，能够在一定程度上反映原始指标的主要信息。但是，主成分分析法仅依靠少数变量测算综合得分，因而存在损失原始变量经济含义的缺陷。有鉴于此，本章采用熵值法测度城乡融合发展水平。熵值法属于客观赋值法，主要利用各指标的变异程度计算权重，既能够有效避免指标权重确定的主观性，也能增强指标分辨的意义和差异，从而为测度城乡融合发展水平提供客观依据。

假设各指标的样本集为$(x_{ijt})_{m\times n}$，i、j、t 分别表示城市、指标和年份，x_{ijt}为第 t 年城市 i 第 j 项指标的原始数据，m 和 n 分别表示样本中的城市数量和指标数量。采用熵值法测度城乡融合发展水平的具体步骤如下。

第一步，数据标准化处理。为了消除数量级差异和量纲差异对测度结果的影响，增强数据间的可比性和测度结果的可靠性，需要先利用极值法对城乡融合发展综合评价指标体系中的正向指标和负向指标数据进行标准化处理。计算过程如公式（4.1）和公式（4.2）所示。

对于正向指标：

$$Y_{ijt} = \frac{x_{ijt} - x_{min}}{x_{max} - x_{min}} \tag{4.1}$$

对于负向指标：

$$Y_{ijt} = \frac{x_{max} - x_{ijt}}{x_{max} - x_{min}} \tag{4.2}$$

其中，Y_{ijt}为数据标准化后的指标值，x_{min}和x_{max}分别为第 j 项指标的最小值和最大值。经过上述数据标准化处理后，各指标得分越高，表明城乡融合发展水平越高；各指标得分越低，表明城乡融合发展水平越低。

第二步，计算综合评价指标体系的比重矩阵。在数据标准化处理后，需要计算第 i 个城市在第 t 年中第 j 项指标在所有城市中的比重，记为 P_{ijt}：

$$P_{ijt} = \frac{Y_{ijt}}{\sum_{i=1}^{n} Y_{ijt}} \tag{4.3}$$

第三步，计算第 j 项指标的熵值，记为 S_j：

$$S_j = -k\sum_{i=1}^{n} P_{ijt}\ln(P_{ijt}) \tag{4.4}$$

其中，$k = \frac{1}{\ln(n)}$。当 $P_{ijt} = 0$ 时，令 $P_{ijt}\ln(P_{ijt}) = 0$。

第四步，计算第 j 项指标的熵值，记为 e_j：

$$e_j = -k\sum_{i=1}^{n} P_{ijt}\ln(P_{ijt}) \tag{4.5}$$

第五步，计算第 j 项指标的信息效用值，记为 d_j：

$$d_j = 1 - e_j \tag{4.6}$$

第六步，计算第 j 项指标的权重，记为 W_j：

$$W_j = \frac{d_j}{\sum_{j=1}^{n} d_j} \tag{4.7}$$

第七步，计算各城市城乡融合发展水平，记为 URI_{it}：

$$URI_{it} = \sum_{j=1}^{n} W_j Y_{ijt} \tag{4.8}$$

4.3 城乡融合发展水平的评价与分析

4.3.1 城乡融合发展的总体水平

基于表 4.1 构建的城乡融合发展综合评价指标体系，表 4.2 报告了

2011～2019年我国城乡融合发展的总体水平测度结果。由此可以看出，第一，我国城乡融合发展的总体水平呈现为逐年平稳上升的趋势。2011年，我国城乡融合发展的总体水平平均值仅为0.0691，2018年上升至最高点0.0905，提高了30.97%。2019年，我国城乡融合发展的总体水平平均值为0.0874，较2018年略有下降。总体来看，我国城乡融合发展水平2011～2019年的波动范围为0.0691至0.0905之间，仍处于较低水平，表明我国城乡融合发展水平整体不高，需要进一步提升。第二，2011～2019年，我国城乡融合发展总体水平的中位数均低于平均值。具体而言，我国大部分城市城乡融合发展的总体水平较低，但有少数城市城乡融合发展的总体水平很高，从而导致样本分布偏右。第三，从最大值和最小值来看，2011～2019年我国城乡融合发展的总体水平差异较大。其中，2015年，我国城乡融合发展水平的最大值和最小值分别为0.5564和0.0343，表明不同城市的城乡融合发展水平极为不平衡，需要进一步做好区域协调发展。

表4.2　2011～2019年我国城乡融合发展的总体水平测度结果

年份	平均值	中位数	标准差	最大值	最小值
2011	0.0691	0.0632	0.0280	0.2199	0.0310
2012	0.0706	0.0622	0.0280	0.2094	0.0364
2013	0.0761	0.0645	0.0391	0.3437	0.0358
2014	0.0800	0.0670	0.0541	0.5455	0.0341
2015	0.0834	0.0678	0.0568	0.5564	0.0343
2016	0.0845	0.0700	0.0544	0.4787	0.0313
2017	0.0849	0.0706	0.0537	0.4339	0.0303
2018	0.0905	0.0723	0.0549	0.4114	0.0319
2019	0.0874	0.0756	0.0467	0.3828	0.0317

此外，本章还利用熵值法测度了2011～2019年我国城乡融合发展五个分指标的融合水平，如表4.3所示。2011～2019年，我国城乡人口融合水平、城乡空间融合水平、城乡经济融合水平、城乡社会融合水平

和城乡生态融合水平的平均值分别为0.0589、0.1023、0.0481、0.1163和0.6203。2011年，我国城乡人口融合发展水平为0.0468，2019年为0.0620，增长了32.48%，表明我国城乡劳动力流动得到显著改善，城镇化水平得到显著提高。2011年，我国城乡空间融合发展水平为0.0900，2019年为0.1145，增长了27.22%，表明我国城乡基础建设和信息化水平也在逐年提高。2011年，我国城乡经济融合发展水平为0.0314，2019年为0.0585，增长了86.31%，表明我国城乡居民收入和消费差距明显缩小。2011年，我国城乡社会融合发展水平为0.1147，2019年为0.1153，仅增长了0.52%，表明我国城乡居民的基本公共服务均等化水平总体提升不大，且存在一定的起伏波动。2011年，我国城乡生态融合发展水平为0.5837，2019年为0.6682，增长了14.48%，表明我国城乡的生态环境得到了有效改善。

表4.3　　2011~2019年我国城乡融合发展的分指标测度结果

年份	人口融合	空间融合	经济融合	社会融合	生态融合
2011	0.0468	0.0900	0.0314	0.1147	0.5837
2012	0.0479	0.0914	0.0347	0.1147	0.5886
2013	0.0535	0.0955	0.0419	0.1189	0.5983
2014	0.0587	0.1006	0.0457	0.1185	0.6117
2015	0.0624	0.1020	0.0517	0.1202	0.6155
2016	0.0629	0.1044	0.0532	0.1195	0.6278
2017	0.0643	0.1084	0.0547	0.1114	0.6405
2018	0.0719	0.1137	0.0609	0.1132	0.6485
2019	0.0620	0.1145	0.0585	0.1153	0.6682
平均值	0.0589	0.1023	0.0481	0.1163	0.6203

注：我国城乡融合发展的分指标测度结果由地级市城乡融合发展的分指标测度结果的平均值计算得到。

图4.1描绘了2011~2019年我国城乡融合发展的分指标水平变化趋势。从2011~2019年我国城乡融合发展五个分指标的总体融合水平

来看，我国城乡生态融合的发展水平远高于其他四项分指标的融合水平，且呈现逐年上升的趋势。城乡社会融合和城乡空间融合的发展水平居中，城乡人口融合和城乡经济融合的发展水平最低。由此可见，我国虽然针对乡村贫困地区实施了一系列精准扶贫政策，促进了城乡居民收入差距和消费差距不断缩小，但由于我国相对贫困人口规模大，导致城乡经济融合水平仍然很低，城乡居民享受的基本公共服务也远未达到均等化的目标。

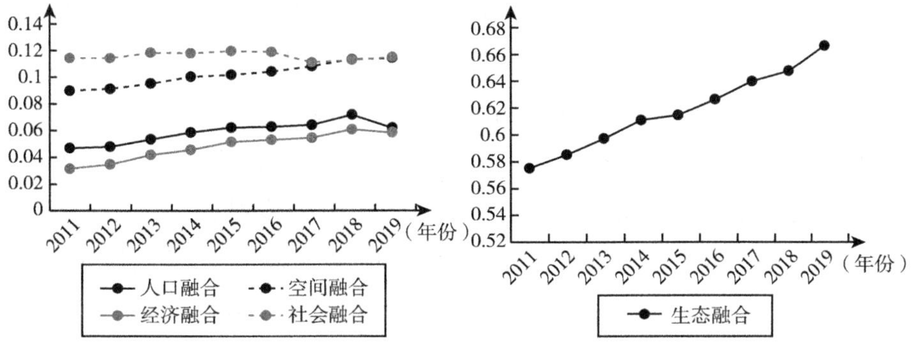

图4.1　2011~2019年我国城乡融合发展的分指标水平变化趋势

4.3.2　城乡融合发展的空间分布

利用Stata中的spmap命令，本章描绘了2011年和2019年我国城乡融合发展的空间分布。

2011年，我国城乡融合发展水平的热点区主要分布于广东省的南部和东南沿海一带，包括广州市、厦门市、南京市、杭州市、青岛市等副省级城市。冷点区主要分布在中西部地区和部分东部内陆地区，在湖南省、四川省、河南省、安徽省、广西壮族自治区等省区的部分区域形成了一个大片的低值区，包括张家界市、广元市、信阳市、宣城市、贺州市等城市。此外，北方地区也出现了部分低值区域，如内蒙古自治区的通辽市、赤峰市等地，吉林省的白城市、通化市等地，宁夏回族自治区的中卫市和固原市等地。2019 年，我国大部分城市城乡融合发展水平较 2011 年有所提升，但热点区依旧主要分布于广东省的南部和东南沿海一带，冷点区仍然以中西部地区和北方地区为主。由此可见，我国各城市城乡融合发展水平不均衡的问题未能得到缓解。

4.3.3 城乡融合发展的城市区位差异分析

为了进一步分析我国城乡融合发展的区域差异情况，本章根据经济学研究的通常做法将样本所有城市划分为东部地区、中部地区和西部地区①，并以各个区域所辖城市城乡融合发展水平的平均值代表各个区域的城乡融合发展水平。表 4.4 和图 4.2 分别报告和描绘了 2011 ~ 2019 年我国东中西部地区城乡融合发展水平测度结果。从总体情况来看，我国东部地区城乡融合发展水平最高（高于全国总体水平），中部地区次之（接近于全国平均水平），西部地区最低（低于全国平均水平）。2011 ~2019 年，东部地区、中部地区和西部地区城乡融合发展水平的平均值分别为 0.0985、0.0772 和 0.0626。从变化趋势来看，我国东部地区和西部地区城乡融合发展水平呈现出总体上升趋势，中部地区呈现出先上升后下降的趋势。具体而言，2011 年东部地区的城乡融合发展水平为 0.0809，2018 年为 0.1174，增长了 45.12%。但 2019 年城乡融合发展水平为 0.1082，较 2018 年略有下降。2011 年中部地区城乡融合发展水平为 0.0656，2015 年上升至 0.0848，增长了 29.27%，但 2019 年为 0.0776，较 2015 年下降了 9.28%。2011 年西部地区的城乡融合发展水平为 0.0567，2019 年为 0.0739，增长了 30.34%。

① 具体而言，东部地区包括河北省、辽宁省、江苏省、浙江省、福建省、山东省、广东省和海南省；中部地区包括山西省、内蒙古自治区、吉林省、黑龙江省、安徽省、江西省、河南省、湖北省和湖南省；西部地区包括四川省、贵州省、云南省、陕西省、甘肃省、青海省、宁夏回族自治区、新疆维吾尔自治区、西藏自治区和广西壮族自治区。

表 4.4　2011～2019 年我国东中西部地区城乡融合发展水平测度结果

年份	东部地区	中部地区	西部地区	全国
2011	0.0809	0.0656	0.0567	0.0691
2012	0.0839	0.0677	0.0577	0.0706
2013	0.0950	0.0709	0.0597	0.0761
2014	0.0973	0.0776	0.0610	0.0800
2015	0.0987	0.0848	0.0621	0.0834
2016	0.1019	0.0844	0.0629	0.0845
2017	0.1036	0.0836	0.0630	0.0849
2018	0.1174	0.0822	0.0666	0.0905
2019	0.1082	0.0776	0.0739	0.0874
平均值	0.0985	0.0772	0.0626	0.0807

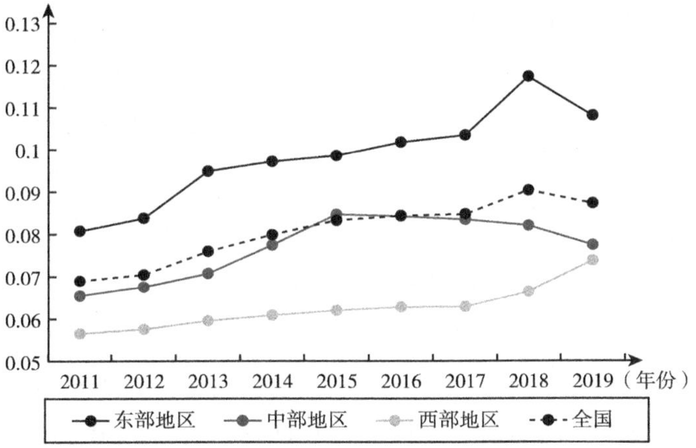

图 4.2　2011～2019 年我国东中西部地区城乡融合发展水平变化趋势

综上所述，我国城乡融合发展水平呈现出东高西低、中部地区先升后降的非均衡发展趋势。东部地区城乡融合发展水平远远超过全国平均水平，中部地区仅在 2015 年高于全国平均水平，但随后逐年下降，西部地区均低于全国平均水平，并且，我国东部地区、中部地区、西部地区的城乡融合发展未见趋同趋势，区域间的城乡融合发展差距仍然突出。2011 年，东部地区城乡融合发展水平为 0.0809，分别比中部地区和西部地区高 0.0153 和 0.0242。但是，2019 年，东部地区城乡融合发展水平已上升至 0.1082，分别比中部地区和西部地区高 0.0306 和 0.0343。

除了东中西部之间的区域差异，南方地区和北方地区之间差距已成为我国区域发展中出现的新情况和新问题。许宪春等（2021）指出，党的十八大以来，虽然我国南方地区和北方地区的平衡发展水平显著提升，但南北方地区总体差距逐年凸显①。南方地区在经济发展、基本公共服务均等化、生态环境等领域存在显著优势，而北方地区面临创新驱动不足、人力资本难以升级、新旧动能转换困难等问题。因此，本章认为我国南方地区和北方地区的城乡融合发展也存在显著差异。

为了进一步分析我国城乡融合发展水平南北方地区的差异情况，本章借鉴许宪春等（2021）的做法将样本所有城市划分为南方地区和北方地区②，并以各个区域所辖城市城乡融合发展水平的平均值代表各个区域的城乡融合发展水平。表 4.5 和图 4.3 分别报告和描绘了 2011 ~2019 年我国南北方地区城乡融合发展水平测度结果。从总体情况来看，2011 ~2019 年，我国南方地区城乡融合发展水平均高于北方地区，南方地区和北方地区城乡融合发展水平的平均值分别为 0.0822 和 0.0784。从变化趋势来看，我国南方地区城乡融合发展水平呈现出逐年上升趋势，我国北方地区城乡融合发展水平呈现出波动上升的趋势。具体而言，2011 年南方地区的城乡融合发展水平为 0.0698，2019 年为 0.0913，增长了 30.80%。2011 年北方地区城乡融合发展水平为 0.0679，2016 年上升至 0.0837，增长了 23.27%，但 2017 年为 0.083，较 2016 年略有下降。2018 年，北方地区城乡融合发展水平又上升为 0.0897，但 2019 年又下降至 0.0817。

① 许宪春，雷泽坤，窦园园，柳士昌．中国南北平衡发展差距研究——基于“中国平衡发展指数”的综合分析［J］．中国工业经济，2021（2）：5－22.

② 具体而言，本章将江苏省、海南省、浙江省、安徽省、福建省、湖北省、湖南省、广东省、江西省、广西壮族自治区、贵州省、云南省、四川省和西藏自治区划分为南方地区；将河北省、内蒙古自治区、黑龙江省、辽宁省、吉林省、新疆维吾尔自治区、山东省、河南省、陕西省、山西省、甘肃省、青海省和宁夏回族自治区划分为北方地区。

表4.5　2011～2019年我国南北方地区城乡融合发展水平测度结果

年份	南方地区	北方地区	全国
2011	0.0698	0.0679	0.0691
2012	0.0709	0.0701	0.0706
2013	0.0777	0.0736	0.0761
2014	0.0832	0.0747	0.0800
2015	0.0846	0.0814	0.0834
2016	0.0850	0.0837	0.0845
2017	0.0860	0.0830	0.0849
2018	0.0910	0.0897	0.0905
2019	0.0913	0.0817	0.0874
平均值	0.0822	0.0784	0.0807

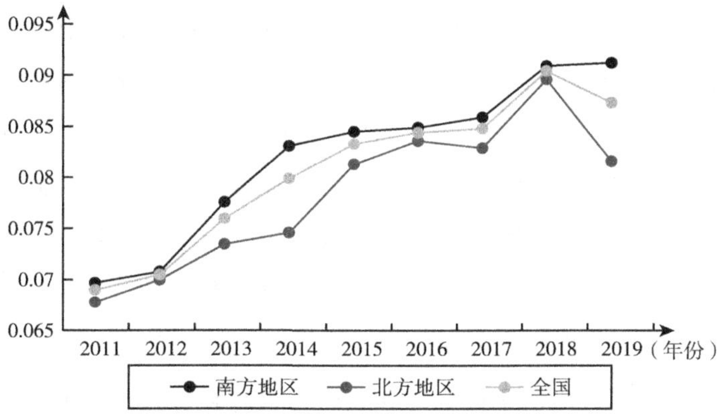

图4.3　2011～2019年我国南北方地区城乡融合发展水平变化趋势

综上所述，我国城乡融合发展水平呈现出南高北低的非均衡发展趋势。南方地区城乡融合发展水平略高于全国平均水平，北方地区城乡融合发展水平略低于全国平均水平。并且，我国南方地区与北方地区的城乡融合发展未见趋同趋势，区域间的城乡融合发展差距仍然突出。2011年，南方地区城乡融合发展水平为0.0698，比北方地区高0.0019。但是，2019年，南方地区城乡融合发展水平已上升至0.0913，比北方地区高0.0096。

4.3.4 城乡融合发展的城市规模差异分析

城市规模的异质性使不同城市在吸引劳动力、基础设施建设、财政能力、基本公共服务供给等方面存在差异，从而导致城乡融合发展水平存在差异。为了分析我国城乡融合发展的城市规模差异，本章参照《国务院关于调整城市规模划分标准的通知》（国发〔2014〕51 号）[①]，以城区常住人口为统计口径，将城市规模划分为中小城市（<300 万人）、大城市（300 万~500 万人）、特大城市（500 万~1000 万人）和超大城市（>1000 万人）四档，并以各个城市规模所辖城市城乡融合发展水平的平均值代表各个城市规模的城乡融合发展水平。

表 4.6 和图 4.4 分别报告和描绘了 2011~2019 年我国不同规模城市的城乡融合发展水平测度结果。从总体情况来看，我国各城市城乡融合发展水平随城市规模的扩大而提高。2011~2019 年，中小城市、大城市、特大城市和超大城市城乡融合发展水平的平均值分别为 0.0698、0.0764、0.0930 和 0.1007。从变化趋势来看，我国大城市、特大城市的城乡融合发展水平总体上呈现出平稳上升趋势，中小城市呈现出先上升后下降的趋势，超大城市呈现出波动上升的趋势。具体而言，2011 年中小城市城乡融合发展水平为 0.0601，2016 年上升至 0.0752，增长了 25.12%，但 2019 年为 0.0696，较 2016 年下降了 7.45%。2011 年大城市的城乡融合发展水平为 0.0663，2019 年为 0.0856，增长了

① 《国务院关于调整城市规模划分标准的通知》（国发〔2014〕51 号）以城区常住人口为统计口径，将城市划分为五类七档。即城区常住人口 50 万以下的城市为小城市，其中 20 万以上 50 万以下的城市为Ⅰ型小城市，20 万以下的城市为Ⅱ型小城市；城区常住人口 50 万以上 100 万以下的城市为中等城市；城区常住人口 100 万以上 500 万以下的城市为大城市，其中 300 万以上 500 万以下的城市为Ⅰ型大城市，100 万以上 300 万以下的城市为Ⅱ型大城市；城区常住人口 500 万以上 1000 万以下的城市为特大城市；城区常住人口 1000 万以上的城市为超大城市。本章为了研究便利，参照《国务院关于调整城市规模划分标准的通知》（国发〔2014〕51 号），以城区常住人口为统计口径，将城市规模划分为中小城市（<300 万人）、大城市（300 万~500 万人）、特大城市（500 万~1000 万人）和超大城市（>1000 万人）四档。

29.11%。2011年特大城市的城乡融合发展水平为0.0783，2018年为0.1070，增长了36.65%。但是，2019年特大城市的城乡融合发展水平为0.1018，较2018年略有下降。2011年超大城市的城乡融合发展水平为0.0863，2013年为0.1023，增长了18.54%。但是，2015年超大城市的城乡融合发展水平下降至0.0965，2018年又上升至0.1155。2019年超大城市的城乡融合发展水平为0.1074，较2011年增长了24.45%。

表4.6　2011～2019年我国不同规模城市的城乡融合发展水平测度结果

年份	中小城市	大城市	特大城市	超大城市	全国
2011	0.0601	0.0663	0.0783	0.0863	0.0691
2012	0.0626	0.0676	0.0794	0.0858	0.0706
2013	0.0654	0.0706	0.0879	0.1023	0.0761
2014	0.0723	0.0724	0.0924	0.1004	0.0800
2015	0.0750	0.0786	0.0948	0.0965	0.0834
2016	0.0752	0.0798	0.0960	0.1006	0.0845
2017	0.0745	0.0789	0.0979	0.1040	0.0849
2018	0.0740	0.0854	0.1070	0.1155	0.0905
2019	0.0696	0.0856	0.1018	0.1074	0.0874
平均值	0.0698	0.0764	0.0930	0.1007	0.0807

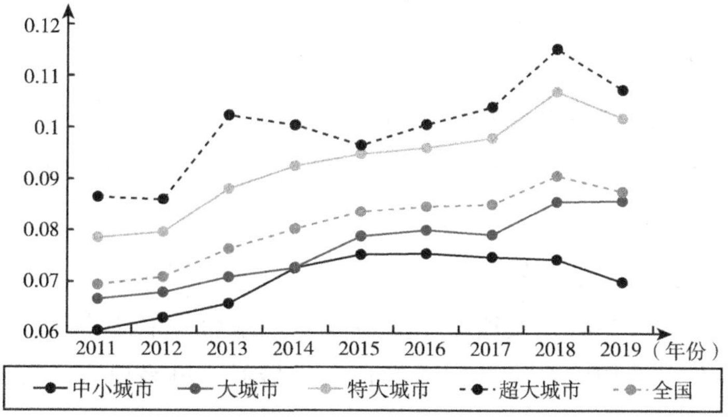

图4.4　2011～2019年我国不同规模城市的城乡融合发展水平变化趋势

综上所述，我国城乡融合发展水平呈现出显著的城市规模异质性。中小城市和大城市的城乡融合发展水平均低于全国平均水平，特大城市和超大城市的城乡融合发展水平均高于全国平均水平。此外，随着时间的推移，我国不同规模城市间的城乡融合发展差距仍然突出。2011 年，超大城市城乡融合发展水平为 0.0863，比特大城市高 0.0080，比大城市高 0.0200，比中小城市高 0.0262。但是，2019 年，超大城市城乡融合发展水平已上升至 0.1074，与特大城市间的差距缩小至 0.0056，与大城市和中小城市的差距进一步扩大至 0.0218 和 0.0378。

4.4 本章小结

本章首先构建了城乡融合发展水平的综合评价指标体系，通过对比现有文献的通常做法，从城乡人口融合、城乡空间融合、城乡经济融合、城乡社会融合和城乡生态融合五个维度构建城乡融合发展水平的综合评价指标体系。其次，介绍城乡融合发展的测度方法，通过对比不同评价模型的优劣，选用熵值法作为城乡融合发展的测度方法。最后，测度了城乡融合发展水平，并详细分析城乡融合发展的总体水平、空间特征、城市区位差异和城市规模差异情况。

本章的主要结论如下：

第一，我国城乡融合发展总体水平呈现为逐年平稳上升的趋势，从 2011 年的 0.0691 上升至 2019 年的 0.0874。但是，大多数城市的城乡融合发展水平仍然较低，不同城市的城乡发展水平极为不平衡。

第二，从城乡融合发展的五个分指标看，我国城乡生态融合发展水平最高，城乡社会融合发展水平和城乡空间融合发展水平居中，城乡人口发展融合水平和城乡经济发展融合水平最低。城乡融合发展的各项分指标均呈现出程度不一的上升趋势。

第三，从城乡融合发展的空间分布看，2011 年我国城乡融合水平的热点区位于广东省的南部和东南沿海一带，冷点区主要分布在中西部地区、部分东部内陆地区和北方地区。2019 年，我国大部分城市城乡融合发展水平较 2011 年有所提升，但各城市城乡融合发展水平不均衡的问题未能得到缓解。

第四，从城乡融合发展的城市区位差异看，我国城乡融合发展水平呈现出东高西低、南高北低，中部地区先升后降的非均衡发展趋势。东西部和南北方地区城乡融合发展水平呈现出总体上升趋势，中部地区呈现出先上升后下降的趋势。我国东部地区与中西部地区、南方地区与北方地区的城乡融合发展未见趋同趋势，区域间的城乡融合发展差距仍然突出。

第五，从城乡融合发展的城市规模差异看，我国各城市城乡融合发展水平随城市规模扩大而提高。我国大城市、特大城市的城乡融合发展水平总体上呈现出平稳上升趋势，中小城市呈现出先上升后下降的趋势，超大城市呈现出波动上升的趋势。随着时间的推移，我国不同规模城市间的城乡融合发展差距仍然突出。

第5章　中国式财政分权影响城乡融合发展实证分析

本章聚焦中央和地方政府财政分权关系，考察政府运用财政政策促进城乡融合发展的能力问题，实证检验中国式财政分权对推进城乡融合发展的影响效应。首先，基于“为创新而竞争”的视角分析财政分权对城乡融合发展的作用机理；其次，构建基准回归模型，检验财政分权对城乡融合发展的影响效应，缓解可能存在的内生性问题，并进行稳健性检验；再次，根据理论分析和基准回归结论设计影响机制检验模型，探究财政分权影响城乡融合发展的内在逻辑；最后，从城乡融合发展的五个细分指标、城市区位和城市规模等三个方面讨论财政分权对城乡融合发展产生的异质性影响。

5.1　研究假设

5.1.1　文献回顾与梳理

财政分权作为中国财政管理体制的重要内容，是激励地方政府发挥职能的制度安排。改革开放以来，中国财政分权改革赋予地方政府促进经济增长的强大激励，财政分权被认为是中国经济高速增长的重要因素。Qian 和 Weingast（1997）认为财政包干制推动了地方政府对流动资源的竞争，提高了市场经济效率。此外，中国特色的目标责任制也形成了以经济增长为核心的官员晋升制度，地方官员围绕经济增长展开“标尺竞争”，即“为增长而竞争”（周黎安，2007）。

然而，财政分权改革在推动中国经济高速增长的同时，也带来诸多影响经济社会协调发展的问题。一方面，财政分权引致地方政府“为增长而竞争”导致地方财政支出结构发生扭曲。具体而言，地方官员倾向于将更多财政资源投向生产领域，却大大压缩对教育、医疗卫生、社会保障和就业等民生领域的财政支出（傅勇和张晏，2007）。财政分权虽然促进了经济增长，但也成为扩大城乡收入差距的重要原因（贺俊、吴照，2013）。另一方面，财政分权在促进中国经济增长的过程中，也引发了严重的环境污染问题。财政分权在一定程度上降低了地方官员对碳排放管制的努力，财政分权程度的上升不利于碳排放规模的减少（张克中等，2011）。黄寿峰（2017）研究认为，财政分权显著加剧中国雾霾污染，并存在环境治理“搭便车”的现象。

为了更好地调节收入分配和保护环境，中央政府开始摒弃传统的“唯 GDP 论英雄”的考核制度，从追求经济高速增长转向追求经济高质量增长。党的十八大将科技创新视为我国社会生产力和综合国力的战略支撑，实施创新驱动发展战略。在此背景下，地方政府创新偏好持续增强，财政分权引致的地方政府竞争开始表现为“为创新而竞争”（卞元超、白俊红，2017）。地方官员为了谋取政治晋升，倾向于提高财政科技支出比重，有力推动了区域创新水平的上升（卞元超等，2020）。

由此可见，中国财政分权引致的地方政府竞争逐渐从“为增长而竞争”转向“为创新而竞争”。本章将从“为创新而竞争”的视角讨论财政分权对城乡融合发展的影响。在现有研究中，仅有孙群力和周镖（2021）、苏春红和李真（2022）基于省级面板数据，检验了财政分权对城乡融合发展的影响效应。前者基于城镇化和乡村振兴视角，发现财政分权推动城乡融合发展主要通过城镇化进程带动乡村发展。后者认为财政分权对城乡融合发展存在显著的促进效应，但受到支出偏向的负向调节。区别于上述两篇文献，本章围绕财政分权下的地方政府竞争讨论财政分权与城乡融合发展的关系，并采用城市层面的数据实证检验中国式财政分权对城乡融合发展的影响效应及其作用机制。

5.1.2 理论分析与研究假设

在中国式财政分权体制下，地方政府享有一定程度的财政独立性和财政支出自主权，地方官员倾向于根据自身偏好和政绩考核目标支配财政资源，通过财政竞争促进辖区内经济高速增长。改革开放以来，财政分权促进了我国基础设施建设，是解释中国经济高速增长的主流理论之一。然而，当我国经济增长的步伐逐渐放缓，科技创新成为时代主旋律，晋升“锦标赛”制度突破“GDP 至上”这一局限时，地方政府开始围绕科技创新展开竞争，即“为创新而竞争”。

随着创新驱动发展战略的不断推进，中组部于 2013 年发布的新型官员政绩考核制度不再将经济增长作为主要指标，科技创新逐渐取代经济增长成为地方政府竞争的重要标尺。地方官员开始围绕研发投入和专利水平展开“为创新而竞争”。在实践中，越来越多的地方政府倾向于在年初的政府工作报告中设定科技创新目标，面临着地方科技创新目标约束（徐建斌等，2022）。此时，在地方政府“为创新而竞争”的情形下，财政分权将通过影响区域创新能力来影响城乡融合发展。

首先，财政分权条件下有助于区域创新能力的提高。一是财政分权能够通过提高地方财政支出效率促进区域创新能力的增长。传统的分权理论认为，相较于中央政府，地方政府在本地信息搜集和整理方面更具经济成本优势和时间成本优势，能够更有效地提供符合本地居民偏好的公共品和基本公共服务（Tiebout，1956）。因此，财政分权有助于保障地方财政支出的高效性，从而提高政府行政效率和财政资源配置效率，为区域创新活动的展开提供充分的公共品，最终提升区域创新能力。二是财政分权通过优化财政支出结构促进区域创新能力的增长。一方面，在“为创新而竞争”的背景下，地方政府创新偏好将不断提高，地方官员倾向于将更多财政资源用于创新活动，财政科技支出占比将显著提高。例如，白俊红和戴玮（2017）的研究发现，支出视角下的财政分权对地方财政科技支出存在显著激励效应。另一方面，卞元超等（2020）认为，财政分权引致的“为创新而竞争”主要表现为地方财政科技支出竞争。财政分权下的地方财政科技支出竞争将通过促进研发人员流动提高区域创新绩效。三是财政分权通过吸引外资促进区域创新能力的增长。在本土创新能力相对落后的情形下，国外先进生产技术和管理经验的流入将有助于提高科技创新水平，外商直接投资对区域创新能力存在显著的激励效应。周游等（2016）的研究表明，适度的财政分权能够通过优化基础设施建设、给予外资充分的优惠条件等途径吸引外资，提高本土企业吸收外资先进技术溢出的能力。

其次，区域创新能力的提高能够有效推动城乡融合发展。具体表现在以下五个方面：一是区域创新能力的提高将通过促进城乡劳动力流动推动城乡人口融合。创新将导致不同部门的生产率发生变化，导致劳动力由低生产率部门向高生产率部门流动，从而形成产业聚集和规模效应。具体而言，随着区域创新能力的提高，越来越多的农村居民将进入城镇工作，因而城市化水平不断提高。二是区域创新能力的提高将通过改良农村基础设施建设推动城乡空间融合。创新对农村产业发展的影响主要表现在农业配套的电子商务、物联网等新兴业态的蓬勃发展上，有助于提高农村居民的通信水平和信息化水平，从而缩短城乡居民的空间距离。三是区域创新能力的提高将通过缩小城乡收入差距推动城乡经济融合。低技能劳动者通过“干中学”向高技能劳动者学习新知识产生“知识溢出”效应，从而提高工资水平来缩小收入差距（Glaeser et al.，2010）。赵峥等（2018）的研究表明，创新将缩小城乡收入差距，进而推动城乡融合发展。四是区域创新能力的提高将通过优化城乡基本公共服务供给推动城乡社会融合。一方面，新技术催生城乡居民能够共享新的基本公共服务。例如，在“放管服”改革中，为了提高办事效率，减少群众到服务现场的次数，已有越来越多的地区采用远程在线视频的方式，农村居民足不出户即能满足办理个人事务需要。另一方面，新技术还能有效打破城乡基本公共服务供需两侧的各种壁垒，从而推动城乡基本公共服务均等化（高洪波，2021）。例如，在医疗条件较为落后的农村地区，建设智慧医疗体系将极大满足农村居民的基本医疗卫生需求。五是区域创新能力的提高将通过“低碳减排”推动城乡生态融合。绿色技术创新是区域科技创新的重要内容，绿色创新水平的提高将有效优化资源利用效率，减少能源消耗和污染排放，推动产业发展绿色转型。

基于以上分析，本章提出如下假设：

假设 H5. 1：在地方政府“为创新而竞争”的情形下，财政分权将推动城乡融合发展。

假设 H5. 2：财政分权通过提高区域创新能力推动城乡融合发展。

5. 2 研究设计

5. 2. 1 模型设定

本章主要考察财政分权对城乡融合发展的影响效应及其作用机制，并在此基础上进行稳健性检验和可能的异质性讨论。

在基准回归分析部分，为了验证假设 H5. 1，本章设定以城乡融合发展（URI）作为被解释变量，财政分权（FD）作为核心解释变量的计量模型。考虑到我国各地区之间在经济发展、地理区位、文化教育、社会习俗等方面存在一定的差异，为了缓解各地区之间不随时间变化且不可观测因素造成的内生性问题，本章采用面板固定效应模型作为基准回归模型。基准回归模型如公式（5. 1）所示。

$$URI_{it} = \alpha_0 + \alpha_1 FD_{it} + \sum \delta_j X_{jit} + u_i + v_t + \varepsilon_{it} \quad (5.1)$$

其中，下标 i 表示第 i 个地区，t 表示年份。URI_{it}表示被解释变量，即城乡融合发展水平。FD_{it}表示核心解释变量，即财政分权。$\sum \delta_j X_{jit}$ 表示控制变量合集。u_i和 v_t分别表示地区固定效应和年份固定效应。ε_{it}为随机误差项。上述模型主要关注财政分权（FD_{it}）的系数 α_1。若 α_1 显著为正，则表明财政分权能够促进城乡融合发展，假设 H5.1 成立。

5.2.2　变量说明

（1）被解释变量。

本章的被解释变量为城乡融合发展水平（URI）。借鉴黄永春等（2022）、李红锦和张丁山（2022）的做法，本书主要从城乡人口融合、城乡空间融合、城乡经济融合、城乡社会融合和城乡生态融合五个维度构建城乡融合发展综合评价指标体系，并采用熵值法测度 2011～2019 年我国 237 个城市城乡融合发展水平。城乡融合发展水平综合指数及其细分指数的具体测度过程和测度结果见本书第 4 章。

（2）核心解释变量。

本章的核心解释变量为财政分权（FD）。作为我国经济分权的重要组成部分，财政分权是中央向地方政府下放部分财政管理和决策权的过程（陈硕和高琳，2012）。财政分权赋予地方政府一定的财政自主权。然而，目前关于财政分权的测度，已有文献莫衷一是。一方面，部分学者从财政收入（支出）角度出发，采用地方财政收入（支出）占整个国家财政收入（支出）的比重衡量财政分权（郭庆旺、贾俊雪，2010）。但是，吕冰洋等（2021）认为，财政收入（支出）分权所度量更多的是地方财力差距，而非财政分权差异。另一方面，还有部分学者同时考虑财政收入和财政支出，采用地方财政收入占地方财政支出的比重，即财政自给度衡量财政分权（邢祖礼、邓朝春，2012）。其原因在于，只有当本级财政收入不低于本级财政支出时，本级财政才完全享有独立自主权，无须依赖中央转移支付。因此，财政自给度可以作为财政分权的可行测度指标。地方政府财政自给度越高，财政支出权越高，财政越独立；地方政府财政自给度越低，财政支出权越低，财政越有限。为此，本章采用地方一般公共预算收入占地方一般公共预算支出，即财政自给度测度财政分权。在稳健性检验部分，本章将采用财政收入分权和财政支出分权测度财政分权。

（3）控制变量。

为了缓解遗漏变量导致的内生性问题，并借鉴已有文献选取的变量，本章筛选出以下可能影响城乡融合发展水平的变量作为控制变量。

①经济发展水平（GDP），采用地区生产总值增长率衡量。经济发展水平能够在一定程度上反映地区经济的发展快慢。随着地区经济发展水平的提高，城乡居民收入会随之显著提高，城乡社会保障和基础设施建设也会相应改善。

②金融发展水平（Finical），采用年末金融机构人民币各项存款余额占地区生产总值的比重衡量。大量文献指出，地区金融发展水平具有收入分配效应，可能影响城乡融合发展。一方面，景普秋等（2021）的研究指出，城乡金融发展差异越大，城乡收入差距越大，城乡金融发展的不平衡不利于推动城乡融合发展；另一方面，张应良和徐亚东（2020）认为，无论是正规金融还是非正规金融，两类金融发展均有助于缩小城乡收入差距，从而推动城乡融合。

③对外开放水平（FDI），采用实际使用外资金额（折算为人民币）占地区生产总值的比重衡量。本地区的对外开放水平提高，有助于吸引外商直接投资，从而推动经济增长。并且，郑磊和汪旭晖（2018）的研究指出，外商直接投资能够通过优化就业结构、提高贸易开放度和推动产业结构升级缩小城乡收入差距，从而推动城乡融合发展。

④产业结构（Ind），采用第三产业增加值占地区生产总值的比重衡量。产业结构的优化和升级有助于城乡产业相互融合，并对城乡二元经

济结构产生影响。并且，李红锦和张丁山（2022）的研究指出，产业结构升级不仅能够提高生产技术和治污技术，促进城乡生态融合，还能吸收农村剩余劳动力就业，改善城乡人口融合。

⑤信息化水平（Internet），采用每百万人互联网宽带接入用户数衡量。信息化水平越高，越有助于降低信息不对称，从而降低产品市场和生产要素市场的交易成本，推动城乡要素双向流动，最终提高城乡融合发展水平。

具体的变量类型、名称、符号和度量方式如表 5.1 所示。

表 5.1　主要变量定义和说明

变量类型	变量名称	变量符号	变量度量方式
被解释变量	城乡融合发展水平	URI	根据熵值法测算得到
解释变量	财政分权	FD	地方一般公共预算收入/地方一般公共预算支出
控制变量	经济发展水平	GDP	地区生产总值增长率
	金融发展水平	Finical	年末金融机构人民币各项存款余额/地区生产总值
	对外开放水平	FDI	实际使用外资金额/地区生产总值
	产业结构	Ind	第三产业增加值/地区生产总值
	信息化水平	Internet	每百万人互联网宽带接入用户数

5.2.3　数据来源和说明

基于数据的可得性和能够满足样本数据的时间跨度，本章选取我国 237 个地级市以上城市作为研究对象，时间区间为 2011 ~ 2019 年，共有 1856 个观测值。考虑到直辖市在经济发展、对外开放、科教文化等方面与其他城市存在显著差异，因此本章的样本中不含北京市、上海市、天津市和重庆市四个直辖市。其中，本章城乡融合发展水平的测算数据主要来源有：《中国城市统计年鉴》《中国城市建设统计年鉴》，以及 EPS 数据平台中的中国区域经济数据库等，统计年鉴中存在的缺失值主要通过各城市统计年鉴或线性插值法进行补充。其余数据均源于《中国城市统计年鉴》和EPS数据平台中的中国区域经济数据库等。

5.3 实证结果与分析

5.3.1 描述性统计

表5.2列示了主要变量观测值、平均值、中位数、标准差、最大值和最小值的描述性统计结果。其中，被解释变量城乡融合发展水平（URI）的平均值为0.0809，中位数为0.0683，标准差为0.0481，最大值和最小值分别为0.5564和0.0303，表明我国各地区之间的城乡融合发展水平存在较大差异，且样本偏右，城乡融合发展水平较低的地区更多。核心解释变量财政分权（FD）的平均值和中位数较为接近，分别为0.4766和0.4408，但最大值和最小值分别为1.5413和0.0689，表明不同地方政府的财政自给程度存在较大差异。在控制变量方面，经济发展水平（GDP）、金融发展水平（Finical）、对外开放水平（FDI）、产业结构（Ind）和信息化水平（Internet）的平均值分别为0.0860、1.3811、0.0172、0.4118、0.2235，均大于0，且与已有文献基本保持一致，未出现异常分布。

在进行回归分析之前，本章通过绘制城乡融合发展水平（URI）与财政分权（FD）的散点图及其拟合曲线，以初步考察财政分权对城乡融合发展的影响效应。考虑到本章的观测值较多，利用Stata中的scatter命令绘制散点图可能难以反映财政分权与城乡融合发展水平之间的线性关系，因此利用binscatter命令进行绘制，并将bins设置为50。城乡融合发展水平（URI）与财政分权（FD）的散点图及其拟合曲线如图5.1所示。

表 5.2　　主要变量描述性统计

变量	观测值	平均值	中位数	标准差	最大值	最小值
URI	1856	0.0809	0.0683	0.0481	0.5564	0.0303
FD	1856	0.4766	0.4408	0.2180	1.5413	0.0689
GDP	1856	0.0860	0.0882	0.0758	0.6145	-0.2978
Finical	1856	1.3811	1.2629	0.6433	15.8937	0.3711
FDI	1856	0.0172	0.0121	0.0169	0.1978	0.0000
Ind	1856	0.4118	0.4037	0.0971	0.7923	0.1808
Internet	1856	0.2235	0.1765	0.1687	1.4893	0.0222

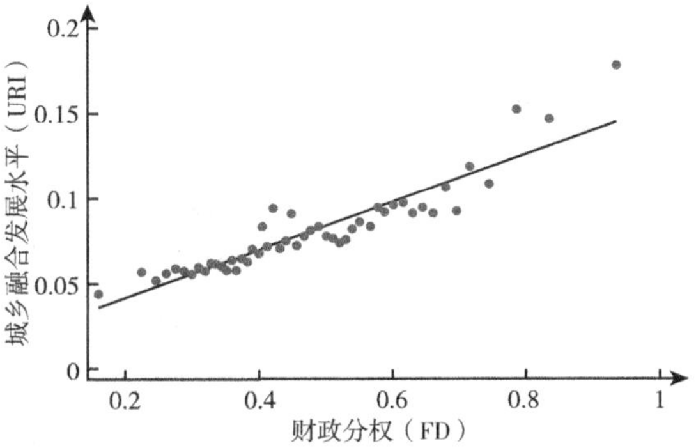

图 5.1　城乡融合发展水平（URI）与财政分权（FD）的散点图及其拟合曲线

由图 5.1 可知，城乡融合发展水平（URI）与财政分权（FD）呈现出相同的变化趋势，拟合曲线为右上方倾斜，表明财政分权与城乡融合发展水平存在正相关关系。具体而言，财政分权程度越高，城乡融合发展水平越高；财政分权程度越低，城乡融合发展水平越低。由此可见，财政分权对城乡融合发展初步表现为促进效应。

5.3.2　基准回归分析

本章根据公式（5.1）设定的面板固定效应模型检验财政分权对城乡融合发展（URI）的影响效应，具体估计结果如表 5.3 所示。表 5.3

中列（1）呈现了未控制固定效应的估计结果，财政分权（FD）的系数为0.0676，在1%的水平上显著为正。列（2）在列（1）的基础上控制了地区固定效应，列（3）在列（2）的基础上进一步控制了时间固定效应，财政分权（FD）的系数仍然在1%的水平上显著为正。其中，列（3）中财政分权（FD）的系数为0.0880，表明财政分权程度每提高1%，能够推动城乡融合发展水平上升0.0880%。上述实证结果表明，在地方政府“为创新而竞争”的情形下，财政分权对城乡融合发展存在显著的促进效应，本章的假设H5.1成立。

表5.3　　基准回归分析的估计结果

变量	(1)	(2)	(3)
	URI	URI	URI
FD	0.0676*** (12.7967)	0.0857*** (13.0647)	0.0880*** (10.4319)
GDP	-0.0070 (-0.7425)	-0.0146 (-1.2964)	-0.0071 (-0.6699)
Finical	0.0010 (0.8623)	0.0035* (1.7812)	0.0035* (1.7780)
FDI	0.2350*** (2.8585)	-0.0511 (-0.6663)	-0.0474 (-0.6132)
Ind	-0.0137 (-1.1268)	0.0108 (0.7202)	0.0032 (0.2055)
Internet	0.1099*** (8.0348)	0.1076*** (8.0474)	0.1049*** (6.3337)
地区固定效应	不控制	控制	控制
时间固定效应	不控制	不控制	控制
常数项	0.0250*** (5.5409)	0.0009 (0.1301)	-0.0011 (-0.1732)
样本量	1856	1856	1856
adj. R-sq	0.395	0.462	0.462

注：***、**、*分别表示在1%、5%、10%的水平上显著，括号内为t值。回归系数的标准误为稳健标准误，下同。

在控制变量方面，金融发展水平（Finical）和信息化水平（Internet）分别在10%和1%的水平上显著为正，能够有效推动城乡融合发展。其可能的原因在于，一方面，金融发展存在收入分配效应，从而推动城乡融合发展；另一方面，信息化水平越高，越有助于降低信息不对称，从而降低产品市场和生产要素市场的交易成本，推动城乡要素双向流动，最终提高城乡融合发展水平。此外，在控制地区固定效应和时间固定效应后，其他控制变量对城乡融合发展的影响效应均不显著。

5.3.3　稳健性检验

为了增强基准回归结论的可靠性，本部分重点讨论模型可能存在的内生性问题，并利用其他一系列方法进行稳健性检验。

（1）内生性问题。

如果存在内生性问题，基准回归结论可能是有偏的。本章可能的内生性问题体现在财政分权与城乡融合发展之间的反向因果关系。一种可能的情形是，城乡融合发展水平越高的地区财政分权程度越高，高水平的城乡融合提高了地方政府的财力和财政独立性。为了缓解基准回归模型中可能存在因反向因果而产生的内生性问题，本章将采用工具变量法对模型进行重新估计。具体而言，本章借鉴甘行琼等（2020）[①] 的做法，选取各地区财政自给度的一阶滞后项作为工具变量。

表5.4报告了工具变量法的估计结果。其中，表5.4中列（1）和列（2）为第一阶段的估计结果，F统计量分别为3964.97和1109.28，远大于10的临界值，表明无论是否控制固定效应，均拒绝了弱工具变量的原假设。并且，各地区财政自给度的一阶滞后项（L.FD）的系数分别为0.9517和0.8899，在1%的水平上显著为正，表明工具变量与

① 甘行琼，李玉姣，蒋炳蔚．财政分权、地方政府行为与产业结构转型升级［J］．改革，2020（10）：86－103.

财政分权存在显著的正相关关系。列（3）和列（4）为第二阶段的估计结果，财政分权（FD）的系数分别为0.0779和0.1062，在1%的水平上显著为正。因此，在利用工具变量法缓解了可能存在反向因果的内生性问题后，财政分权对城乡融合发展仍然存在促进效应，表明基准回归结论是可靠的。

表5.4　　工具变量法的估计结果

变量	第一阶段		第二阶段	
	(1)	(2)	(3)	(4)
	FD	FD	URI	URI
L. FD	0.9517*** (62.9680)	0.8899*** (33.3059)		
FD			0.0779*** (12.4091)	0.1062*** (12.1792)
GDP	0.0577*** (2.7973)	0.0349 (1.5750)	-0.0063 (-0.4442)	-0.0172 (-0.9855)
Finical	0.0083** (2.0468)	0.0069 (0.9782)	0.0030 (1.4668)	0.0122*** (3.9367)
FDI	0.2726* (1.6829)	0.3698** (1.9620)	0.2441** (2.5237)	-0.0647 (-0.7464)
Ind	-0.0988*** (-3.8622)	-0.0231 (-0.5377)	-0.0077 (-0.4912)	-0.0269 (-1.2368)
Internet	0.0116 (0.9041)	0.0638*** (3.5418)	0.0814*** (8.0579)	0.0681*** (5.6926)
地区固定效应	不控制	控制	不控制	控制
时间固定效应	不控制	控制	不控制	控制
常数项	0.0328*** (4.1343)	0.0474*** (2.8583)	0.0217*** (3.7021)	0.0035 (0.3627)
第一阶段F统计量	3964.97	1109.28		
样本量	1360	1360	1360	1360
adj. R-sq	0.929	0.936	0.351	0.437

考虑到城乡融合发展是一个动态变化的过程，本期城乡融合发展水平的高低可能受到上一期城乡融合发展水平的影响，从而导致基准回归结论出现偏误。为了缓解这一内生性问题，本章还在公式（5.1）的基础上引入城乡融合发展水平的一阶滞后项（L. URI），构建动态面板回归模型。对于动态面板回归模型，已有研究大多以解释变量的滞后项作为工具变量，采用广义矩估计（GMM）的方法进行回归。广义矩估计的方法又分为系统广义矩估计（系统 GMM）和差分广义矩估计（差分 GMM）。鉴于此，本章采用系统 GMM 法和差分 GMM 法进行动态面板回归分析，并进行 Arellano – Bond 检验和 Hansen 检验。

表5.5报告了动态面板 GMM 方法的估计结果。表5.5中列（1）和列（2）中的 AR(1) 检验的 P 值分别为0.006和0.008，均小于0.1的临界值，表明回归模型的扰动项存在一阶序列相关。AR(2) 检验的 P 值分别为0.730和0.779，均大于0.1的临界值，表明回归模型的扰动项不存在二阶序列相关。因此，系统 GMM 和差分 GMM 均通过了序列相关检验。并且，列（1）和列（2）中的 Hansen 检验的 P 值分别为0.145和0.204，均大于0.1的临界值，表明工具变量的选取有效，系统 GMM 和差分 GMM 均通过了过度识别检验。

表5.5　　动态面板 GMM 方法的估计结果

变量	系统 GMM	差分 GMM
	(1)	(2)
	URI	URI
L. URI	0.7738 *** (73.0284)	0.8590 *** (73.6986)
FD	0.0282 *** (3.8136)	0.0884 *** (4.8132)
GDP	0.0493 *** (2.7826)	−0.0015 (−0.3647)

续表

变量	系统 GMM	差分 GMM
	(1)	(2)
	URI	URI
Finical	-0.0005 (-0.2237)	-0.0003 (-0.4327)
FDI	0.0180 (0.3297)	0.0475 (0.8407)
Ind	0.1993 *** (5.6617)	0.0398 *** (2.5774)
Internet	0.0050 (0.6040)	0.0003 (0.0795)
AR(1)	0.006	0.008
AR(2)	0.730	0.779
Hansen 检验	0.145	0.204
样本量	1606	1397

从核心解释变量的系数符号和显著性水平来看，无论是否加入控制变量，财政分权（FD）的系数分别为 0.0282 和 0.0884，均在 1% 的水平上显著为正。因此，在利用 GMM 法缓解了可能存在的估计偏误后，财政分权对城乡融合发展仍然存在促进效应，表明基准回归结论是可靠的。此外，列（1）和列（2）中城乡融合发展水平的一阶滞后项（L. URI）的系数分别为 0.7738 和 0.8590，均在 1% 的水平上显著为正，表明本期城乡融合发展水平的高低会受到上期城乡融合发展水平的显著影响，城乡融合发展在时间上存在较强的惯性。

（2）其他稳健性检验。

为进一步增强基准回归结论的可靠性，本章还采用替换核心解释变量、改变样本范围、平衡面板数据等方法进行稳健性检验，其他稳健性检验的估计结果如表 5.6 所示。

第一，替换核心解释变量。在基准回归模型中，本章采用财政自给度衡量财政分权。在稳健性检验中，本章分别采用财政收入分权和财政支出分权重新衡量财政分权，对基准回归模型进行再次估计。具体而言，本章参照罗昌财和沈建祥（2022）的做法，财政收入分权和财政支出分权的计算公式如下：①财政收入分权 = 人均城市财政收入/(人均城市财政收入 + 人均省份财政收入 + 人均中央财政收入)；②财政支出分权 = 人均城市财政支出/(人均城市财政支出 + 人均省份财政支出 + 人均中央财政支出)。人均城市财政收入（支出）数据源于《中国城市统计年鉴》，人均省级行政区财政收入（支出）和人均中央财政收入（支出）数据源于《中国统计年鉴》。表5.6中的列（1）和列（2）报告了替换核心解释变量的估计结果。财政分权（FD）的系数分别为0.1203和0.0835，在1%的水平上显著为正，表明财政分权对城乡融合发展存在促进效应，与基准回归结论一致，表明基准回归结论是稳健的。

第二，改变样本范围。本章剔除了样本中的15座副省级城市[①]，采用地级市样本对基准回归模型进行再次估计，结果如表5.6中的列（3）所示。财政分权（FD）的系数为0.0867，在1%的水平上显著为正，表明财政分权对城乡融合发展仍然存在促进效应，证实了基准回归结论是稳健的。

第三，平衡面板数据。本章将样本数据调整为9年170个城市1530个观测值的平衡面板数据，对基准回归模型进行再次估计，结果如表5.6中的列（4）所示。财政分权（FD）的系数为0.0930，仍然显著为正，进一步表明基准回归结论是可靠稳健的。

① 15座副省级城市分别为广州市、深圳市、武汉市、哈尔滨市、成都市、沈阳市、南京市、西安市、大连市、长春市、杭州市、青岛市、济南市、厦门市和宁波市。

表 5.6　　　　其他稳健性检验的估计结果

变量	替换核心解释变量		改变样本范围	平衡面板数据
	(1)	(2)	(3)	(4)
	URI	URI	URI	URI
FD	0.1203 *** (8.8579)	0.0835 *** (4.7197)	0.0867 *** (10.1752)	0.0930 *** (11.6064)
GDP	-0.0088 (-0.8284)	-0.0084 (-0.7717)	-0.0086 (-0.8216)	-0.0101 (-0.7247)
Finical	0.0037 * (1.8258)	0.0047 * (1.7438)	0.0023 (1.5165)	0.0119 *** (4.0873)
FDI	-0.0206 (-0.2584)	0.1589 * (1.9004)	-0.1113 (-1.3738)	-0.0429 (-0.5351)
Ind	0.0047 (0.3076)	0.0140 (0.8055)	-0.0140 (-0.8763)	-0.0228 (-1.1467)
Internet	0.0892 *** (4.9725)	0.1243 *** (6.6588)	0.1003 *** (5.6828)	0.0766 *** (6.2942)
地区固定效应	控制	控制	控制	控制
时间固定效应	控制	控制	控制	控制
常数项	0.0036 (0.5511)	-0.0212 * (-1.7037)	0.0092 (1.3279)	-0.0059 (-0.7955)
样本量	1856	1856	1766	1530
adj. R-sq	0.455	0.423	0.410	0.437

5.3.4　影响机制检验

理论分析和基准回归分析的结果表明，财政分权可能通过促进区域创新能力推动城乡融合发展。因此，本章以区域创新能力作为机制变量，检验财政分权促进城乡融合发展的影响机制。在影响机制检验模型中，大量文献采用温忠麟等（2004）提出的中介效应模型进行检验。

但是，江艇（2022）对中介效应模型进行了质疑，认为经济学问题采用中介效应模型检验影响机制可能存在遗漏变量和识别路径不清等问题。鉴于此，考虑到中介效应模型的争议较大，本章不再采用中介效应模型进行机制检验。根据经济学研究机制检验的通常做法，将机制变量作为被解释变量设定面板固定效应模型进行回归分析。

具体而言，为了验证假设 H5.2，本章以区域创新能力（Innovation）作为被解释变量，财政分权（FD）作为解释变量，直接检验财政分权是否促进区域创新能力的提高，并设定公式（5.2）。

$$\text{Innovation}_{it} = \alpha_0 + \alpha_1 FD_{it} + \sum \delta_j X_{jit} + u_i + v_t + \varepsilon_{it} \tag{5.2}$$

其中，被解释变量为区域创新能力（Innovation_{it}），本章采用各城市专利申请数的自然对数衡量。其余变量和符号与公式（5.1）保持一致。上述模型仍然重点关注财政分权（FD_{it}）的系数 α_1，若 α_1 显著为正，则表明财政分权能够通过促进区域创新能力推动城乡融合发展，假设 H5.2 初步成立。

此外，为了进一步讨论财政分权能够在多大程度上通过促进区域创新能力推动城乡融合发展，本章还借鉴了 Bleemer 和 Mehta（2022）的方法，设定以下面板固定效应模型进行机制分析，以计算区域创新能力对财政分权促进城乡融合发展的解释力度。

$$URI_{it} = \beta_0 + \beta_1 \text{Innovation}_{it} + \sum \delta_j X_{jit} + u_i + v_t + \varepsilon_{it} \tag{5.3}$$

$$\widehat{URI}_{it} = \gamma_0 + \gamma_1 FD_{it} + \sum \delta_j X_{jit} + u_i + v_t + \varepsilon_{it} \tag{5.4}$$

公式（5.3）中，β_1 表示区域创新能力（Innovation_{it}）的系数。公式（5.4）中 $\widehat{URI}_{it}$ 是利用公式（5.3）计算得到的城乡融合发展的拟合值，γ_1 表示财政分权（FD_{it}）的系数。其余变量和符号与公式（5.1）保持一致。

首先，公式（5.3）是区域创新能力对城乡融合发展水平的回归方程，若 β_1 的系数显著为正，则表明区域创新能力对城乡融合发展存在促进效应。其次，参照公式（5.3），将区域创新能力对财政分权和其他控制变量的回归拟合出城乡融合发展水平。再次，根据公式（5.4），将上一步拟合得到的城乡融合发展水平对财政分权进行回归。其中，γ_1 为考虑了区域创新能力情况下财政分权对城乡融合发展水平的影响效应。最后，公式（5.4）和公式（5.1）中财政分权系数的比值（γ_1/α_1）即为区域创新能力对财政分权影响城乡融合发展的解释力度。由于公式（5.1）、公式（5.3）和公式（5.4）的面板固定效应回归模型中均未同时加入核心解释变量和机制变量，因此能够有效避免传统中介效应模型中存在的问题，得到较为干净的中介结果。

表5.7中的列（1）呈现了公式（5.2）的估计结果，即财政分权（FD）对区域创新能力（Innovation）的影响效应。结果显示，财政分权（FD）的系数为4.1885，在1%的水平下显著为正，表明财政分权程度每上升1%，能够有效推动区域创新能力提高4.1885%。因此，财政分权能够通过促进区域创新能力推动城乡融合发展，这一结论与预期相符，表明假设H5.2初步成立。

表5.7中的列（3）和列（4）分别呈现了公式（5.3）和公式（5.4）的估计结果。首先，列（3）表示区域创新能力（Innovation）对城乡融合发展（URI）的影响效应，区域创新能力（Innovation）的系数为0.0098，在1%的水平上显著为正，表明区域创新能力的提高确实推动了城乡融合发展。其次，根据列（3）的回归系数拟合出新的城乡融合发展水平（$\widehat{URI}$），作为列（4）的被解释变量。列（4）的估计结果显示，财政分权（FD）的系数为0.0411，在1%的水平上显著为正，表明在考虑区域创新能力的影响后，财政分权程度每上升1%，能够有效推动城乡融合发展水平提高0.0411%。最后，列（2）是基准回归方程公式（5.1）的估计结果，将列（4）中财政分权（FD）的系数与列（2）中的系数相除，即为区域创新能力对财政分权影响城乡融合发展的解释力度。具体而言，区域创新能力的解释力度为46.70%（0.0411/0.0880）。因此，本章的假设H5.2成立。

表5.7　　　　区域创新能力影响机制检验的估计结果

变量	(1)	(2)	(3)	(4)
	Innovation	URI	URI	$\hat{URI}$
FD	4.1885*** (22.1730)	0.0880*** (10.4319)		0.0411*** (22.1730)
Innovation			0.0098*** (10.2024)	
GDP	0.8987*** (3.0239)	-0.0071 (-0.6699)	-0.0173 (-1.6414)	-0.0085*** (-2.9164)
Finical	0.4184** (2.0390)	0.0035* (1.7780)	0.0003 (0.2067)	0.0044** (2.1688)
FDI	3.4409** (2.2299)	-0.0474 (-0.6132)	0.0848 (1.0861)	0.1186*** (7.8257)
Ind	3.2030*** (3.5391)	0.0032 (0.2055)	-0.0188 (-1.3475)	0.0126 (1.4214)
Internet	0.7977*** (4.0322)	0.1049*** (6.3337)	0.1241*** (7.4372)	0.1320*** (67.9299)
地区固定效应	控制	控制	控制	控制
时间固定效应	控制	控制	控制	控制
常数项	-0.6091*** (-3.0754)	-0.0011 (-0.1732)	0.0181*** (3.4032)	0.0122*** (6.2553)
样本量	1856	1856	1856	1856
adj. R-sq	0.750	0.473	0.463	0.939

5.3.5　异质性分析

为了丰富研究结论，本章在前文研究结论的基础上，进一步从城乡融合发展的五个细分指标、城市区位和城市规模三个方面讨论财政分权对城乡融合发展的异质性影响。

（1）基于城乡融合发展细分指标的异质性分析。

本章前面的理论分析和实证结论表明，财政分权对城乡融合发展存在促进效应，并且区域创新能力是重要的影响机制。基于此，本章进一步从城乡人口融合（U_Human）、城乡空间融合（U_Space）、城乡经济融合（U_Economy）、城乡社会融合（U_Society）和城乡生态融合（U_Ecology）这五个细分指标检验财政分权对城乡融合发展的异质性影响。

表5.8报告了财政分权对城乡融合发展五个细分指标影响的估计结果。表5.8中列（1）至列（5）中的财政分权（FD）系数分别为0.0834、0.1325、0.0626、0.0783、0.0887，均在1%的水平上显著为正，表明财政分权对城乡人口融合、空间融合、经济融合、社会融合和生态融合存在不同程度的促进效应。相对而言，财政分权对城乡空间融合的促进效应最强。财政分权程度每提高1%，会导致城乡空间融合水平上升0.1325%。

表5.8　财政分权对城乡融合发展五个细分指标影响的估计结果

变量	(1)	(2)	(3)	(4)	(5)
	U_Human	U_Space	U_Economy	U_Society	U_Ecology
FD	0.0834*** (7.8389)	0.1325*** (10.8104)	0.0626*** (7.7982)	0.0783*** (5.0207)	0.0887*** (6.6865)
Innovation	−0.0264* (−1.7356)	0.0292* (1.9250)	−0.0319** (−2.2112)	0.0192 (1.5199)	−0.0170 (−0.6924)
GDP	0.0036* (1.7129)	0.0105** (2.0443)	−0.0019 (−1.0421)	0.0031 (0.9814)	−0.0023 (−0.8165)
Finical	−0.1866 (−1.6395)	−0.1442 (−1.3271)	0.1098 (1.0911)	0.0777 (0.7960)	0.2138* (1.7480)
FDI	−0.0655*** (−3.5626)	0.1739*** (4.9528)	−0.0643*** (−4.0762)	0.0111 (0.5203)	0.0438 (1.4613)
Ind	0.0666*** (4.0893)	0.1408*** (5.0524)	0.0257*** (3.2617)	0.2486*** (6.5197)	0.0171 (1.0856)

续表

变量	(1)	(2)	(3)	(4)	(5)
	U_Human	U_Space	U_Economy	U_Society	U_Ecology
Internet	0.0834*** (7.8389)	0.1325*** (10.8104)	0.0626*** (7.7982)	0.0783*** (5.0207)	0.0887*** (6.6865)
地区固定效应	控制	控制	控制	控制	控制
时间固定效应	控制	控制	控制	控制	控制
常数项	-0.0023 (-0.2807)	-0.1055*** (-8.7654)	0.0141** (2.0683)	0.0863*** (9.0575)	0.4711*** (19.6105)
样本量	1856	1856	1856	1856	1856
adj. R-sq	0.260	0.593	0.172	0.565	0.410

（2）基于城市区位的异质性。

城乡融合发展依赖于良好的经济环境、教育环境、区位环境和制度环境，不同城市的经济发展水平、教育水平、财政能力等方面的差异可能导致财政分权对城乡融合发展水平产生不同影响。一方面，相较于中部地区和西部地区，我国东部地区的经济发展水平更高，财政能力和政府治理更强，数字经济发展和信息化水平也较为领先。另一方面，我国南方地区和北方地区的发展也极为不平衡。许宪春等（2021）研究指出，北方地区存在新旧动能转换艰难、人力资本下行等问题，而南方地区在经济、民生、社会、生态等领域均具备明显优势。为此，本章进一步讨论财政分权影响城乡融合发展可能存在的城市区位异质性。

表5.9中的列（1）至列（3）分别报告了财政分权（FD）对我国东部地区、中部地区、西部地区城乡融合发展的估计结果[①]。结果显示，列（1）中财政分权（FD）的系数为0.1426，在1%的水平上显著

① 本章按照研究经济问题的通常做法，东部地区包括河北省、辽宁省、江苏省、浙江省、福建省、山东省、广东省和海南省；中部地区包括山西省、内蒙古自治区、吉林省、黑龙江省、安徽省、江西省、河南省、湖北省和湖南省；西部地区包括四川省、贵州省、云南省、陕西省、甘肃省、青海省、宁夏回族自治区、新疆维吾尔自治区、西藏自治区和广西壮族自治区。

为正，表明东部地区财政分权程度每上升1%，能够推动城乡融合发展水平提高0.1426%。列（2）和列（3）中财政分权（FD）的系数分别为0.0683和0.0597，均在1%的水平上显著为正，表明财政分权对中部地区和西部地区城乡融合发展的影响也存在一定程度的促进作用。但是，从影响效应来看，东部地区财政分权（FD）的系数是中部地区和西部地区的两倍以上，表明财政分权推动东部地区城乡融合发展的效应更强。

表5.9　城市区位异质性的估计结果

变量	东部地区	中部地区	西部地区	南方地区	北方地区
	(1)	(2)	(3)	(4)	(5)
	URI	URI	URI	URI	URI
FD	0.1426*** (9.2642)	0.0683*** (4.2366)	0.0597*** (11.5033)	0.0956*** (7.4404)	0.0826*** (9.3133)
GDP	−0.0028 (−0.1130)	−0.0098 (−0.5331)	−0.0001 (−0.0077)	−0.0348** (−2.0724)	0.0163* (1.7113)
Finical	−0.0041 (−0.6550)	0.0039 (1.4803)	0.0026 (1.3134)	0.0124*** (2.8205)	0.0023* (1.8721)
FDI	−0.4735*** (−4.3480)	0.0149 (0.1431)	0.5528*** (3.7666)	−0.0680 (−0.5663)	0.0180 (0.2329)
Ind	0.1216*** (3.2419)	−0.0754*** (−2.7300)	0.0208* (1.7707)	−0.0249 (−0.8635)	0.0183 (1.4653)
Internet	0.1136*** (5.0688)	0.0795** (2.1582)	0.0134 (1.5957)	0.1237*** (5.8509)	−0.0008 (−0.0684)
地区固定效应	控制	控制	控制	控制	控制
时间固定效应	控制	控制	控制	控制	控制
常数项	−0.0668*** (−4.8369)	0.0412*** (4.3336)	0.0136*** (3.1477)	0.0082 (1.0779)	0.0015 (0.3380)
样本量	664	672	520	1149	707
adj. R−sq	0.658	0.211	0.553	0.505	0.484

表5.9中的列（4）至列（5）分别报告了财政分权（FD）对我国南方地区和北方地区城乡融合发展的估计结果[①]。结果显示，列（4）中财政分权（FD）的系数为0.0956，在1%的水平上显著为正，表明南方地区财政分权程度每上升1%，能够推动城乡融合发展水平提高0.0956%。列（5）中财政分权（FD）的系数为0.0826，在1%的水平上显著为正，表明财政分权对北方地区城乡融合发展的影响也存在促进作用。从影响效应来看，南方地区与北方地区财政分权（FD）的系数较为接近，财政分权对城乡融合发展影响的南北差异并不明显。

综上所述，财政分权对城乡融合发展的影响存在明显的东部、中部、西部差异。具体而言，财政分权对东部地区城乡融合发展的促进效应强于中部地区和西部地区，但对南方地区和北方地区城乡融合发展的正向影响较为接近。其可能的原因在于：一方面，我国东部地区的经济发展水平更高，并且更加注重高质量发展，财政分权引致的地方政府竞争主要表现为“为创新而竞争”。中部地区和西部地区属于欠发达地区，地方官员的创新偏好较弱，地方政府竞争更多地表现为重视生产性支出的“为增长而竞争”。另一方面，相较于中部地区和西部地区，我国东部地区的财政能力更强，地方政府能够将更多财政资源用于科技创新，从而推动城乡融合发展。

（3）基于城市规模的异质性。

不同规模的城市在创新禀赋方面存在较大差异。随着城市规模的扩大，资金、人才、设备、管理经验等技术创新要素将不断流入，技术创新水平和区域创新能力将不断提高。相较于中小城市，大城市在创新禀赋方面具有明显优势，政府创新偏好也更强，从而导致财政分权对城乡融合发展的影响产生显著差异。因此，本章进一步讨论财政分权影响城

① 本章根据许宪春等（2021）的建议，将江苏省、海南省、浙江省、安徽省、福建省、湖北省、湖南省、广东省、江西省、广西壮族自治区、贵州省、云南省、四川省和西藏自治区划分为南方地区；将河北省、内蒙古自治区、黑龙江省、辽宁省、吉林省、新疆维吾尔自治区、山东省、河南省、陕西省、山西省、甘肃省、青海省和宁夏回族自治区划分为北方地区。

乡融合发展可能存在的城市规模异质性①。

表5.10报告了财政分权（FD）对我国中小城市、大城市、特大城市、超大城市城乡融合发展的估计结果。结果显示，表5.10中列（1）财政分权（FD）的系数为0.0335，虽然为正，但在统计上不显著，表明财政分权对中小城市城乡融合发展的影响较弱。列（2）、列（3）和列（4）中财政分权（FD）的系数分别为0.0705、0.0600和0.0625，均在1%的水平上显著为正，表明财政分权能够有效推动大城市、特大城市和超大城市城乡融合发展水平的增长。因此，财政分权对城乡融合发展存在显著的城市规模异质性。具体而言，财政分权对城乡融合发展的促进效应主要存在于大城市、特大城市和超大城市。其可能的原因在于，对于中小城市而言，由于城市规模较小，劳动力供给较少，导致其经济聚集和产业聚集效应更弱，难以形成规模经济。因此，财政分权难以通过区域创新推动中小城市城乡融合发展。

表5.10　　城市规模异质性的估计结果

变量	中小城市	大城市	特大城市	超大城市
	(1)	(2)	(3)	(4)
	URI	URI	URI	URI
FD	0.0335 (1.5374)	0.0705 *** (6.3055)	0.0600 *** (3.3412)	0.0625 *** (6.2395)
GDP	-0.0119 (-0.6916)	-0.0289 (-1.5296)	0.0442 ** (2.1118)	0.0257 ** (2.3596)
Finical	0.0245 *** (4.6701)	0.0051 (1.3824)	-0.0000 (-0.0225)	-0.0027 (-0.5368)
FDI	0.4467 ** (2.1841)	-0.0213 (-0.2319)	-0.0918 (-1.0602)	0.0405 (0.2847)

① 《国务院关于调整城市规模划分标准的通知》（国发〔2014〕51号）将城市划分为五类七档。本章为了研究便利，参照《国务院关于调整城市规模划分标准的通知》（国发〔2014〕51号），以城区常住人口为统计口径，将城市规模划分为中小城市（<300万人）、大城市（300万~500万人）、特大城市（500万~1000万人）和超大城市（>1000万人）四档。

续表

变量	中小城市	大城市	特大城市	超大城市
	(1)	(2)	(3)	(4)
	URI	URI	URI	URI
Ind	-0.1581*** (-3.9791)	0.0028 (0.1452)	-0.0160 (-0.4274)	0.0626** (2.1389)
Internet	0.0269*** (2.7727)	0.0451*** (2.6659)	0.2116*** (5.8852)	0.0366 (1.6474)
地区固定效应	控制	控制	控制	控制
时间固定效应	控制	控制	控制	控制
常数项	0.0514*** (2.7079)	0.0025 (0.3324)	0.0084 (0.6637)	-0.0171 (-1.4698)
样本量	542	552	429	333
adj. R-sq	0.229	0.533	0.789	0.847

5.4 本章小结

为了检验中国式财政分权对城乡融合发展的影响效应及其作用机制，本章利用 2011～2019 年我国 237 个城市的面板数据展开实证研究。首先，从地方政府“为创新而竞争”的视角在理论层面讨论财政分权对城乡融合发展可能产生的影响，并提出研究假设；其次，建立面板固定效应模型检验财政分权对城乡融合发展的影响效应，并采用工具变量法和动态面板 GMM 的方法缓解可能存在的内生性问题，从替换核心解释变量、改变样本范围、平衡面板数据三个方面进行稳健性检验；再次，根据理论分析和基准回归结论，以区域创新能力作为机制变量，进一步检验财政分权影响城乡融合发展的具体渠道，并计算区域创新能力的解释力度；最后，考察财政分权影响城乡融合发展可能存在的异质性，包括城乡融合发展五个细分指标的异质性、城市区位异质性和城市规模异质性。

本章的主要结论如下：

第一，基准回归分析显示，在地方政府“为创新而竞争”的情形下，财政分权对城乡融合发展的影响效应显著为正，即财政分权对城乡融合发展存在促进效应。具体而言，财政分权程度每上升 1%，能够有效推动城乡融合发展水平增长 0.0880%。在经过工具变量法和动态面板 GMM 的方法缓解内生性问题，以及从替换核心解释变量、改变样本范围、平衡面板数据三个方面进行稳健性检验后，上述基准回归结论仍然成立。

第二，影响机制检验显示，财政分权通过提高区域创新能力推动城乡融合发展。一方面，财政分权对区域创新能力的影响效应显著为正，财政分权程度每上升 1%，能够有效促进区域创新能力提高 4.1885%；另一方面，区域创新能力对城乡融合发展的影响也表现为促进效应，区域创新能力这一路径对财政分权影响城乡融合发展的解释力度为 46.70%。

第三，异质性分析表明，财政分权对城乡融合发展的影响存在不同程度的城市区位异质性和城市规模异质性。从城乡融合发展五个细分指标的异质性来看，财政分权对城乡人口融合、空间融合、经济融合、社会融合和生态融合存在不同程度的促进效应。其中，财政分权对城乡空间融合的促进效应最强。从城市区位异质性来看，相较于中部地区和西部地区，财政分权对东部地区城乡融合发展的促进效应更强，但财政分权对南方地区和北方地区的促进效应较为接近。从城市规模异质性来看，财政分权对大城市、特大城市和超大城市城乡融合发展存在显著的促进效应，对中小城市的影响效应虽然为正，但不显著。

第 6 章　财政支出城市偏向影响城乡融合发展实证分析

本章聚焦财政支出城市偏向，考察政府运用财政政策促进城乡融合发展的意愿问题，实证检验财政支出城市偏向对推进城乡融合发展的影响效应。首先，基于城乡居民收入差距持续扩大的特征分析财政支出城市偏向对城乡融合发展的影响效应和可能的作用机理；其次，构建基准回归模型，检验财政支出城市偏向对城乡融合发展的影响效应，缓解可能存在的内生性问题，并进行稳健性检验；再次，根据理论分析和基准回归结论设计影响机制检验模型，探究财政支出城市偏向影响城乡融合发展的内在逻辑；最后，从城乡融合发展的五个细分指标、城市区位和城市规模等三个方面讨论财政支出城市偏向对城乡融合发展产生的异质性影响。

6.1　研究假设

6.1.1　文献回顾与梳理

改革开放以来，我国取得举世瞩目的经济增长奇迹，城市化进程不断推进，城乡居民收入水平显著提高。然而，在经济总量持续高速增长的同时，我国城乡居民收入差距持续扩大，城乡之间发展不平衡、不充分问题突出。党的二十大报告指出，我国城乡区域发展和收入分配差距仍然较大，共同富裕是实现中国式现代化的本质要求。如何缩小城乡居民收入差距，促进城乡融合发展，推动城乡实现共同富裕是我国政府和社会各界普遍关心的现实问题。

已有文献将城乡居民收入差距扩大归因于我国政府城市偏向性经济政策。具体而言，中央政府为了加快工业化进程和实现经济高速增长，为地方官员制定了一套围绕经济增长目标的政绩考核体系（周黎安，2007）。并且，相较于发展农业，在城镇地区发展工业和第三产业对经济增长的贡献更大。因此，地方政府为了发展经济倾向于实施更多有利于城镇居民、不利于乡村居民的经济政策。城市偏向性经济政策显著提高了城镇居民的生活水平，严重降低了乡村居民收入（Blanchard and Giavazzi，2003）。程开明和李金昌（2007）认为，地方政府在价格、投资和财政支出等方面存在明显的城市倾向。陈斌开和林毅夫（2013）指出，中国政府长期实施的重工业发展战略导致城市化进程严重受阻，城乡居民收入差距不断扩大。陆铭和陈钊（2004）发现，经济开放、非国有化、地区间人口户籍制度的转换、政府参与经济活动的程度均是拉大城乡居民收入差距的重要因素。孙华臣和焦勇（2019）通过户籍制度改革和新型城镇化目标的数值模拟，发现中国制度扭曲是导致城乡居民收入差距的主要原因，其贡献度高达67.8%。

本章关注城市偏向性经济政策中的财政支出城市偏向，重点讨论财政支出城市偏向与城乡融合发展之间的关系。目前学者们主要围绕财政支出城市偏向对城乡居民收入差距的影响展开研究。雷根强和蔡翔（2012）构建了财政支出城市偏向再分配政策对城乡居民收入差距的影响机制，认为财政支出城市偏向主要表现在教育、医疗、社会保障和就业等基本公共服务领域，发现城市偏向性财政支出政策是扩大城乡居民收入差距的重要原因。李成友等（2021）基于要素错配视角，认为政府倾向于将有限的资源分配给城市高技能劳动力，财政支出城市偏向可能导致劳动力要素配置效率低下和城乡居民收入差距扩大。目前，仅有苏春红和李真（2022）采用省级层面的数据实证检验了财政支出城市偏向对城乡融合的影响，发现财政支出城市偏向显著抑制城乡融合发展。本章将在现有研究的基础上，采用城市层面的数据检验财政支出城市偏向对城乡融合发展的影响，并讨论城乡居民收入差距在其中的作用。孔祥智和谢东东（2022）指出，在以城乡融合发展推动共同富裕的进程中，城乡居民收入差距是最严重、最突出的问题。因此，本章认为，财政支出城市偏向可能通过城乡居民收入差距影响城乡融合发展。

6.1.2　理论分析与研究假设

经济基础决定上层建筑，经济建设是政治建设、文化建设、社会建设、生态建设的基础保障，推动城乡经济融合是全面推进城乡融合发展的中心任务（吴海峰，2021）。城乡经济融合的核心是赋予城镇和乡村均等的发展机会，推动城乡经济融合的过程也是推进城乡基本公共服务均等化、强化城乡生态环境保护的过程。基于此，本章从城乡经济融合的视角讨论财政支出城市偏向对城乡融合发展的影响效应及其作用机制。

作为城乡经济融合的重要内容，缩小城乡居民收入差距有利于促进城乡经济融合，从而推动城乡融合发展。已有研究指出，城乡发展不平衡的原因在于城乡要素收益率存在明显差异（金成武，2019）。因此，实现城乡要素收益率趋同是推动城乡融合发展的重要条件。具体而言，城乡融合发展要求同一劳动力无论在城镇还是乡村，均能获取大体相当的收入，进而实现城乡居民收入差距缩小（黄晓明，2014）。城乡居民收入差距的持续缩小意味着乡村经济发展水平显著提高，享有高水平收入的乡村居民将对科教文化、基本公共服务、生态环境等产生更高的需求。因此，乡村地区将更有动力推动产业转型升级、基本公共服务均等化发展和环境污染治理，从而通过促进城乡经济、社会、生态协调发展推动城乡融合发展。

然而，我国长期面临城乡居民收入差距不断扩大的事实，而财政支出城市偏向是城乡居民收入难以趋同的重要原因。我国地方政府长期实施的城市偏向性财政支出政策虽然实现了高水平的经济增长，但也导致城乡居民收入差距持续扩大和城乡二元结构固化（蔡昉，2003）。改革开放后，虽然价格扭曲和户籍管制出现弱化和放松，但中国财政分权改革成为地方政府实施城市偏向性财政支出政策的重要原因。为了完成GDP考核任务和取得较高的财政收入，地方官员倾向于将更多财政资源用于城市中的第二产业和第三产业，从而相对忽视了农业发展和乡村居民的利益。

综上所述，地方政府长期实施的城市偏向性财政支出政策以牺牲乡村地区的发展为代价换取城镇地区的高速发展，极大损害了广大乡村居民的利益，进而导致城乡居民收入差距持续扩大。财政支出城市偏向引致的城乡居民收入水平两极分化将阻碍城乡经济融合发展，对城乡融合发展产生严重不利影响。

基于以上分析，本章提出如下假设：

假设 H6. 1：财政支出城市偏向显著抑制城乡融合发展。

假设 H6. 2：财政支出城市偏向通过扩大城乡居民收入差距显著抑制城乡融合发展。

6.2 研究设计

6.2.1 模型设定

本章主要考察财政支出城市偏向对城乡融合发展的影响效应及其作用机制，并在此基础上进行稳健性检验和可能的异质性讨论。

在基准回归分析部分，本章设定以城乡融合发展（URI）作为被解释变量、财政支出城市偏向（Bias）作为核心解释变量的计量模型。考虑到我国各地区之间在经济发展、地理区位、文化教育、社会习俗等方面存在一定的差异，为了缓解各地区之间不随时间变化且不可观测因素造成的内生性问题，本章采用面板固定效应模型作为基准回归模型。基准回归模型如公式（6.1）所示。

$$URI_{it} = \alpha_0 + \alpha_1 Bias_{it} + \sum \delta_j X_{jit} + u_i + v_t + \varepsilon_{it} \tag{6.1}$$

其中，下标 i 表示第 i 个地区，t 表示年份。URI_{it}表示被解释变量，即城乡融合发展水平。$Bias_{it}$表示核心解释变量，即财政支出城市偏向。$\sum \delta_j X_{jit}$ 表示控制变量合集。u_i和 v_t分别表示地区固定效应和年份固定效应。ε_{it}为随机误差项。上述模型主要关注财政支出城市偏向（$Bias_{it}$）的系数 α_1。若 α_1 显著为负，则表明财政支出城市偏向显著抑制城乡融合发展，假设 H6.1 成立。

6.2.2　变量说明

（1）被解释变量。

本章的被解释变量为城乡融合发展水平（URI）。借鉴黄永春等（2022）、李红锦和张丁山（2022）的做法，本书主要从城乡人口融合、城乡空间融合、城乡经济融合、城乡社会融合和城乡生态融合五个维度构建城乡融合发展综合评价指标体系，并采用熵值法测度 2011 ~ 2019 年我国 232 个城市城乡融合发展水平。城乡融合发展水平综合指数及其细分指数的具体测度过程和测度结果见第 4 章。

（2）核心解释变量。

本章的核心解释变量为财政支出城市偏向（Bias），已有文献主要从以下两个角度进行测度：第一，财政非农支出与财政农业支出之比。例如，胡晶晶和黄浩（2013）、苏春红和李真（2022）均采用人均财政非农支出与人均财政农业支出之比度量财政支出城市偏向。第二，地方基本公共服务的支出占财政支出总额的比重。雷根强和蔡翔（2012）认为，城市偏向性财政支出政策主要表现于教育、医疗、社会保障和就业等基本公共服务支出。在这些基本公共服务方面，乡村居民难以享受与城镇居民同等的国民待遇，保障城乡居民基本公共服务均等化的专业支付体系也尚未建成。由于本章的实证研究需要采用城市层面的数据，并考虑到财政农业支出的相关数据搜集难度较大，因此借鉴李成友等（2021）的做法，选取与基本公共服务密切相关并带有明显城市偏向的地方社会保障和就业支出占财政支出总额的比重测度财政支出城市偏向。

（3）控制变量。

为了缓解遗漏变量导致的内生性问题，并借鉴已有文献选取的变量，本章筛选出的控制变量具体包括：①经济发展水平（GDP），采用地区生产总值增长率衡量；②金融发展水平（Finical），采用年末金融机构人民币各项存款余额占地区生产总值的比重衡量；③对外开放水平（FDI），采用实际使用外资金额（折算为人民币）占地区生产总值的比重衡量；④产业结构（Ind），采用第三产业增加值占地区生产总值的比重衡量；⑤信息化水平（Internet），采用每百万人互联网宽带接入用户数衡量。本章具体的变量类型、名称、符号和度量方式如表 6.1 所示。

表 6.1　主要变量定义和说明

变量类型	变量名称	变量符号	变量度量方式
被解释变量	城乡融合发展水平	URI	根据熵值法测算得到
解释变量	财政支出城市偏向	Bias	社会保障和就业支出/一般公共预算支出
控制变量	经济发展水平	GDP	地区生产总值增长率
	金融发展水平	Finical	年末金融机构人民币各项存款余额/地区生产总值
	对外开放水平	FDI	实际使用外资金额/地区生产总值
	产业结构	Ind	第三产业增加值/地区生产总值
	信息化水平	Internet	每百万人互联网宽带接入用户数

6.2.3　数据来源和说明

基于数据的可得性和能够满足样本数据的时间跨度，本章选取我国 232 个地级市以上城市作为研究对象，时间区间为 2011 ~ 2019 年，共有 1832 个观测值。考虑到直辖市在经济发展、对外开放、科教文化等方面与其他城市存在显著差异，因此本章的样本中不含北京市、上海市、天津市和重庆市四个直辖市。其中，本章城乡融合发展水平的测算数据主要来源有：《中国城市统计年鉴》《中国城市建设统计年鉴》，以及 EPS 数据平台中的中国区域经济数据库等，统计年鉴中存在的缺失值主要通过各城市统计年鉴或线性插值法进行补充。财政支出城市偏向数据来源于各地财政预决算报告、国民经济和社会发展公报等，通过手工整理得到。其余数据均源于《中国城市统计年鉴》和 EPS 数据平台中的中国区域经济数据库等。

6.3　实证结果与分析

6.3.1　描述性统计

表 6.2 列示了主要变量观测值、平均值、中位数、标准差、最大值和最小值的描述性统计结果。其中，被解释变量城乡融合发展水平（URI）的平均值为 0.0811，中位数为 0.0684，标准差为 0.0484，最大值和最小值分别为 0.5564 和 0.0303，表明我国各地区之间的城乡融合发展水平存在较大差异，且样本偏右，城乡融合发展水平较低的地区更多。核心解释变量财政支出城市偏向（Bias）的平均值和中位数较为接近，分别为 0.1210 和 0.1188，但最大值和最小值分别为 0.2865 和 0.0211，表明不同地方政府的财政支出城市偏向存在较大差异。在控制

变量方面，经济发展水平（GDP）、金融发展水平（Finical）、对外开放水平（FDI）、产业结构（Ind）和信息化水平（Internet）的平均值分别为0.0870、1.3813、0.0174、0.4123、0.2245，均大于0，且与已有文献基本保持一致，未出现异常分布。

表 6.2　　主要变量描述性统计

变量	观测值	平均值	中位数	标准差	最大值	最小值
URI	1832	0.0811	0.0684	0.0484	0.5564	0.0303
Bias	1832	0.1210	0.1188	0.0322	0.2865	0.0211
GDP	1832	0.0870	0.0887	0.0766	0.6145	-0.2978
Finical	1832	1.3813	1.2629	0.6451	15.8937	0.3711
FDI	1832	0.0174	0.0122	0.0172	0.1978	0.0000
Ind	1832	0.4123	0.4043	0.0973	0.7923	0.1808
Internet	1832	0.2245	0.1762	0.1709	1.4893	0.0222

在进行回归分析之前，本章通过绘制城乡融合发展水平（URI）与财政支出城市偏向（Bias）的散点图及其拟合曲线，以初步考察财政支出城市偏向对城乡融合发展的影响效应。考虑到本章的观测值较多，利用Stata中的scatter命令绘制散点图可能难以反映财政支出城市偏向与城乡融合发展水平之间的线性关系，因此利用binscatter命令进行绘制，并将bins设置为50。城乡融合发展水平（URI）与财政支出城市偏向（Bias）的散点图及其拟合曲线如图6.1所示。

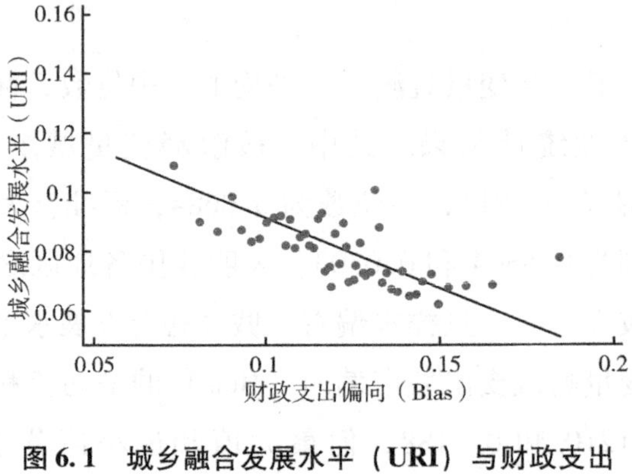

图 6.1　城乡融合发展水平（URI）与财政支出城市偏向（Bias）的散点图及其拟合曲线

由图6.1可知，城乡融合发展水平（URI）与财政支出城市偏向（Bias）呈现出相反的变化趋势，拟合曲线为右下方倾斜，表明财政支出城市偏向与城乡融合发展水平存在负相关关系。具体而言，财政支出城市偏向程度越高，城乡融合发展水平越低；财政支出城市偏向程度越低，城乡融合发展水平越高。由此可见，财政支出城市偏向对城乡融合发展初步表现为抑制效应。

6.3.2　基准回归分析

本章根据公式（6.1）设定的面板固定效应模型检验财政支出城市偏向（Bias）对城乡融合发展（URI）的影响效应，具体估计结果如表6.3所示。表6.3中列（1）呈现了未控制固定效应的估计结果，财政支出城市偏向（Bias）的系数为－0.0995，在1%的水平上显著为负。列（2）在列（1）的基础上控制了地区固定效应，列（3）在列（2）的基础上进一步控制了时间固定效应，财政支出城市偏向（Bias）的系数仍然在1%的水平上显著为负。其中，列（3）中财政支出城市偏向（Bias）的系数为－0.1051，表明财政支出城市偏向程度每提高1%，会导致城乡融合发展水平下降0.1051%。上述实证结果表明，财政支出城市偏向引致的城乡居民收入差距可能严重阻碍城乡经济融合，财政支出城市偏向对城乡融合发展存在显著的抑制效应，本章的假设H6.1成立。

在控制变量方面，表6.3中列（3）金融发展水平（Finical）、对外开放水平（FDI）和信息化水平（Internet）的系数分别在10%、5%和1%的水平上显著为正。由此可见，推动金融发展、鼓励对外开放和提高信息化水平是推动城乡融合的重要因素。其可能的原因在于：第一，地区金融发展存在收入分配效应，无论是正规金融还是非正规金融，均能有效改善城乡居民收入差距（张应良、徐亚东，2020），从而推动城乡融合发展。第二，提高对外开放水平有助于吸引外商直接投资，并通过优化就业结构、提高贸易开放度和推动产业结构升级缩小城乡居民收入差距（郑磊、汪旭晖，2018），从而推动城乡融合发展。第三，信息化水平越高，越有助于降低信息不对称，从而降低产品市场和生产要素市场的交易成本，推动城乡要素双向流动，最终提高城乡融合发展水平。此外，在控制地区固定效应和时间固定效应后，其他控制变量对城乡融合发展的影响效应均不显著。

表 6.3　　基准回归分析的估计结果

变量	(1)	(2)	(3)
	URI	URI	URI
Bias	-0.0995*** (-4.9995)	-0.1567*** (-4.2229)	-0.1051*** (-2.7226)
GDP	-0.0174* (-1.7980)	-0.0142 (-1.2350)	-0.0137 (-1.3076)
Finical	0.0014 (0.9140)	0.0075* (1.7176)	0.0057* (1.6779)
FDI	0.4863*** (5.9739)	0.2430*** (2.8042)	0.2084** (2.4092)
Ind	-0.0054 (-0.4023)	-0.0066 (-0.3212)	0.0225 (1.1292)
Internet	0.1417*** (10.3443)	0.1386*** (9.5639)	0.1499*** (8.9389)
地区固定效应	不控制	控制	控制
时间固定效应	不控制	不控制	控制
常数项	0.0548*** (11.3202)	0.0504*** (7.1091)	0.0369*** (5.3204)
样本量	1832	1832	1832
adj. R-sq	0.342	0.410	0.416

注：***、**、*分别表示在1%、5%、10%的水平上显著，括号内为t值。回归系数的标准误为稳健标准误，下同。

6.3.3　稳健性检验

为了增强基准回归结论的可靠性，本部分重点讨论模型可能存在的内生性问题，并利用其他一系列方法进行稳健性检验。

（1）内生性问题。

如果存在内生性问题，基准回归结论可能是有偏的。本章可能的内生性问题体现在以下方面：第一，遗漏变量问题。虽然面板固定效应模型能够在一定程度上缓解遗漏变量偏差，但考虑到城乡融合发展的影响因素众多。因此，基准回归模型设定中仍然不可避免地存在不可观测因素同时影响财政支出城市偏向和城乡融合发展，从而导致估计结果存在内生性问题。第二，财政支出城市偏向与城乡融合发展之间的反向因果关系。一种可能的情形是，城乡融合发展水平较低的地区更注重发展经济，地方政府倾向于将大量财政资源投向城市建设。

为了缓解基准回归模型中可能存在因遗漏变量和反向因果而产生的内生性问题，本章将采用工具变量法对模型进行重新估计。具体而言，借鉴肖叶和刘小兵（2021）的做法，本章选取各城市所在省份的其他城市财政支出城市偏向的年平均值作为工具变量（IV）。我国各城市官员的任命和选拔一般由省级政府决定，从而导致各城市主政官员之间的竞争通常在省内展开。一方面，各地方政府为了发展经济，倾向于将更多财政资源投向城镇发展第二产业和第三产业，因此省内各城市之间存在激烈的城市偏向性财政支出竞争，工具变量满足相关性要求；另一方面，本市的城乡融合发展通常与省内其他城市的财政支出城市偏向无关，工具变量也满足外生性的要求。

表6.4报告了工具变量法的估计结果。其中，表6.4中列（1）和列（2）为第一阶段的估计结果，F统计量分别为675.976和25.7508，远大于10的临界值，表明无论是否控制固定效应，均拒绝了弱工具变量的原假设。并且，各城市所在省份的其他城市财政支出城市偏向的年

平均值（IV）的系数分别为0.8036和0.3305，在1%的水平上显著为正，表明工具变量与财政支出城市偏向存在显著的正相关关系。列（3）和列（4）为第二阶段的估计结果，财政支出城市偏向（Bias）的系数分别为－0.0964和－0.4667，分别在1%和5%的水平上显著为负。因此，在利用工具变量法缓解了可能存在遗漏变量和反向因果的内生性问题后，财政支出城市偏向对城乡融合发展仍然存在抑制效应，表明基准回归结论是可靠的。

表6.4　　工具变量法的估计结果

变量	第一阶段		第二阶段	
	(1)	(2)	(3)	(4)
	Bias	Bias	URI	URI
IV	0.8036*** (25.9995)	0.3305*** (5.0745)		
Bias			－0.0964*** (－3.0940)	－0.4667** (－2.0552)
GDP	－0.0041 (－0.5392)	－0.0139* (－1.7836)	－0.0180* (－1.8022)	－0.0208 (－1.6094)
Finical	－0.0022 (－1.2843)	－0.0019 (－0.9983)	0.0016 (1.0349)	0.0067* (1.7184)
FDI	－0.3070*** (－7.9089)	－0.4370*** (－7.3801)	0.4742*** (6.0091)	0.0972 (0.7619)
Ind	0.0217** (2.1074)	0.0368*** (3.2668)	－0.0044 (－0.3210)	0.0072 (0.3246)
Internet	－0.0425*** (－10.0587)	－0.0356*** (－7.3004)	0.1444*** (9.9397)	0.1312*** (9.3494)
地区固定效应	不控制	控制	不控制	控制
时间固定效应	不控制	控制	不控制	控制

续表

变量	第一阶段		第二阶段	
	(1)	(2)	(3)	(4)
	Bias	Bias	URI	URI
常数项	0.0331 *** (6.9394)	0.0850 *** (8.3058)	0.0535 *** (8.5826)	0.0890 *** (3.0629)
第一阶段F统计量	675.976	25.7508		
样本量	1820	1820	1820	1820
adj. R－sq	0.465	0.507	0.348	0.399

为了缓解本期城乡融合发展水平受上一期城乡融合发展水平影响而产生的内生性问题，本章仍然构建动态面板回归模型，采用系统GMM法和差分GMM法重新检验财政支出城市偏向对城乡融合发展的影响效应。

表6.5报告了动态面板GMM方法的估计结果。表6.5中列（1）和列（2）AR(1）检验的P值分别为0.015和0.006，均小于0.1的临界值，表明回归模型的扰动项存在一阶序列相关。AR(2）检验的P值分别为0.556和0.307，均大于0.1的临界值，表明回归模型的扰动项不存在二阶序列相关。因此，系统GMM和差分GMM均通过了序列相关检验。并且，列（1）和列（2）中的Hansen检验的P值分别为0.756和0.334，均大于0.1的临界值，表明工具变量的选取有效，系统GMM和差分GMM均通过了过度识别检验。

从核心解释变量的系数符号和显著性水平来看，表6.5中列（1）和列（2）财政支出城市偏向（Bias）的系数分别为－2.1728和－0.4514，分别在1%和5%的水平上显著为负。因此，在利用动态面板GMM方法缓解了可能存在的估计偏误后，财政支出城市偏向对城乡融合发展仍然表现为抑制效应，表明基准回归结论是可靠的。此外，列（1）和列（2）中城乡融合发展水平的一阶滞后项（L.URI）的系数分别为0.5277和0.9393，均在1%的水平上显著为正，表明本期城乡融合发展水平的高低会受到上期城乡融合发展水平的显著影响，城乡融合发展在时间上存在较强的惯性。

表 6.5　　　　动态面板 GMM 方法的估计结果

变量	系统 GMM	差分 GMM
	(1)	(2)
	URI	URI
L. URI	0. 5277 *** (8. 2768)	0. 9393 *** (44. 3386)
Bias	-2. 1728 *** (-2. 6122)	-0. 4514 ** (-2. 5412)
GDP	-0. 1499 (-0. 6723)	0. 0168 (0. 2258)
Finical	-0. 0009 (-0. 0974)	-0. 0024 *** (-2. 8591)
Bias	3. 1675 *** (3. 8033)	0. 0667 (0. 5760)
Ind	-0. 5665 ** (-2. 3102)	0. 0084 (0. 1118)
Internet	0. 1643 ** (2. 3561)	0. 1396 *** (5. 7715)
AR(1)	0. 015	0. 006
AR(2)	0. 556	0. 307
Hansen 检验	0. 756	0. 334
样本量	1600	1194

（2）其他稳健性检验。

为进一步增强基准回归结论的可靠性，本章还采用替换核心解释变量、改变样本范围、平衡面板数据等方法进行稳健性检验，其他稳健性检验的估计结果如表 6.6 所示。

表6.6　其他稳健性检验的估计结果

变量	替换核心解释变量	改变样本范围	平衡面板数据
	(1)	(2)	(3)
	URI	URI	URI
Bias	-0.0384** (-2.2986)	-0.1175*** (-2.9205)	-0.1237*** (-2.7010)
GDP	-0.0128 (-1.2151)	-0.0149 (-1.4136)	-0.0161 (-1.2271)
Finical	0.0055* (1.6762)	0.0038 (1.4926)	0.0149*** (4.0155)
FDI	0.2118** (2.4682)	0.1062 (1.2440)	0.1656* (1.8352)
Ind	0.0209 (1.0683)	-0.0039 (-0.2076)	-0.0022 (-0.1014)
Internet	0.1492*** (8.4596)	0.1441*** (8.0394)	0.1514*** (8.3525)
地区固定效应	控制	控制	控制
时间固定效应	控制	控制	控制
常数项	0.0396*** (4.6735)	0.0526*** (7.0027)	0.0324*** (3.9999)
样本量	1832	1742	1647
adj. R-sq	0.416	0.365	0.419

第一，替换核心解释变量。在基准回归模型中，本章采用地方社会保障和就业支出占财政支出总额的比重衡量财政支出城市偏向。在稳健性检验中，本章将根据雷根强和蔡翔（2012）的建议，选取地方财政教育支出、地方医疗卫生支出、地方社会保障和就业支出这三类带有城市偏向性的财政支出之和占财政支出总额的比重衡量财政支出城市偏向，对基准回归模型进行再次估计，结果如表6.6中的列（1）所示。①

① 地方财政教育支出、地方医疗卫生支出、地方社会保障和就业支出数据源于各地财政预决算报告、国民经济和社会发展公报等。

财政支出城市偏向（Bias）的系数为 -0.0384，在5%的水平上显著为负，表明财政支出城市偏向对城乡融合发展存在抑制效应，与基准回归结论一致，表明基准回归结论是稳健的。

第二，改变样本范围。本章剔除了样本中的15座副省级城市[①]，采用地级市样本对基准回归模型进行再次估计，结果如表6.6中的列（2）所示。财政支出城市偏向（Bias）的系数为 -0.1175，在1%的水平上显著为负，表明财政支出城市偏向对城乡融合发展仍然存在抑制效应，证实了基准回归结论是稳健的。

第三，平衡面板数据。本章将样本数据调整为9年183个城市1647个观测值的平衡面板数据，对基准回归模型进行再次估计，结果如表6.6中的列（3）所示。财政支出城市偏向（Bias）的系数为 -0.1237，仍然显著为负，进一步表明基准回归结论是可靠稳健的。

6.3.4 影响机制检验

理论分析和基准回归分析的结果表明，财政支出城市偏向可能通过扩大城乡居民收入差距抑制城乡融合发展。因此，本章以城乡居民收入差距作为机制变量，检验财政支出城市偏向抑制城乡融合发展的影响机制。在影响机制检验模型中，本章仍然根据经济学研究机制检验的通常做法，将机制变量作为被解释变量设定面板固定效应模型进行回归分析。具体而言，本章以城乡居民收入差距（Gap）作为被解释变量，财政支出城市偏向（Bias）作为解释变量，直接检验财政支出城市偏向是否扩大城乡居民收入差距，并设定公式（6.2）。

$$\mathrm{Gap}_{it} = \alpha_0 + \alpha_1 \mathrm{Bias}_{it} + \sum \delta_j X_{jit} + u_i + v_t + \varepsilon_{it} \tag{6.2}$$

$$\mathrm{Gap} = \left(\frac{E_c}{E_t}\right) \cdot \ln\left(\frac{E_c/E_t}{N_c/N_t}\right) + \left(\frac{E_a}{E_t}\right) \cdot \ln\left(\frac{E_a/E_t}{N_a/N_t}\right) \tag{6.3}$$

① 15座副省级城市分别为广州市、深圳市、武汉市、哈尔滨市、成都市、沈阳市、南京市、西安市、大连市、长春市、杭州市、青岛市、济南市、厦门市和宁波市。

公式（6.2）中，被解释变量为城乡居民收入差距（Gap_{it}），已有研究主要采用城乡居民人均可支配收入之比、泰尔指数和基尼系数衡量城乡居民收入差距。由于城乡居民人均可支配收入之比未能考虑城乡人口结构的影响，基尼系数在城乡居民收入重叠时可能会有偏差，因此本章采用泰尔指数衡量城乡居民收入差距（程名望等，2022）。公式（6.3）为泰尔指数的计算公式。其中，Gap 表示衡量城乡居民收入差距的泰尔指数，E_c、E_a 和 E_t 分别表示城镇居民人均可支配收入、乡村居民人均可支配收入和城乡居民总的人均可支配收入，N_c、N_a 和 N_t 分别表示城镇居民总人口数、乡村居民总人口数和城乡居民总人口数①。泰尔指数越大，表明城乡居民收入差距越大，反之亦然。其余变量和符号与公式（6.1）保持一致。上述模型仍然重点关注财政支出城市偏向（$Bias_{it}$）的系数 α_1，若 α_1 显著为正，则表明财政支出城市偏向通过扩大城乡居民收入差距抑制城乡融合发展。

此外，为了进一步讨论财政支出城市偏向能够在多大程度上通过扩大城乡居民收入差距抑制城乡融合发展，本章还借鉴了 Bleemer 和 Mehta（2022）的方法，设定以下面板固定效应模型进行机制分析，以计算城乡居民收入差距对财政支出城市偏向抑制城乡融合发展的解释力度。

$$URI_{it} = \beta_0 + \beta_1 Gap_{it} + \sum \delta_j X_{jit} + u_i + v_t + \varepsilon_{it} \tag{6.4}$$

$$\widehat{URI}_{it} = \gamma_0 + \gamma_1 Bias_{it} + \sum \delta_j X_{jit} + u_i + v_t + \varepsilon_{it} \tag{6.5}$$

公式（6.4）中，β_1 表示城乡居民收入差距（Gap_{it}）的系数。公式（6.5）中$\widehat{URI}_{it}$是利用公式（6.4）计算得到的城乡融合发展的拟合值，γ_1 表示财政支出城市偏向（$Bias_{it}$）的系数。其余变量和符号与公

① 计算泰尔指数需要的数据主要源于各省区市的统计年鉴以及部分地级市的统计年鉴。考虑到部分地区的数据搜集难度较大，本章仅搜集了 2011～2019 年江苏省、浙江省、山西省、安徽省、福建省、河南省、湖北省、江西省、山东省、湖南省、广东省、四川省、云南省、广西壮族自治区、甘肃省和青海省共计 208 个城市的数据，与基准回归数据合并后最终得到 1493 个观测值。

式（6.1）保持一致。

首先，公式（6.4）是城乡居民收入差距对城乡融合发展水平的回归方程，若 β_1 的系数显著为负，则表明扩大城乡居民收入差距不利于城乡融合发展。其次，参照公式（6.4），将城乡居民收入差距对财政支出城市偏向和其他控制变量的回归拟合出城乡融合发展水平。再次，根据公式（6.5），将上一步拟合得到的城乡融合发展水平对财政支出城市偏向进行回归。其中，γ_1 考虑了城乡居民收入差距情况下财政支出城市偏向对城乡融合发展水平的影响效应。最后，公式（6.5）和公式（6.1）中财政支出城市偏向系数的比值（γ_1/α_1）即为城乡居民收入差距对财政支出城市偏向影响城乡融合发展的解释力度。由于公式（6.1）、公式（6.4）和公式（6.5）的面板固定效应回归模型中均未同时加入核心解释变量和机制变量，因此能够有效避免传统中介效应模型中存在的问题，得到较为干净的中介结果。

表6.7中的列（1）呈现了公式（6.2）的估计结果，即财政支出城市偏向（Bias）对城乡居民收入差距（Gap）的影响效应。结果显示，财政支出城市偏向（Bias）的系数为0.1299，在1%的水平上显著为正，表明财政支出城市偏向程度每上升1%，将导致城乡居民收入差距扩大0.1299%。因此，财政支出城市偏向通过扩大城乡居民收入差距抑制城乡融合发展，这一结论与预期相符，假设H6.2初步成立。

表6.7中的列（3）和列（4）分别呈现了公式（6.4）和公式（6.5）的估计结果。首先，列（3）表示城乡居民收入差距（Gap）对城乡融合发展（URI）的影响效应，城乡居民收入差距（Gap）的系数为 -0.1549，在1%的水平上显著为负，表明缩小城乡居民收入差距确实推动了城乡融合发展。其次，根据列（3）的回归系数拟合出新的城乡融合发展水平（$\widehat{URI}$），作为列（4）的被解释变量。列（4）的估计结果显示，财政支出城市偏向（Bias）的系数为 -0.0201，在1%的水平上显著为负，表明在考虑城乡居民收入差距的影响后，财政支出城市偏向程度每上升1%，将导致城乡融合发展水平下降0.0201%。最后，

列（2）是基准回归方程公式（6.1）的估计结果，将列（4）中财政支出城市偏向（Bias）的系数与列（2）中的系数相除，即为城乡居民收入差距对财政支出城市偏向影响城乡融合发展的解释力度。具体而言，城乡居民收入差距的解释力度为16.25%（0.0201/0.1237）。

表6.7 影响机制检验的估计结果

变量	(1)	(2)	(3)	(4)
	Gap	URI	URI	$\widehat{URI}$
Bias	0.1299*** (3.1792)	-0.1237** (-2.3457)		-0.0201*** (-3.1792)
Gap			-0.1549*** (-4.3120)	
GDP	0.0010 (0.0820)	-0.0210 (-1.5859)	-0.0211 (-1.6159)	-0.0213*** (-11.8214)
Finical	-0.0011 (-0.6097)	0.0059 (1.5015)	0.0058 (1.5211)	0.0059*** (22.0507)
FDI	-0.3569*** (-5.3885)	0.1167 (1.2593)	0.0928 (1.0560)	0.1481*** (14.4357)
Ind	-0.0053 (-0.3094)	0.0247 (0.9796)	0.0247 (1.0088)	0.0255*** (9.6459)
Internet	-0.0378*** (-7.0928)	0.1597*** (8.5687)	0.1589*** (8.2710)	0.1648*** (199.7199)
地区固定效应	控制	控制	控制	控制
时间固定效应	控制	控制	控制	控制
常数项	0.1537*** (15.6239)	0.0396*** (4.4238)	0.0497*** (5.6667)	0.0259*** (17.0104)
样本量	1493	1493	1493	1493
adj. R-sq	0.545	0.425	0.430	0.984

6.3.5 异质性分析

为了丰富研究结论，本部分在前面研究结论的基础上，进一步从城乡融合发展的五个细分指标、城市区位和城市规模三个方面讨论财政支出城市偏向对城乡融合发展的异质性影响。

（1）基于城乡融合发展细分指标的异质性分析。

本章前面的理论分析和实证结论表明，财政支出城市偏向对城乡融合发展存在抑制效应，并且城乡居民收入差距是重要的影响机制。基于此，本章进一步从城乡人口融合（U_Human）、城乡空间融合（U_Space）、城乡经济融合（U_Economy）、城乡社会融合（U_Society）和城乡生态融合（U_Ecology）这五个细分指标检验财政支出城市偏向对城乡融合发展的异质性影响。

表6.8报告了财政支出城市偏向对城乡融合发展五个细分指标影响的估计结果。表6.8中列（2）至列（5）财政支出城市偏向（Bias）系数分别为－0.1604、－0.1034、－0.1685、－0.4086，至少在5%的水平上显著为负，表明财政支出城市偏向不仅对城乡经济融合的影响显著为负，还对城乡空间融合、社会融合和生态融合存在不同程度的抑制效应。其中，财政支出城市偏向对城乡生态融合的抑制效应最强。财政支出城市偏向每提高1%，会导致城乡生态融合水平下降0.4086%。

表6.8　　财政支出城市偏向对城乡融合发展五个细分指标影响的估计结果

变量	(1)	(2)	(3)	(4)	(5)
	U_Human	U_Space	U_Economy	U_Society	U_Ecology
Bias	−0.0248 (−0.5899)	−0.1604** (−2.1520)	−0.1034*** (−2.7396)	−0.1685** (−2.5282)	−0.4086*** (−5.1923)
Innovation	−0.0304** (−2.0640)	0.0169 (1.1012)	−0.0350** (−2.4831)	0.0096 (0.7490)	−0.0252 (−0.9884)
GDP	0.0058* (1.7251)	0.0138* (1.8664)	−0.0002 (−0.1598)	0.0042 (1.0545)	0.0010 (0.3618)

续表

变量	(1)	(2)	(3)	(4)	(5)
	U_Human	U_Space	U_Economy	U_Society	U_Ecology
Finical	0. 0858 (0. 8333)	0. 2539 ** (1. 9766)	0. 2750 *** (3. 0151)	0. 2688 ** (2. 3230)	0. 2972 ** (2. 4433)
FDI	−0. 0466 ** (−2. 1218)	0. 2086 *** (4. 8824)	−0. 0515 *** (−3. 2651)	0. 0220 (0. 9136)	0. 0590 ** (1. 9923)
Ind	0. 1098 *** (6. 3283)	0. 2062 *** (7. 3859)	0. 0550 *** (6. 7608)	0. 2953 *** (8. 5400)	0. 0476 *** (2. 9394)
Internet	−0. 0248 (−0. 5899)	−0. 1604 ** (−2. 1520)	−0. 1034 *** (−2. 7396)	−0. 1685 ** (−2. 5282)	−0. 4086 *** (−5. 1923)
地区固定效应	控制	控制	控制	控制	控制
时间固定效应	控制	控制	控制	控制	控制
常数项	0. 0234 *** (2. 9560)	−0. 0496 *** (−3. 2638)	0. 0447 *** (7. 6761)	0. 1331 *** (11. 2118)	0. 5480 *** (21. 8514)
样本量	1832	1832	1832	1832	1832
adj. R − sq	0. 230	0. 550	0. 151	0. 557	0. 413

上述结果表明，财政支出城市偏向引致的城乡居民收入差距对城乡融合发展的负面影响是全面的。财政支出城市偏向不仅抑制城乡经济融合，还对城乡空间融合、社会融合和生态融合产生不利影响。首先，财政支出城市偏向将推动城镇地区基础设施建设和信息化设备不断完善，从而导致城乡居民之间的物理隔阂越来越大。其次，财政支出城市偏向将直接作用于城镇地区的教育、医疗、社会保障等民生领域，导致城乡居民享受的基本公共服务产生较大差异。最后，优先发展重工业战略下的财政支出城市偏向还会对生态环境造成极大危害，从而导致城乡生态融合难以发展。

（2）城市区位异质性。

城乡融合发展依赖于良好的经济环境、教育环境、区位环境和制度环境，地区发展水平和政府偏好的不同将导致处于不同区位城市的政府行为产生差异。因此，城市区位的不同可能导致财政支出城市偏向对城乡融合发展的影响效应存在差异。为此，本章进一步讨论财政支出城市偏向影响城乡融合发展可能存在的城市区位异质性。

表6.9中的列（1）和列（3）分别报告了财政支出城市偏向（Bias）对我国东部地区、中部地区、西部地区城乡融合发展的估计结果[①]。结果显示，列（1）中财政支出城市偏向（Bias）的系数为-0.3317，在1%的水平上显著为负，表明东部地区财政支出城市偏向程度每上升1%，将导致城乡融合发展水平下降0.3317%。列（2）和列（3）中财政支出城市偏向（Bias）的系数分别为-0.075和-0.0370，但不显著，表明财政支出城市偏向对中部地区和西部地区城乡融合发展的影响较弱。因此，财政支出城市偏向对城乡融合发展的抑制效应主要存在于东部地区。列（4）和列（5）分别报告了财政支出城市偏向（Bias）对我国南方地区和北方地区城乡融合发展的估计结果[②]。结果显示，列（4）中财政支出城市偏向（Bias）的系数为-0.1709，在5%的水平上显著为负，表明南方地区财政支出城市偏向程度每上升1%，将导致城乡融合发展水平下降0.1709%。列（5）中财政支出城市偏向（Bias）的系数为-0.0909，在1%的水平上显著为负，表明财政支出城市偏向对北方地区城乡融合发展的影响也存在抑制作用。从影响效应来看，南方地区财政支出城市偏向（Bias）的系数接近北方地区的两倍，因此财政支出城市偏向对城乡融合发展影响在南方地区更强。

---

① 本章按照研究经济问题的通常做法，东部地区包括河北省、辽宁省、江苏省、浙江省、福建省、山东省、广东省和海南省；中部地区包括山西省、内蒙古自治区、吉林省、黑龙江省、安徽省、江西省、河南省、湖北省和湖南省；西部地区包括四川省、贵州省、云南省、陕西省、甘肃省、青海省、宁夏回族自治区、新疆维吾尔自治区、西藏自治区和广西壮族自治区。

② 本章根据许宪春等（2021）的建议，将江苏省、海南省、浙江省、安徽省、福建省、湖北省、湖南省、广东省、江西省、广西壮族自治区、贵州省、云南省、四川省和西藏自治区划分为南方地区；将河北省、内蒙古自治区、黑龙江省、辽宁省、吉林省、新疆维吾尔自治区、山东省、河南省、陕西省、山西省、甘肃省、青海省和宁夏回族自治区划分为北方地区。

表 6.9　　城市区位异质性的估计结果

变量	东部地区	中部地区	西部地区	南方地区	北方地区
	(1)	(2)	(3)	(4)	(5)
	URI	URI	URI	URI	URI
Bias	-0.3317*** (-2.9383)	-0.0750 (-1.3984)	-0.0370 (-1.1610)	-0.1709** (-2.5142)	-0.0909*** (-2.7687)
GDP	-0.0371 (-1.5509)	-0.0073 (-0.3899)	0.0006 (0.0519)	-0.0364** (-2.1180)	0.0058 (0.5682)
Finical	0.0127 (1.6169)	0.0042 (1.2411)	0.0041* (1.7172)	0.0202*** (4.0180)	0.0025 (1.3148)
FDI	-0.1031 (-0.7275)	0.1568 (1.4823)	0.8888*** (5.7890)	0.2242* (1.9263)	0.1998* (1.8404)
Ind	0.1271*** (3.0032)	-0.0753** (-2.5240)	0.0238* (1.7132)	-0.0313 (-1.0243)	0.0495*** (3.4766)
Internet	0.1552*** (5.9624)	0.1476*** (4.5902)	0.0490*** (4.3828)	0.1647*** (7.8251)	0.0492*** (3.4918)
地区固定效应	控制	控制	控制	控制	控制
时间固定效应	控制	控制	控制	控制	控制
常数项	0.0453*** (2.6650)	0.0665*** (5.5225)	0.0348*** (5.6337)	0.0479*** (4.4331)	0.0348*** (4.9798)
样本量	665	656	511	1144	688
adj. R-sq	0.577	0.185	0.489	0.469	0.400

综上所述，财政支出城市偏向对城乡融合发展的影响存在明显的城市区位差异。具体而言，财政支出城市偏向对东部地区和南方地区城乡融合发展的抑制效应强于中部地区、西部地区和北方地区。其可能的原因在于，一方面，我国东部地区和南方地区的地方政府竞争更激烈，地方官员围绕“GDP 锦标赛”倾向于将更多财政资源用于发展城镇，相对忽略了乡村地区的发展和乡村居民的利益。因此，相较于我国中部地区、西部地区和北方地区，东部地区和南方地区虽然取得了更高的经济

发展水平和更快的城市化进程，但也可能存在显著的城乡发展不平衡、不充分等问题，城乡居民收入差距过大。

（3）城市规模异质性。

不同规模的城市在城乡居民收入水平、城乡发展的均衡程度等方面存在差异。一般而言，大城市的经济发展水平、基本公共服务水平和城市化水平更高，能够吸引更多农业转移人口进入城镇工作和定居，因而城乡之间的发展差距更大，城乡居民收入差距也更大。相比之下，中小城市的城镇地区经济发展水平更低，基本公共服务供给也更少，但城乡发展也更加均衡，城乡居民收入更为趋同。因此，本章认为，城市规模的不同将导致财政支出城市偏向对城乡融合发展的影响效应产生差异，故进一步讨论财政支出城市偏向影响城乡融合发展可能存在的城市规模异质性①。

表 6.10 报告了财政支出城市偏向（Bias）对我国中小城市、大城市、特大城市、超大城市城乡融合发展的估计结果。结果显示，表 6.10 中列（2）至列（4）财政支出城市偏向（Bias）的系数分别为 -0.2187、-0.2346 和 -0.1124，均在 1% 的水平上显著为负。该结论与基准回归一致，表明财政支出城市偏向对大城市、特大城市和超大城市城乡融合发展均存在显著的抑制效应。列（1）中财政支出城市偏向（Bias）的系数为 0.1341，在 5% 的水平上显著为正，表明财政支出城市偏向能够有效推动中小城市城乡融合发展水平的增长。因此，财政支出城市偏向对城乡融合发展存在显著的城市规模异质性。具体而言，财政支出城市偏向对城乡融合发展的抑制效应主要存在于大城市、特大城市和超大城市中，但对中小城市存在促进效应。

① 《国务院关于调整城市规模划分标准的通知》（国发〔2014〕51 号）将城市划分为五类七档。本章为了研究便利，参照《国务院关于调整城市规模划分标准的通知》（国发〔2014〕51 号），以城区常住人口为统计口径，将城市规模划分为中小城市（<300 万人）、大城市（300 万~500 万人）、特大城市（500 万~1000 万人）和超大城市（>1000 万人）四档。

表 6.10　　城市规模异质性的估计结果

变量	中小城市	大城市	特大城市	超大城市
	(1)	(2)	(3)	(4)
	URI	URI	URI	URI
Bias	0.1341** (2.2982)	−0.2187*** (−2.8988)	−0.2346*** (−2.9574)	−0.1124*** (−2.7414)
GDP	−0.0128 (−0.7507)	−0.0305 (−1.5070)	0.0405* (1.9008)	0.0158 (1.2947)
Finical	0.0238*** (4.0092)	0.0086* (1.8808)	0.0017 (0.8387)	−0.0024 (−0.4164)
FDI	0.6003*** (3.8372)	0.0945 (1.3082)	−0.0273 (−0.2909)	0.1766 (0.8437)
Ind	−0.1737*** (−4.6674)	−0.0058 (−0.2562)	0.0068 (0.1986)	0.0806** (2.4730)
Internet	0.0415*** (4.1729)	0.0864*** (4.8185)	0.2229*** (7.8199)	0.0780*** (3.4567)
地区固定效应	控制	控制	控制	控制
时间固定效应	控制	控制	控制	控制
常数项	0.0533*** (5.5282)	0.0571*** (4.6405)	0.0527*** (2.6259)	0.0166 (1.4132)
样本量	526	552	427	327
adj. R − sq	0.234	0.508	0.772	0.832

本章认为，上述实证结论可能的原因如下：相对于大城市、特大城市、超大城市，中小城市由于发展相对滞后，因此城镇和乡村之间的发展差异本身较小。财政支出城市偏向在推动城镇发展的同时，也能间接推动中小城市乡村地区的发展。具体而言，财政支出城市偏向引致的中小城市城镇地区产业发展将吸引大量乡村劳动力进城就业，但由于中小城市城镇地区和乡村地区的基本公共服务供给差异较小，导致乡村居民较少在城镇地区定居，因而有利于城乡劳动要素之间的双向流动。此时，财政支出城市偏向可能难以扩大城乡居民收入差距，甚至在一定程度上推动城乡居民生活水平趋同。

6.4 本章小结

为了检验财政支出城市偏向对城乡融合发展的影响效应及其作用机制，本章利用2011～2019年我国232个城市的面板数据展开实证研究。首先，本章从城乡居民收入差距持续扩大的特征，在理论层面提出财政支出城市偏向对城乡融合发展可能产生的影响，并提出研究假设；其次，建立面板固定效应模型检验财政支出城市偏向对城乡融合发展的影响效应，并采用工具变量法和动态面板GMM的方法缓解可能存在的内生性问题，从替换核心解释变量、改变样本范围、平衡面板数据三个方面进行稳健性检验；再次，根据理论分析和基准回归结论，以城乡居民收入差距作为机制变量，讨论财政支出城市偏向影响城乡融合发展的路径，并检验城乡居民收入差距的解释力度；最后，考察财政支出城市偏向影响城乡融合发展可能存在的异质性，包括城乡融合发展五个细分指标的异质性、城市区位异质性、城市规模异质性。

本章的主要结论如下：

第一，基准回归分析显示，财政支出城市偏向对城乡融合发展的影响效应显著为负，即财政支出城市偏向对城乡融合发展存在抑制效应。具体而言，财政支出城市偏向程度每提高1%，会导致城乡融合发展水平下降0.1051%。在经过工具变量法和动态面板GMM的方法缓解内生性问题，以及从替换核心解释变量、改变样本范围、平衡面板数据三个方面进行稳健性检验后，上述基准回归结论仍然成立。

第二，影响机制检验显示，财政支出城市偏向通过扩大城乡居民收入差距抑制城乡融合发展。一方面，财政支出城市偏向对城乡居民收入差距的影响效应显著为正，财政支出城市偏向每上升1%，将导致城乡居民收入差距提高0.1299%；另一方面，城乡居民收入差距对城乡融合发展的影响表现为抑制效应，城乡居民收入差距这一路径对财政支出城市偏向影响城乡融合发展的解释力度为16.25%。

第三，异质性分析表明，财政支出城市偏向对城乡融合发展的影响存在不同程度的城乡融合发展五个细分指标的异质性、城市区位异质性和城市规模异质性。从城乡融合发展五个细分指标的异质性来看，财政支出城市偏向对城乡空间融合、经济融合、社会融合和生态融合均存在抑制效应；从城市区位异质性来看，财政支出城市偏向对城乡融合发展的抑制效应主要存在于东部地区和南方地区，对中部地区、西部地区和北方地区的影响较小；从城市规模异质性来看，财政支出城市偏向对大城市、特大城市和超大城市城乡融合发展存在显著的抑制效应，但对中小城市的影响效应显著为正。

第7章　财政教育支出影响城乡融合发展的实证分析

本章聚焦重点财政支出项目，考察政府运用财政政策促进城乡融合发展的效率问题，实证检验财政教育支出对推进城乡融合发展的影响效应。首先，基于数字经济发展的视角分析财政教育支出对城乡融合发展的影响效应和可能的作用机理；其次，构建基准回归模型，检验财政教育支出对城乡融合发展的影响效应，缓解可能存在的内生性问题，并进行稳健性检验；再次，根据理论分析和基准回归结论设计影响机制检验模型，探究财政教育支出影响城乡融合发展的内在逻辑；最后，从城乡融合发展的五个细分指标、城市区位和城市规模等三个方面讨论财政教育支出对城乡融合发展产生的异质性影响。

7.1　研究假设

7.1.1　文献回顾与梳理

教育是国之大计、党之大计。党的二十大报告提出："我们要坚持教育优先发展、科技自立自强、人才引领驱动，加快建设教育强国、科技强国、人才强国。"优先发展教育事业是实施科教兴国战略、强化现代化人才建设的战略支撑。然而，传统的经济学理论认为，教育具有正外部性，导致私人收益小于社会收益。一方面，教育存在人力资本积累效应，能够通过提高公民的个别劳动生产率来提高社会整体的劳动生产率；另一方面，教育具有收入分配效应，能够通过减少相对贫困来缩小贫富差距和促进社会公平。因此，在完全竞争市场条件下，教育供给不足将导致“市场失灵”。此时，政府财政教育支出能够使公民享有平等的受教育机会，既有助于提高社会整体的劳动生产率，也能在一定程度上减少两极分化，维护社会公平稳定。

为了扩大财政教育支出，国务院于2010年7月发布的《国家中长期教育改革和发展规划纲要（2010～2020年）》明确提出：“提高国家财政性教育经费占国内生产总值的比重，2012年达到4%。”在此背景下，关于财政教育支出经济影响的研究不断涌现。已有文献主要考察财政教育支出对城乡收入差距的影响，本章重点关注财政教育支出与城乡融合发展的关系。

一方面，财政教育支出能够通过促进人力资本积累和改善收入分配缩小城乡收入差距。Huffman（1980）利用美国276个城市的数据进行实证研究，发现政府增加财政教育支出可以提高农业产出和农业工资率，从而有助于缩小城乡间的收入差距。Gregorio和Lee（2010）采用跨国面板数据实证检验教育因素在调节收入分配中的作用，发现政府的财政教育支出有助于缩小居民收入差距，进而实现更平等的收入分配。余靖雯等（2013）采用内生增长模型讨论财政教育支出和居民收入差距的动态演化过程，发现政府增加财政教育支出有助于缩小居民收入差距。宫锡强（2020）基于我国省级面板数据的实证研究表明，财政教育支出显著抑制城乡收入差距的扩大，政府加大财政教育投入可以提高农村地区劳动者的整体素质和收入水平，从而缩小城乡收入差距。

另一方面，部分学者认为财政教育支出缩小城乡收入差距存在前提条件，如果条件难以满足，则财政教育支出可能无法缩小城乡收入差距，甚至加剧城乡收入差距。邱伟华（2008）认为，财政教育支出缩小居民收入分配差距需要以教育公平为前提，如果教育资源的分配违背公平原则，那么提高财政教育支出可能扩大居民收入差距。陈斌开等（2010）基于中国居民收入调查数据的实证研究表明，城乡财政教育投入的不均衡是导致城乡收入差距扩大的重要因素，其贡献率达到34.69%。Jerrim 和 Macmillan（2015）认为，社会阶层的流动性也是财政教育支出改善居民收入分配的重要前提。如果财政教育支出难以促进社会阶层的变动，那么扩大财政支出规模将导致社会阶层的固化，从而拉大了贫富差距，加剧两极分化。

综上所述，既有研究关于财政教育支出是否缩小城乡收入差距莫衷一是，财政教育支出是否有利于改善城乡关系仍然存在较大争议。区别于已有文献，本章从城乡融合发展的视角讨论财政教育支出与城乡发展的关系。在前面章节的论述中提到，城乡收入差距是城乡经济融合的重要内容，缩小城乡收入差距是城乡融合发展的重要体现，但两者不能混为一谈。本章认为，城乡融合发展是比城乡收入差距更加综合的指标，讨论财政教育支出与城乡融合之间的关系将有助于全面评价财政教育支出对城乡发展的影响。此外，已有文献主要基于财政教育支出的收入分配效应讨论财政教育支出与城乡发展的关系，本章从我国数字经济蓬勃发展的时代背景出发，深入探究“财政教育支出—数字经济发展—城乡融合发展”这一影响路径，从而使研究内容和研究结论更有新意。

7.1.2 理论分析与研究假设

数字经济作为先进生产力的主要代表，是赋能城乡融合发展的重要力量（姚毓春，2022）。2019 年 5 月中共中央办公厅、国务院办公厅印发的《数字乡村发展战略纲要》指出：“坚持城乡融合，创新城乡信息化融合发展体制机制，引导城市网络、信息、技术和人才等资源向乡村流动，促进城乡要素合理配置。”这为数字经济赋能城乡融合发展提供了制度依据和政策指导。据中国信息通信研究院发布的《中国数字经济发展报告（2022年）》显示，2021年我国数字经济规模达到45.5万亿元，占GDP的比重为39.8%；2013～2021年，我国数字经济发展指数由1000上升至5610.60，8年增长4.61倍，年复合增长率24.06%，远超同期GDP指数增速。可见，数字经济已成为我国经济发展的重要引擎。

本章认为，数字经济作为一种更为现代的经济形态，其发展路径仍可以以传统经济学理论为基础展开讨论。内生增长理论认为，人力资本是经济增长的重要源泉。因此，我国数字经济高速发展离不开人力资本水平的提升。长期以来，我国政府为了增强国民素质，提高人力资本质量，倾向于将大量财政资源投向教育领域。基于此，本章将从数字经济的视角讨论财政教育支出对城乡融合发展的影响。

首先，财政教育支出有助于推动数字经济发展。一方面，财政教育支出通过高等教育增加数字技术人才，从供给侧推动数字经济发展。数字经济对工程科技人才提出新要求，其本质是培养复合型科技人才（丁烈云，2022）。在微观层面，史宇鹏等（2021）指出，数字化复合型人才储备不足是我国企业数字化转型的重大难题。可见，数字技术人才既是我国数字经济发展的核心驱动力，也是企业数字化转型的关键要素。在实践中，政府大规模的财政教育经费也将流向计算机科学与技术、人工智能、集成电路等数字经济相关专业领域，从而推动数字化专业人才和复合人才的培养。另一方面，财政教育支出通过初等教育和中等教育增加数字化用户，从需求侧推动数字经济发展。数字经济发展离不开数字用户的高速增长，数字用户是数字化技术得以应用和普及的关键所在。相较于数字技术人才，数字用户对专业知识的需求较少，更关注通用知识。在我国，九年义务教育制度是发展数字用户的重要方式。初等教育和中等教育的普及不仅提高了我国的整体国民素质，还让公众更好地适应数字经济时代。

其次，数字经济发展水平的提高能够有效推动城乡融合发展。具体表现在以下几个方面：第一，数字经济发展促进了城乡劳动力要素流动，推动城乡人口融合。数字技术的普及能够有效降低信息不对称，使城乡居民付出更低的交易成本获得市场交易信息，进而推动城乡劳动力要素按照市场供求关系流动和聚集（王向阳、谭静，2020）。第二，数字经济利用大数据、云计算、人工智能、区块链等技术打破了传统物理网点的空间局限，推动城乡空间融合。例如，数字经济中的数字普惠金融能够有效缓解农村地区的信贷约束，推动农村地区基础设施建设，促使城乡间交通设施的互联互通（李红锦、张丁山，2022）。第三，数字经济通过缩小城乡收入差距推动城乡经济融合。相较于城市，农村地区存在后发优势，农村居民能够在城市的带动下享受更多数字红利，从而获取比城镇居民更大的收入效应（黄永春等，2022）。第四，数字经济通过创新基本公共服务供给方式，推动城乡社会融合。数字经济时代下，城乡居民足不出户即能享受高水平的云服务。在农村地区，远程医疗和线上教育为农村居民提供极大便利，有助于缩小城乡基本公共服务差距。第五，数字经济催生的新兴产业能够有效减少环境污染，推动城乡生态融合。郭丰等（2022）研究指出，数字经济不仅促进了城市绿色技术创新水平的提高，还存在显著的碳减排效应。在微观层面，数字化转型也是企业绿色发展的重要力量（林永佳等，2023）。

基于以上分析，本章提出如下假设：

假设 H7. 1：财政教育支出显著促进城乡融合发展。

假设 H7. 2：财政教育支出通过提高数字经济发展水平促进城乡融合发展。

7.2 研究设计

7.2.1 模型设定

本章主要考察财政教育支出对城乡融合发展的影响效应及其作用机

制，并在此基础上进行稳健性检验和可能的异质性讨论。

在基准回归分析部分，本章采用城乡融合发展（URI）作为被解释变量，财政教育支出（Fedu）作为核心解释变量的计量模型。考虑到我国各地区之间在经济发展、地理区位、文化教育、社会习俗等方面存在一定的差异，为了缓解各地区之间不随时间变化且不可观测因素造成的内生性问题，本章采用面板固定效应模型作为基准回归模型。基准回归模型如公式（7.1）所示。

$$URI_{it} = \alpha_0 + \alpha_1 Fedu_{it} + \sum \delta_j X_{jit} + u_i + v_t + \varepsilon_{it} \tag{7.1}$$

其中，下标 i 表示第 i 个地区，t 表示年份。URI_{it}表示被解释变量，即城乡融合发展水平。$Fedu_{it}$表示核心解释变量，即财政教育支出水平。$\sum \delta_j X_{jit}$ 表示控制变量合集。u_i和 v_t分别表示地区固定效应和年份固定效应。ε_{it}为随机误差项。上述模型主要关注财政教育支出水平（$Fedu_{it}$）的系数 α_1，若 α_1 显著为正，则表明财政教育支出能够推动城乡融合发展，假设 H7.1 成立。

7.2.2 变量说明

（1）被解释变量。

本章的被解释变量为城乡融合发展水平（URI）。借鉴黄永春等（2022）、李红锦和张丁山（2022）的做法，本书主要从城乡人口融合、城乡空间融合、城乡经济融合、城乡社会融合和城乡生态融合五个维度构建城乡融合发展综合评价指标体系，并采用熵值法进行测度 2011 ~ 2019 年我国 237 个城市城乡融合发展水平。城乡融合发展水平综合指标及其细分指标的具体测度过程和测度结果见第 4 章。

（2）核心解释变量。

本章的核心解释变量为财政教育支出水平（Fedu）。在衡量各地区财政教育支出水平的指标中，已有文献主要采用绝对规模指标和相对规模指标进行测度。但是，不同地区的经济发展水平、人口规模、财政能力等均存在显著差异，采用绝对规模指标可能导致不同地区的财政教育支出水平不具有可比性。因此，为了增强财政教育支出在不同地区之间的可比性，本章采用相对规模指标测度财政教育支出水平。具体而言，本章以地方一般公共预算教育支出占地方一般公共预算支出的比重衡量财政教育支出水平，该指标越高，表明某地区越重视公共教育。地方一般公共预算教育支出包括教育事业费、科研经费、教育附加费、基建经费和其他经费，是财政性教育经费的重要组成部分，可以代表地方财政教育支出的整体情况。地方一般公共预算教育支出占地方一般公共预算支出的比重能够直接反映地方政府对教育的重视程度和支持力度。

（3）控制变量。

为了缓解遗漏变量导致的内生性问题，本章筛选出的控制变量除第6章涉及的经济发展水平（GDP）、金融发展水平（Finical）、对外开放水平（FDI）、产业结构（Ind）和信息化水平（Internet）外，还加入了高等教育水平（Hedu），采用每百万人普通本专科在校学生数衡量。理论上，高等教育水平对财政教育支出和城乡融合发展均可能产生影响。一方面，当城乡居民受到更好的教育时，其劳动生产率和劳动收入份额也将相应提高，最终导致收入水平的提高和城乡收入差距缩小，进而推动城乡融合；另一方面，高等教育水平较高的地区将拥有更高水平的财政教育支出，地方政府倾向于将更多资源投向高等教育领域。具体的变量类型、名称、符号和度量方式如表7.1所示。

表7.1　主要变量定义和说明

变量类型	变量名称	变量符号	变量度量方式
被解释变量	城乡融合发展水平	URI	根据第4章熵值法测算得到
解释变量	财政教育支出	Fedu	一般公共预算教育支出/一般公共预算支出
控制变量	经济发展水平	GDP	地区生产总值增长率
	金融发展水平	Finical	年末金融机构人民币各项存款余额/地区生产总值

续表

变量类型	变量名称	变量符号	变量度量方式
控制变量	对外开放水平	FDI	实际使用外资金额/地区生产总值
	产业结构	Ind	第三产业增加值/地区生产总值
	信息化水平	Internet	每百万人互联网宽带接入用户数
	高等教育水平	Hedu	每百万人普通本专科在校学生数

7.2.3 数据来源和说明

基于数据的可得性和能够满足样本数据的时间跨度，本章选取我国 237 个地级市以上城市作为研究对象，时间区间为 2011 ~ 2019 年，共有 1849 个观测值。考虑到直辖市在经济发展、对外开放、科教文化等方面与其他城市存在显著差异，因此本章的样本中不含北京市、上海市、天津市和重庆市四个直辖市。

其中，本章城乡融合发展水平，以及城乡人口融合水平、空间融合水平、经济融合水平、社会融合水平、生态融合水平的测算数据主要来源有:《中国城市统计年鉴》《中国城市建设统计年鉴》，以及 EPS 数据平台中的中国区域经济数据库等，统计年鉴中存在的缺失值主要通过各城市统计年鉴或线性插值法进行补充。其余数据均源于《中国城市统计年鉴》和 EPS 数据平台中的中国区域经济数据库等。

7.3 实证结果与分析

7.3.1 描述性统计

表 7.2 列示了主要变量观测值、平均值、中位数、标准差、最大值

和最小值的描述性统计结果。其中，被解释变量城乡融合发展水平（URI）的平均值为0.0810，中位数为0.0683，标准差为0.0481，最大值和最小值分别为0.5564和0.0303，表明我国各地区之间的城乡融合发展水平存在较大差异，且样本偏右，城乡融合发展水平较低的地区更多。核心解释变量财政教育支出（Fedu）的平均值和中位数较为接近，分别为0.1825和0.1805，但最大值和最小值分别为0.3562和0.0141，表明不同地方政府对教育的投入力度存在较大差异。在控制变量方面，经济发展水平（GDP）、金融发展水平（Finical）、对外开放水平（FDI）、产业结构（Ind）、信息化水平（Internet）和高等教育水平（Hedu）的平均值分别为0.0862、1.3816、0.0172、0.4118、0.224、2.0743，均大于0，且与已有文献结果基本保持一致，未出现异常分布。

表7.2　　主要变量描述性统计

变量	观测值	平均值	中位数	标准差	最大值	最小值
URI	1849	0.0810	0.0683	0.0481	0.5564	0.0303
Fedu	1849	0.1825	0.1805	0.0368	0.3562	0.0141
GDP	1849	0.0862	0.0884	0.0758	0.6145	-0.2978
Finical	1849	1.3816	1.2627	0.6444	15.8937	0.3711
FDI	1849	0.0172	0.0121	0.0170	0.1978	0.0000
Ind	1849	0.4118	0.4037	0.0973	0.7923	0.1808
Internet	1849	0.2240	0.1768	0.1688	1.4893	0.0222
Hedu	1849	2.0743	1.0199	2.7047	13.1124	0.0059

在进行回归分析之前，本章通过绘制城乡融合发展水平（URI）与财政教育支出（Fedu）的散点图及其拟合曲线，以初步考察财政教育支出对城乡融合发展的影响效应。考虑到本章的观测值较多，利用Stata中的scatter命令绘制散点图可能难以反映财政教育支出与城乡融合发展水平之间的线性关系，因此，本章利用binscatter命令进行绘制，并将bins设置为50。城乡融合发展水平（URI）与财政教育支出（Fedu）的散点图及其拟合曲线如图7.1所示。

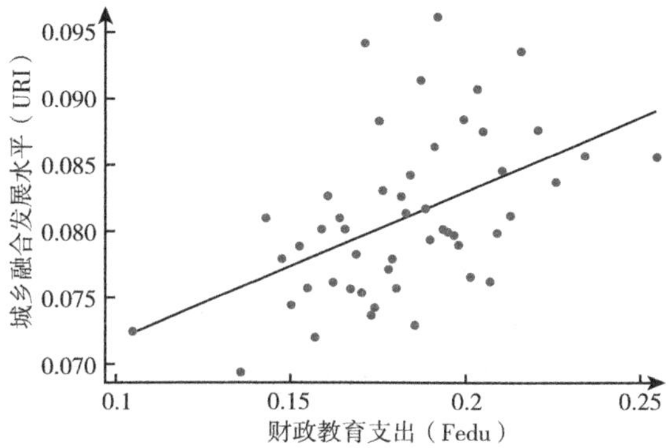

图 7.1　城乡融合发展水平（URI）与财政教育支出（Fedu）的散点图及其拟合曲线

由图 7.1 可知，城乡融合发展水平（URI）与财政教育支出（Fedu）呈现出相同的变化趋势，拟合曲线为右上方倾斜，表明财政教育支出与城乡融合发展水平存在正相关关系。具体而言，财政教育支出规模越大，城乡融合发展水平越高；财政教育支出规模越小，城乡融合发展水平越低。由此可见，财政教育支出对城乡融合发展初步表现为促进效应。

7.3.2　基准回归分析

本章根据公式（7.1）设定的固定效应模型检验财政教育支出（Fedu）对城乡融合发展（URI）的影响效应，具体估计结果如表 7.3 所示。表 7.3 中列（1）呈现了未控制固定效应的估计结果，财政教育支出（Fedu）的系数为 0.1906，在 1% 的水平上显著为正。列（2）在列（1）的基础上控制了地区固定效应，列（3）在列（2）的基础上进一步控制了时间固定效应，财政教育支出（Fedu）的系数仍然在 1% 的水平上显著为正。其中，列（3）中财政教育支出（Fedu）的系数为 0.1159，表明财政教育支出每提高 1%，能够推动城乡融合发展水平上升0.1159%。上述实证结果表明，财政教育支出对城乡融合发展存在显著的促进效应。

在控制变量方面，表7.3中列（3）对外开放水平（FDI）的系数在5%的水平上显著为正，信息化水平（Internet）和高等教育水平（Hedu）的系数均在1%的水平上显著为正。由此可见，鼓励对外开放、提高信息化水平和推动高等教育是推动城乡融合的重要因素。其可能的原因在于：第一，高等教育能够显著促进人力资本积累，从而推动本地区技能劳动力增长。当城乡居民受到更好的教育时，其劳动生产率和劳动收入份额也将相应提高，最终导致收入水平的提高和城乡收入差距缩小，进而推动城乡融合。第二，信息化水平越高，越有助于降低信息不对称，从而降低产品市场和生产要素市场的交易成本，推动城乡要素双向流动，最终提高城乡融合发展水平。第三，当城乡居民受到更好的教育时，其劳动生产率和劳动收入份额也将相应提高，最终导致城乡收入差距的缩小，进而推动城乡融合。另外，产业结构的系数为0.0326，在5%的水平上显著为负，表明产业升级对城乡融合发展存在抑制效应。此外，经济发展水平（GDP）和金融发展水平（Finical）的系数在统计水平上不显著。

表7.3　　　　基准回归分析的估计结果

变量	(1)	(2)	(3)
	URI	URI	URI
Fedu	0.1906*** (7.5263)	0.1074*** (3.3712)	0.1159*** (3.6433)
GDP	-0.0207** (-2.2022)	-0.0214* (-1.8556)	-0.0143 (-1.3483)
Finical	-0.0041** (-2.1222)	0.0001 (0.1028)	-0.0002 (-0.1805)
FDI	0.4423*** (5.4197)	0.1965** (2.4899)	0.1902** (2.3451)

续表

变量	(1)	(2)	(3)
	URI	URI	URI
Ind	-0.0315*** (-2.5949)	-0.0377*** (-2.7453)	-0.0326** (-2.0036)
Internet	0.1354*** (9.7407)	0.1298*** (8.0804)	0.1330*** (6.8782)
Hedu	0.0044*** (10.0097)	0.0046*** (11.5741)	0.0045*** (7.5996)
地区固定效应	不控制	控制	控制
时间固定效应	不控制	不控制	控制
常数项	0.0196*** (2.9682)	0.0296*** (3.5829)	0.0235*** (2.7732)
样本量	1849	1849	1849
adj. R-sq	0.378	0.432	0.434

注：***、**、*分别表示在1%、5%、10%的水平上显著，括号内为t值。回归系数的标准误为稳健标准误，下同。

7.3.3　稳健性检验

为了增强基准回归结论的可靠性，本部分重点讨论模型可能存在的内生性问题，并利用一系列方法进行稳健性检验。

（1）内生性问题。

如果存在内生性问题，基准回归结论可能是有偏的。本章可能的内生性问题体现在以下方面：第一，遗漏变量问题。虽然面板固定效应模型能够在一定程度上缓解遗漏变量偏差，但考虑到城乡融合发展的驱动因素众多。因此，基准回归模型设定中仍然不可避免地存在不可观测因素同时影响财政教育支出和城乡融合发展，从而导致估计结果存在内生性问题。第二，财政教育支出与城乡融合发展之间的反向因果关系。一种可能的情形是，城乡融合发展水平较高的地区更加重视教育，地方政府倾向于将大量财政资源投向教育领域。

为了缓解基准回归模型中可能存在因遗漏变量和反向因果而产生的内生性问题，本章采用工具变量法对模型进行重新估计。具体而言，借鉴桑倩倩和栗玉香（2021）的做法，本章选取各地区中小学教师数量的自然对数作为工具变量。一方面，各地区中小学教师数量越多，地方政府需要投入越多资源发展教育，因此各地区中小学教师数量与财政教育支出正相关，工具变量满足相关性要求；另一方面，中小学教师通常为在编教师，受到行政编制的严格限制，具有较强的外部约束性，难以随意扩大。例如，2014 年《关于统一城乡中小学教职工编制标准的通知》（中央编办发〔2014〕72 号）明确规定："将县镇、农村中小学教职工编制标准统一到城市标准，即高中教职工与学生比为 1∶12.5、初中为 1∶13.5、小学为 1∶19。"因此，可以认为各地区中小学教师数量与城乡融合发展无关，即工具变量也满足外生性要求。

表 7.4 报告了工具变量法的估计结果。其中，表 7.4 中列（1）和列（2）为第一阶段的估计结果，F 统计量分别为 567.203 和 348.271，远大于 10 的临界值，表明无论是否控制固定效应，均拒绝了弱工具变量的原假设。并且，各地区中小学教师数量（Teacher）的系数分别为 0.0294 和 0.0252，在 1% 的水平上显著为正，表明工具变量与财政教育支出存在显著的正相关关系。列（3）和列（4）为第二阶段的估计结果，财政教育支出（Fedu）的系数分别为 0.5401 和 0.3830，在 1% 的水平上显著为正。因此，在利用工具变量法缓解了可能存在的遗漏变量、反向因果等内生性问题后，财政教育支出对城乡融合发展仍然存在促进效应，表明基准回归结论是可靠的。

为了缓解本期城乡融合发展水平受上一期城乡融合发展水平影响而产生的内生性问题，本章仍然构建动态面板回归模型，采用系统 GMM 法和差分 GMM 法重新检验财政教育支出对城乡融合发展的影响效应。

表 7.4 工具变量法的估计结果

变量	第一阶段		第二阶段	
	(1)	(2)	(3)	(4)
	Fedu	Fedu	URI	URI
Teacher	0.0294 *** (23.8160)	0.0252 *** (18.6620)		
Fedu			0.5401 *** (10.5701)	0.3830 *** (6.0131)
GDP	0.0088 (1.0580)	-0.0101 (-1.3584)	-0.0279 *** (-2.8420)	-0.0163 (-1.5232)
Finical	0.0002 (0.1211)	-0.0025 * (-1.8033)	-0.0047 ** (-2.0848)	-0.0007 (-0.5852)
FDI	-0.2227 *** (-5.3404)	-0.1225 *** (-2.7875)	0.4982 *** (5.8454)	0.2337 *** (2.7867)
Ind	-0.0609 *** (-5.8162)	-0.0326 *** (-2.7377)	-0.0208 (-1.5508)	-0.0342 ** (-2.1231)
Internet	0.0165 ** (2.5513)	-0.0008 (-0.1065)	0.1347 *** (10.1926)	0.1390 *** (7.4393)
Hedu	-0.0050 *** (-13.3221)	-0.0050 *** (-12.5602)	0.0056 *** (11.4843)	0.0053 *** (9.3190)
地区固定效应	不控制	控制	不控制	控制
时间固定效应	不控制	控制	不控制	控制
常数项	-0.0918 *** (-7.1310)	-0.0508 *** (-3.7083)	-0.0504 *** (-4.1967)	-0.0259 * (-1.7658)
第一阶段 F统计量	567.203	348.271		
样本量	1849	1849	1849	1849
adj. R-sq	0.332	0.576	0.316	0.424

表7.5报告了动态面板 GMM 方法的估计结果。表7.5中列（1）和列（2）AR(1）检验的P值分别为0.005和0.010，均小于0.1的临界值，表明回归模型的扰动项存在一阶序列相关。AR(2）检验的P值

分别为0.548和0.629，均大于0.1的临界值，表明回归模型的扰动项不存在二阶序列相关。因此，系统GMM和差分GMM均通过了序列相关检验。并且，列（1）和列（2）中的Hansen检验的P值分别为0.593和0.544，均大于0.1的临界值，表明工具变量的选取有效，系统GMM和差分GMM均通过了过度识别检验。

表7.5　　动态面板GMM方法的估计结果

变量	系统GMM	差分GMM
	(1)	(2)
	URI	URI
L. URI	0.7682*** (73.5708)	0.7826*** (10.5636)
Fedu	0.4340*** (7.0790)	0.1131*** (3.5673)
GDP	0.0422*** (3.8048)	0.0105*** (3.3555)
Finical	−0.0006 (−0.2188)	−0.0003 (−0.1716)
FDI	0.2828*** (4.4167)	0.0111 (0.4245)
Ind	0.2194*** (5.3644)	0.0183 (1.3145)
Internet	0.0291*** (3.8664)	−0.0055* (−1.6548)
Hedu	−0.0013 (−1.5950)	−0.0016 (−1.0040)
AR(1)	0.005	0.010
AR(2)	0.548	0.629
Hansen检验	0.593	0.544
样本量	1602	1394

从核心解释变量的系数符号和显著性水平来看，表 7.5 中列（1）和列（2）财政教育支出（Fedu）的系数分别为 0.4340 和 0.1131，均在 1% 的水平上显著为正。因此，在利用 GMM 法缓解了可能存在的估计偏误后，财政教育支出对城乡融合发展仍然存在促进效应，表明基准回归结论是可靠的。此外，列（1）和列（2）中城乡融合发展水平的一阶滞后项（L. URI）的系数分别为 0.7638 和 0.7826，均在 1% 的水平上显著为正，表明本期城乡融合发展水平的高低会受到上期城乡融合发展水平的显著影响，城乡融合发展在时间上存在较强的惯性。

（2）其他稳健性检验。

为进一步增强基准回归结论的可靠性，本章还采用替换核心解释变量、改变样本范围、采用滞后变量、平衡面板数据等方法进行稳健性检验，其他稳健性检验的估计结果如表 7.6 所示。

表 7.6　　其他稳健性检验的估计结果

变量	替换核心解释变量		改变样本范围	采用滞后变量	平衡面板数据
	(1)	(2)	(3)	(4)	(5)
	URI	URI	URI	F. URI	URI
Fedu	0.0084*** (4.8696)	0.2181*** (6.2313)	0.1320*** (4.5033)	0.1143*** (3.2183)	0.0600*** (2.5973)
GDP	-0.0156 (-1.5355)	-0.0143 (-1.3792)	-0.0113 (-1.0603)	-0.0049 (-0.3940)	-0.0141 (-1.0086)
Finical	0.0001 (0.1113)	0.0019* (1.8450)	-0.0002 (-0.1563)	0.0019 (0.6115)	0.0046 (1.5231)
FDI	-0.0451 (-0.5947)	-0.1233 (-1.6325)	-0.1073 (-1.3184)	-0.0120 (-0.1389)	-0.0511 (-0.6399)
Hedu	0.0016*** (2.6388)	0.0012** (2.1897)	0.0025*** (4.1738)	0.0019*** (2.8994)	0.0031*** (4.8766)
Ind	-0.0300** (-2.0851)	-0.0049 (-0.3045)	-0.0393** (-2.3208)	-0.0151 (-0.6735)	-0.0398** (-2.0996)

续表

变量	替换核心解释变量		改变样本范围	采用滞后变量	平衡面板数据
	(1)	(2)	(3)	(4)	(5)
	URI	URI	URI	F. URI	URI
Internet	0.1024*** (5.9198)	0.0430*** (3.7339)	0.0964*** (5.1921)	0.1166*** (5.0433)	0.0683*** (5.4415)
Fiss	0.0727*** (8.6725)	0.0632*** (7.6329)	0.0766*** (8.6893)	0.0774*** (7.7660)	0.0802*** (9.1341)
地区固定效应	控制	控制	控制	控制	控制
时间固定效应	控制	控制	控制	控制	控制
常数项	-0.0870*** (-3.5040)	-0.0092 (-1.0858)	-0.0023 (-0.2256)	-0.0123 (-1.0529)	0.0015 (0.1778)
样本量	1849	1849	1759	1602	1530
adj. R-sq	0.482	0.518	0.432	0.474	0.459

第一，替换核心解释变量。在基准回归模型中，本章采用一般公共预算教育经费占一般公共预算支出的比重衡量财政教育支出。在稳健性检验中，本章分别采用一般公共预算教育经费的自然对数和一般公共预算占总人口的比重重新衡量财政教育支出，对基准回归模型进行再次估计，结果如表7.6中的列（1）和列（2）所示。财政教育支出（Fedu）的系数分别为0.0084和0.2181，在1%的水平上显著为正，表明财政教育支出对城乡融合发展存在促进效应，与基准回归结论一致，表明基准回归结论是稳健的。

第二，改变样本范围。本章剔除了样本中的15座副省级城市[①]，采用地级市样本对基准回归模型进行再次估计，结果如表7.6中的列（3）所示。财政教育支出（Fedu）的系数为0.1320，在1%的水平上显著为正，表明财政教育支出对城乡融合发展仍然存在促进效应，证实

① 15座副省级城市分别为广州市、深圳市、武汉市、哈尔滨市、成都市、沈阳市、南京市、西安市、大连市、长春市、杭州市、青岛市、济南市、厦门市和宁波市。

了基准回归结论是稳健的。

第三，采用滞后变量。被解释变量与解释变量可能直接存在反向因果关系，当期的城乡融合发展水平可能影响当期的财政教育支出。为了缓解这一问题，控制当期城乡融合发展水平对财政教育支出的影响，本章将所有解释变量滞后一期，对基准回归模型进行再次估计，结果如表 7.6 中的列（4）所示。财政教育支出（Fedu）的系数为 0.1143，仍然显著为正，表明基准回归模型依然稳健。

第四，平衡面板数据。本章将样本数据调整为 9 年 170 个城市 1530 个观测值的平衡面板数据，对基准回归模型进行再次估计，结果如表 7.6 中的列（5）所示。财政教育支出（Fedu）的系数虽然有所下降，但仍然显著为正，进一步表明基准回归结论是可靠稳健的。

7.3.4　影响机制检验

根据理论分析和前面的基准回归结论，财政教育支出可能通过促进区域数字经济发展推动城乡融合发展。为了检验这一机制是否成立，本章将数字经济发展水平（DIG）作为被解释变量，财政教育支出（Fedu）作为解释变量，设定公式（7.2）。

$$DIG_{it} = \alpha_0 + \alpha_1 Fedu_{it} + \sum \delta_j X_{jit} + u_i + v_t + \varepsilon_{it} \quad (7.2)$$

其中，被解释变量为数字经济发展水平（DIG_{it}）。本章借鉴赵涛（2020）的做法，分别从互联网普及率、互联网相关产出、互联网相关从业人员数、移动互联网用户数和数字普惠金融发展五个方面构建数字经济发展水平评价指标体系。数字经济发展水平的测算数据主要来源于《中国城市统计年鉴》和《北京大学数字普惠金融指数》。表 7.7 报告了中国城市数字经济发展水平评价指标体系的指标名称、指标计算说明和指标属性，本章将上述五个指标的数据采用主成分分析法后取对数处理，最终得到数字经济综合发展水平指数。除被解释变量外，其余变量和符号与公式（7.1）保持一致。上述模型仍然重点关注财政教育支出

（$Fedu_{it}$）的系数 α_1，若 α_1 显著为正，则表明财政教育支出能够通过促进数字经济发展推动城乡融合发展。

表 7.7　　中国城市数字经济发展水平评价指标体系

指标名称	指标计算说明	指标属性
互联网普及率	互联网宽带接入用户数（万户）	正
互联网相关产出	电信业务收入（万元）	正
互联网相关从业人员数	计算机服务和软件业务从业人员（人）	正
移动互联网用户数	移动电话用户数（万人）	正
数字普惠金融发展	数字普惠金融指数	正

此外，为了进一步讨论财政教育支出能够在多大程度上通过促进数字经济发展推动城乡融合发展，本章还借鉴了 Bleemer 和 Mehta（2022）的方法，设定以下面板固定效应模型进行机制分析，以计算数字经济发展对财政教育支出影响城乡融合发展的解释力度。

$$URI_{it} = \beta_0 + \beta_1 DIG_{it} + \sum \delta_j X_{jit} + u_i + v_t + \varepsilon_{it} \tag{7.3}$$

$$\widehat{URI}_{it} = \gamma_0 + \gamma_1 Fedu_{it} + \sum \delta_j X_{jit} + u_i + v_t + \varepsilon_{it} \tag{7.4}$$

公式（7.3）中，β_1 表示数字经济发展（DIG_{it}）的系数。公式（7.4）中 $\widehat{URI}_{it}$ 是利用公式（7.3）计算得到的城乡融合发展的拟合值，γ_1 表示财政教育支出水平（$Fedu_{it}$）的系数。其余变量和符号与公式（7.1）保持一致。

首先，公式（7.3）是数字经济发展水平对城乡融合发展水平的回归方程，若 β_1 的系数显著为正，则表明数字经济发展对城乡融合发展存在促进效应；其次，参照公式（7.3），将数字经济发展水平对财政教育支出和其他控制变量的回归拟合出城乡融合发展水平；再次，根据公式（7.4），将上一步拟合得到的城乡融合发展水平对财政教育支出进行回归，其中，γ_1 为考虑了数字经济发展情况下财政教育支出对城乡融合发展水平的影响效应；最后，公式（7.4）和模型（7.1）中财政教育支出系数的比值（γ_1/α_1）即为数字经济发展对财政教育支出影响城乡融合发展的解释力度。由于公式（7.1）、公式（7.3）和公式（7.4）的面板固定效应回归模型中均未同时加入核心解释变量和机制变量，因此能够有效避免传统中介效应模型中存在的问题，得到较为干净的中介结果。

本章根据公式（7.2）、公式（7.4）设定的固定效应模型，检验财政教育支出（Fedu）对城乡融合发展（URI）的间接影响机制，具体估计结果如表7.8所示。表7.8中列（1）呈现了公式（7.2）的估计结果，即财政教育支出（Fedu）对数字经济发展（DIG）影响效应。结果显示，财政教育支出（Fedu）的系数为5.5951，在1%的水平上显著为正，表明财政教育支出每增长1%，能够有效推动数字经济发展水平提高5.5951%。因此，财政教育支出能够通过促进数字经济发展间接推动城乡融合发展，这一结论与预期相符，假设H7.2初步成立。

表7.8中的列（3）和列（4）分别呈现了公式（7.3）和公式（7.4）的估计结果。首先，列（3）表示数字经济发展（DIG）对城乡融合发展（URI）的影响效应，数字经济发展（DIG）的系数为0.0103，在1%的水平上显著为正，表明数字经济发展确实推动了城乡融合发展。其次，根据列（3）的回归系数拟合出新的城乡融合发展水平（$\widehat{URI}$），作为列（4）的被解释变量。列（4）的估计结果显示，财政教育支出（Fedu）的系数为0.0574，在1%的水平上显著为正，表明在考虑数字经济发展的影响后，财政教育支出每增长1%，能够有效推动城乡融合发展水平提高0.0574%。最后，列（2）是基准回归方程公式（7.1）的估计结果，将列（4）中财政教育支出（Fedu）的系数与列（2）中的系数相除，即为数字经济发展对财政教育支出影响城乡融合发展的解释力度。具体而言，数字经济发展的解释力度为49.53%（0.0574/0.1159）。

表 7.8　　影响机制检验的估计结果

变量	(1)	(2)	(3)	(4)
	DIG	URI	URI	$\hat{URI}$
Fedu	5.5951*** (11.3817)	0.1159*** (3.6433)		0.0574*** (11.3817)
DIG			0.0103*** (6.3162)	
GDP	0.8095*** (3.7718)	-0.0143 (-1.3483)	-0.0221** (-2.0752)	-0.0138*** (-6.2845)
Finical	0.1985** (2.3511)	-0.0002 (-0.1805)	-0.0021 (-1.4162)	-0.0001 (-0.0990)
FDI	1.5326 (1.3071)	0.1902** (2.3451)	0.1649** (2.1502)	0.1807*** (15.0241)
Ind	1.3783*** (3.6162)	-0.0326** (-2.0036)	-0.0463*** (-2.9898)	-0.0322*** (-8.2424)
Internet	0.5024*** (3.3832)	0.1330*** (6.8782)	0.1265*** (6.8391)	0.1316*** (86.4314)
Hedu	0.1351*** (12.2535)	0.0045*** (7.5996)	0.0029*** (4.6225)	0.0043*** (37.7468)
地区固定效应	控制	控制	控制	控制
时间固定效应	控制	控制	控制	控制
常数项	5.6445*** (27.8723)	0.0235*** (2.7732)	-0.0236* (-1.7128)	0.0343*** (16.5227)
样本量	1849	1849	1849	1849
adj. R-sq	0.606	0.446	0.456	0.972

7.3.5 异质性分析

为了丰富研究结论，本部分在前文的基础上，进一步从城乡融合发展的细分指标、城市区位和城市规模三个维度讨论财政教育支出对城乡融合发展的异质性影响。

（1）基于城乡融合发展细分指标的异质性分析。

本章前面的理论分析和实证结论表明，财政教育支出对城乡融合发展存在促进效应，并且数字经济发展是重要的影响机制。基于此，本章进一步从城乡人口融合（U_Human）、城乡空间融合（U_Space）、城乡经济融合（U_Economy）、城乡社会融合（U_Society）和城乡生态融合（U_Ecology）这五个细分指标检验财政教育支出对城乡融合发展的异质性影响。

表7.9中的列（1）和列（2）分别呈现了财政教育支出（Fedu）对城乡人口融合（U_Human）和城乡空间融合（U_Space）的估计结果。结果显示，财政教育支出（Fedu）的系数分别为0.1454和0.3504，均在1%的水平上显著为正，表明财政教育支出每增长1%，能够有效推动城乡人口融合水平和空间融合水平分别提高0.1454%和0.3504%。因此，财政教育支出能够通过促进城乡人口融合和空间融合直接推动城乡融合发展。列（3）呈现了财政教育支出（Fedu）对城乡经济融合（U_Economy）的估计结果，财政教育支出（Fedu）的系数为-0.0637，在5%的水平上显著为负，表明财政教育支出对城乡经济融合发展存在抑制效应。其可能的原因在于，财政教育支出的收入分配效应并非简单的线性关系。例如，张小芳等（2020）的研究发现，财政教育支出与收入不平等之间的关系受到政府治理水平的影响。具体而言，只有在政府治理水平较高时，财政教育支出才能有效发挥收入分配效应，通过缩小城乡收入差距推动城乡经济融合。但是，当政府治理水平较低时，财政教育支出可能会扩大收入不平等，不利于城乡经济融合。此外，李祥云等（2018）的研究表明，由于存在教育扩张的结构效应和当期财政教育支出的不公平分布，财政教育支出在短期和长期均加剧了城乡收入差距，难以促进城乡经济融合。列（4）和列（5）分别呈现了财政教育支出（Fedu）对城乡社会融合（U_Society）和城乡生态融合（U_Ecology）的估计结果。结果显示，财政教育支出（Fedu）的系数分别为0.0468

和 -0.1138，但不显著，表明财政教育支出对城乡社会融合和生态融合的影响较小。

表 7.9　财政教育支出对城乡融合发展五个细分指标影响的估计结果

变量	(1)	(2)	(3)	(4)	(5)
	U_Human	U_Space	U_Economy	U_Society	U_Ecology
Fedu	0.1454*** (4.1532)	0.3504*** (6.6644)	-0.0637** (-2.4844)	0.0468 (0.7315)	-0.1138 (-1.4499)
Innovation	-0.0318** (-2.1035)	0.0144 (0.9735)	-0.0359** (-2.4744)	0.0133 (1.0596)	-0.0212 (-0.8404)
GDP	0.0022 (1.2456)	0.0013 (0.7036)	-0.0043 (-1.5147)	-0.0002 (-0.1119)	-0.0044 (-1.3949)
Finical	0.0852 (0.8516)	0.1821 (1.5789)	0.2555*** (2.8523)	0.2801*** (2.6014)	0.4348*** (3.5588)
FDI	-0.0764*** (-3.6874)	0.0857*** (2.7609)	-0.0888*** (-4.8690)	-0.0208 (-0.8049)	0.0214 (0.6034)
Ind	0.1051*** (5.2333)	0.1711*** (5.5321)	0.0422*** (5.0481)	0.2720*** (6.5707)	0.0464*** (2.7761)
Internet	0.0026*** (3.7691)	0.0099*** (9.2614)	0.0027*** (6.9243)	0.0038*** (3.2718)	0.0028*** (2.8100)
Hedu	0.1454*** (4.1532)	0.3504*** (6.6644)	-0.0637** (-2.4844)	0.0468 (0.7315)	-0.1138 (-1.4499)
地区固定效应	控制	控制	控制	控制	控制
时间固定效应	控制	控制	控制	控制	控制
常数项	0.0051 (0.5269)	-0.0875*** (-5.7461)	0.0587*** (7.7295)	0.1187*** (7.2654)	0.5335*** (17.9112)
样本量	1849	1849	1849	1849	1849
adj. R-sq	0.221	0.588	0.140	0.544	0.387

（2）城市区位异质性。

城乡融合发展依赖于良好的经济环境、教育环境、区位环境和制度环境，不同城市的数字经济发展水平、教育水平、财政能力等方面的差异可能导致财政教育支出对城乡融合发展水平产生不同影响。因此，城市区位的不同可能导致财政教育支出对城乡融合发展的影响效应存在差异。为此，本章进一步讨论财政教育支出影响城乡融合发展可能存在的城市区位异质性。

表7.10中的列（1）~列（3）分别报告了财政教育支出（Fedu）对我国东部地区、中部地区、西部地区城乡融合发展的估计结果[①]。结果显示，列（1）中财政教育支出（Fedu）的系数为0.02570，在1%的水平上显著为正，表明财政教育支出能够有效推动东部地区城乡融合发展。列（2）和列（3）中财政教育支出（Fedu）的系数分别为0.0324和0.0002，但不显著，表明财政教育支出对中部地区和西部地区城乡融合发展的影响较弱。因此，财政教育支出对城乡融合发展的促进效应主要存在于东部地区。列（4）和列（5）分别报告了财政教育支出（Fedu）对我国南方地区和北方地区城乡融合发展的估计结果[②]。结果显示，列（4）中财政教育支出（Fedu）的系数为0.2039，在1%的水平上显著为正，表明财政教育支出能够有效推动南方地区城乡融合发展。列（5）中财政教育支出（Fedu）的系数为-0.0613，但不显著，表明财政教育支出对北方地区城乡融合发展的影响较弱。因此，财政教育支出对城乡融合发展的促进效应主要存在于南方地区。

---

① 本章按照研究经济问题的通常做法，东部地区包括河北省、辽宁省、江苏省、浙江省、福建省、山东省、广东省和海南省；中部地区包括山西省、内蒙古自治区、吉林省、黑龙江省、安徽省、江西省、河南省、湖北省和湖南省；西部地区包括四川省、贵州省、云南省、陕西省、甘肃省、青海省、宁夏回族自治区、新疆维吾尔自治区、西藏自治区和广西壮族自治区。

② 本章根据许宪春等（2021）的建议，将江苏省、海南省、浙江省、安徽省、福建省、湖北省、湖南省、广东省、江西省、广西壮族自治区、贵州省、云南省、四川省和西藏自治区划分为南方地区；将河北省、内蒙古自治区、黑龙江省、辽宁省、吉林省、新疆维吾尔自治区、山东省、河南省、陕西省、山西省、甘肃省、青海省和宁夏回族自治区划分为北方地区。

表 7.10　城市区位异质性的估计结果

变量	东部地区 (1) URI	中部地区 (2) URI	西部地区 (3) URI	南方地区 (4) URI	北方地区 (5) URI
Fedu	0.2570*** (5.1700)	0.0324 (0.4627)	0.0002 (0.0069)	0.2039*** (4.9171)	-0.0613 (-1.4868)
GDP	-0.0362 (-1.3550)	-0.0237 (-1.0085)	0.0059 (0.5048)	-0.0336* (-1.7502)	0.0021 (0.1460)
Finical	0.0004 (0.0672)	-0.0012 (-0.4437)	-0.0038 (-1.1724)	0.0054 (1.1358)	-0.0008 (-0.4615)
FDI	-0.0748 (-0.6486)	0.0930 (0.8737)	0.9186*** (9.2909)	0.2461*** (2.6346)	0.1645** (2.2250)
Ind	0.0739** (1.9806)	-0.1379*** (-4.5490)	-0.0015 (-0.0825)	-0.0425 (-1.5838)	-0.0324* (-1.7051)
Internet	0.1701*** (16.9240)	0.0310 (1.0680)	0.0345*** (3.5750)	0.1588*** (15.7694)	0.0188 (1.5254)
Hedu	0.0044*** (4.3439)	0.0072*** (7.2710)	0.0030*** (4.7861)	0.0047*** (6.1004)	0.0044*** (7.0201)
地区固定效应	控制	控制	控制	控制	控制
时间固定效应	控制	控制	控制	控制	控制
常数项	-0.0261 (-1.5390)	0.0776*** (4.4895)	0.0450*** (5.2451)	0.0078 (0.7067)	0.0634*** (5.4818)
样本量	664	672	513	1149	700
adj. R-sq	0.584	0.246	0.512	0.484	0.443

综上所述，财政教育支出对城乡融合发展的影响存在显著的城市区位异质性。具体而言，财政教育支出对东部地区和南方地区城乡融合发展的促进效应更强，对中部地区、西部地区和北方地区城乡融合发展的影响较弱。其可能的原因在于：一方面，我国东部地区和南方地区的经济较为发达，从而导致地方政府的财政能力更强，能够将更多财政资源

用于发展教育，直接推动城乡融合发展。并且，东部地区和南方地区的财政更为透明，营商环境、财政支出效率和政府治理水平也更高，从而有效保障财政教育支出充分发挥促进效应。另一方面，我国东部地区和南方地区的信息化程度和数字化程度更为领先，从而使财政教育支出能够通过有效推动数字经济发展间接促进城乡融合发展。

（3）城市规模异质性。

不同规模的城市在财政能力、教育发展水平、信息化水平等方面存在显著差异。一般而言，大城市的经济聚集效应更强，能够吸引更多的外部人口流入，因而具有更高的经济发展水平和财政能力。同时，大城市往往能够吸引更多优秀人才，拥有较高的教育发展水平和信息化水平，城乡融合发展水平也更高。相比之下，中小城市虽然教育水平、信息化水平和城乡融合发展较低，但其发展潜力更大，财政教育支出可能通过推动数字经济发展促进中小城市城乡融合发展。因此，本章认为随着城市规模的扩大，财政教育支出对城乡融合发展水平产生不同影响，进一步讨论财政教育支出影响城乡融合发展可能存在的城市规模异质性[①]。

表7.11报告了财政教育支出（Fedu）对我国中小城市、大城市、特大城市、超大城市城乡融合发展的估计结果。结果显示，表7.11中列（1）和列（2）财政教育支出（Fedu）的系数分别为0.1984和0.1067，分别在1%和5%的水平上显著为正，表明财政教育支出能够有效推动中小城市和大城市城乡融合发展。列（3）和列（4）中财政教育支出（Fedu）的系数分别为0.1141、0.0506，但不显著，表明财政教育支出对特大城市和超大城市城乡融合发展的促进效应较弱。由此可见，随着城市规模的扩大，财政教育支出对城乡融合发展的正向影响

① 《国务院关于调整城市规模划分标准的通知》（国发〔2014〕51号）将城市划分为五类七档。本章为了研究便利，参照《国务院关于调整城市规模划分标准的通知》（国发〔2014〕51号），以城区常住人口为统计口径，将城市规模划分为中小城市（<300万人）、大城市（300万~500万人）、特大城市（500万~1000万人）和超大城市（>1000万人）四档。

逐渐下降。因此，财政教育支出对城乡融合发展存在显著的城市规模异质性，财政教育支出对城乡融合发展的促进效应主要存在于中小城市和大城市。

表 7.11　　城市规模异质性的估计结果

变量	中小城市	大城市	特大城市	超大城市
	(1)	(2)	(3)	(4)
	URI	URI	URI	URI
Fedu	0.1984 *** (3.2121)	0.1067 ** (2.5515)	0.1141 (1.4907)	0.0506 (0.9027)
GDP	-0.0070 (-0.4005)	-0.0328 * (-1.7073)	0.0451 ** (2.0834)	0.0098 (0.9082)
Finical	0.0140 * (1.9363)	-0.0004 (-0.0952)	-0.0003 (-0.3843)	-0.0165 *** (-3.1957)
FDI	0.3423 ** (2.2113)	0.1739 * (1.8492)	0.0083 (0.0806)	0.0640 (0.4417)
Ind	-0.1655 *** (-4.5411)	-0.0368 * (-1.7243)	-0.0612 (-1.3337)	0.0362 (1.2520)
Internet	0.0148 (1.5469)	0.0621 *** (3.3888)	0.2366 *** (7.3061)	0.0394 * (1.7213)
Hedu	0.0059 *** (7.2331)	0.0048 *** (7.0156)	0.0041 *** (3.5882)	0.0053 *** (8.4068)
地区固定效应	控制	控制	控制	控制
时间固定效应	控制	控制	控制	控制
常数项	0.0472 *** (4.0068)	0.0149 (1.5310)	0.0141 (0.6176)	0.0254 (1.4208)
样本量	536	552	429	332
adj. R-sq	0.254	0.519	0.789	0.850

7.4 本章小结

为了检验财政教育支出对城乡融合发展的影响效应及其作用机制，本章利用 2011 ~2019 年我国 237 个城市（不含直辖市）的面板数据展开实证研究。首先，从数字经济发展的视角在理论层面讨论财政教育支出对城乡融合发展可能产生的影响，并提出研究假设；其次，建立面板固定效应模型检验财政教育支出对城乡融合发展的影响效应，并采用工具变量法和动态面板 GMM 的方法缓解可能存在的内生性问题，从替换核心解释变量、改变样本范围、采用滞后变量、平衡面板数据四个方面进行稳健性检验；再次，根据理论分析和基准回归结论，以数字经济发展作为机制变量，进一步检验财政教育支出影响城乡融合发展的具体路径，并计算数字经济发展的解释力度；最后，考察财政教育支出影响城乡融合发展可能存在的异质性，包括城乡融合发展五个细分指标的异质性、城市区位异质性、城市规模异质性。

本章的主要结论如下：

第一，基准回归分析显示，财政教育支出对城乡融合发展的影响效应显著为正，即财政教育支出对城乡融合发展存在促进效应。具体而言，财政教育支出规模每上升 1%，能够有效推动城乡融合发展水平增长 0.1159%。在经过工具变量法和动态面板 GMM 的方法缓解内生性问题，以及从替换核心解释变量、改变样本范围、采用滞后变量、平衡面板数据四个方面进行稳健性检验后，上述基准回归结论仍然成立。

第二，影响机制检验显示，财政教育支出通过促进数字经济发展推动城乡融合发展。一方面，财政教育支出对数字经济发展的影响效应显著为正，财政教育支出规模每上升 1%，能够有效推动数字经济发展水平提高 5.5951%；另一方面，数字经济发展对城乡融合发展的影响也表现为促进效应，数字经济发展这一路径对财政教育支出影响城乡融合发展的解释力度为 49.53%。

第三，异质性分析表明，财政教育支出对城乡融合发展的影响存在不同程度的城乡融合发展五个细分指标的异质性、城市区位异质性和城市规模异质性。从城乡融合发展五个细分指标的异质性来看，财政教育支出对城乡人口融合和空间融合存在促进效应，对城乡经济融合存在抑制效应，对城乡社会融合和生态融合的影响不显著；从城市区位异质性来看，财政教育支出对城乡融合发展的促进效应主要存在于东部地区和南方地区，对中部地区、西部地区和北方地区的影响较弱；从城市规模异质性来看，财政教育支出对中小城市和大城市城乡融合发展存在显著的促进效应，对特大城市和超大城市的影响效应虽然为正，但不显著。

第8章　财政政策促进城乡融合发展的问题分析与经验借鉴

本章承接前文内容，对我国城乡融合发展存在的主要问题、财政政策促成城乡融合发展存在的不足进行全面梳理与总结，并借鉴国外有关经验，为后文提出科学合理、切实可行的政策建议奠定基础。首先，本章总结我国推进城乡融合发展存在的主要问题，为后续进行财政政策研究找准目标与方向；其次，根据前文现实考察与实证研究，总结发现我国财政政策促进城乡融合发展存在的不足；最后，梳理了英国、美国、日本、韩国、巴西等国家运用财政政策推进城乡融合发展的经验做法，以期为本书的研究提供参考和借鉴。

8.1　我国城乡融合发展存在的主要问题

8.1.1　整体融合水平不均衡，区域差异明显

从前文对我国城乡融合发展水平的综合测度结果可知，我国城乡融合发展总体水平呈现逐年平稳上升的趋势，但是大多数城市的城乡融合发展水平仍然较低，不同城市的城乡发展水平极为不平衡。例如，从空间分布看，2011年我国城乡融合水平的热点区位于广东省

的南部和东南沿海一带，冷点区主要分布在中西部地区、部分东部内陆地区和北方地区。2019 年，我国大部分城市城乡融合发展水平较 2011 年有所提升，但各城市城乡融合发展水平不均衡的问题未能得到缓解。从城市区位差异看，我国城乡融合发展水平呈现出东高西低、南高北低，中部地区先升后降的非均衡发展趋势。我国东部地区与中西部地区、南方地区与北方地区的城乡融合发展未见趋同趋势，区域间的城乡融合发展差距仍然突出。从城乡融合发展的五个细分指标看，我国城乡生态融合发展水平最高，城乡社会融合发展水平和空间融合发展水平居中，城乡人口发展融合水平和经济发展融合水平最低。从城市规模差异看，我国各城市城乡融合发展水平随城市规模扩大而提高。我国大城市、特大城市的城乡融合发展水平总体上呈现出平稳上升趋势，中小城市呈现出先上升后下降的趋势，超大城市呈现出波动上升的趋势。随着时间的推移，我国不同规模城市间的城乡融合发展差距仍然十分突出。

8.1.2 农业产业化发展滞后，农村“短板”明显

改革开放后，特别是党的十八大以来，我国经济稳步发展，“三农”工作受到高度重视，农民生产生活条件得到不断改善，但当前我国城乡发展差距仍然较大，农业农村发展相对滞后。从发展规划上看，国家各级政府对推进城乡融合发展的规划意识和推进能力仍需加强，尤其对农村地区教育、产业、卫生、环保、生态等方面的发展规划和财政投入有待加强。我国农业基础设施建设还比较薄弱，现代物流、商贸发展不足，现代产业发展相对滞后，农业现代化发展成为影响我国现代化建设进程的“短板”。第三次全国农业普查数据显示，我国实现规模化耕种的耕地面积仅占全国实际耕种耕地总面积的 28.6%，其中规模农业经营户耕种面积占比为 17.0%；全国规模农业经营的户数只有 398 万户，在全国农业经营户中占比仅为 1.92%。而

在我国农业生产经营人员中，受教育程度达到大专及以上的人员只占 1.2%，没上过学的占比为 6.4%，农业规模经济占比小，农业科技推广还存在一定的难度。据农业农村部数据，2019 年我国水稻、玉米和小麦等粮食作物的化肥和农药利用率分别为 39.2%、39.8%，与发达国家 50% ~60% 的利用率相比，还存在不少差距（熊冬洋，2020）。有关数据显示，2020 年我国农业就业人口占比为 24%，却只贡献了 7.7% 的 GDP（刘天琦，2022）。从农村发展的情况来看，农村“空心化”、农民老龄化、农业副业化、农村公共产品供给不足和农村生态环境退化等问题仍然比较严重。

8.1.3　城乡居民收入差距大，基尼系数持续高位

1978 ~2021 年，我国城镇居民人均可支配收入年均增长率为 12.31%，从 343.4 元增长至 47411.9 元；农村居民人均可支配收入年均增长率为 12.39%，从 133.57 元增长至 18930.9 元。城乡居民收入比基本维持在 2.6 上下，不仅高于英美等发达国家，也高于印度等发展中国家。1978 年我国基尼系数为 0.317，1994 年首次超过国际警戒线 0.4，2012 年为 0.474，2020 年和 2021 年分别为 0.468 和 0.466。从表 8.1 可知，2012 年以来，我国基尼系数维持在 0.46 以上。经济学中的库兹涅茨假说认为，一个国家收入不平等的程度与人均 GDP 之间呈现倒“U”形关系，即随着人均 GDP 增长，基尼系数先上升，然后逐渐下降。但到目前为止，我国基尼系数的发展趋势呈现正“U”形结构，我国基尼系数并没有随着我国人均 GDP 的增长而下降。这说明我国城乡收入分配差距较大，仍然处于收入分配不平等水平比较高的阶段。另外，有专家认为，由于高收入人群的统计样本较难获取，国家统计局统计出的我国历年基尼系数数值存在被低估的可能（杨灿明，2021）。

表 8.1　2012～2021 年我国城乡居民人均可支配收入差距对比

年份	2012	2013	2014	2015	2016	2017	2018	2019	2020	2021
绝对差额（元）	15738	17037	18355	19773	21253	22964	24634	26338	26703	28481
收入比（倍）	2.88	2.81	2.75	2.73	2.72	2.71	2.69	2.64	2.56	2.50
基尼系数	0.474	0.473	0.474	0.473	0.462	0.465	0.468	0.465	0.468	0.466

数据来源：根据《中国统计年鉴》、国家统计局官方网站各年数据汇总。

8.1.4　城乡基本公共服务差距大，供给落差明显

近年来，我国城乡基本公共服务整体水平得到显著提升，但城乡基本公共服务差距依然较大。从城乡医疗卫生条件来看，2021 年，城市每千人口医疗卫生机构床位数为 7.47 张，每千人口卫生技术人员数为 9.87 人，而农村分别为 6.01 张和 6.27 人，城市医疗资源总体更加充足，城市居民获得优质医疗卫生条件的机会高于农村居民①。从基本医疗保障水平来看，政府在补贴医疗保险缴费数额上存在城乡差距大，城乡居民在门诊和住院的报销范围、报销起付线、报销比例、报销封顶等方面均不同等。在公共资源配置方面，城乡劳动力参加职业技能培训和获取就业服务的机会不均等。农村地区在道路、绿化、亮化、供水、排水、电力、通信等生产生活配套设施上也还不够完善，建设标准低，城乡基础设施建设存在较大差距。

8.1.5　城乡融合体制机制不完善，城乡互促受阻

改革开放以来，我国常住人口城镇化率持续提高，但户籍人口城镇化率一直相对较低。例如，2021 年，我国常住人口城镇化率为 64.7%，而户籍人口城镇化率仅为 46.7%。我国二元户籍制度未能彻底取消，

① 数据来源：2022 中国统计年鉴（EB/OL），[2022－12－25]. http://www.stats.gov.cn/sj/ndsj/2022/indexch.htm.

城市户籍壁垒依然存在。尤其是部分外来人口比重较高、落户意愿较强的一二线城市，外来转移人口、农民工就业的临时性特征明显，长效、稳定、平等的工作机制尚未形成，外来人员在子女教育、医疗卫生、社会保障等方面缺乏相对公平的保障措施（刘天琦，2022），现行管理体制机制不适应城乡融合发展、人口快速流动的要求，客观上阻碍了流动人口平等享有基本公共服务的权利（见图 8.1）。

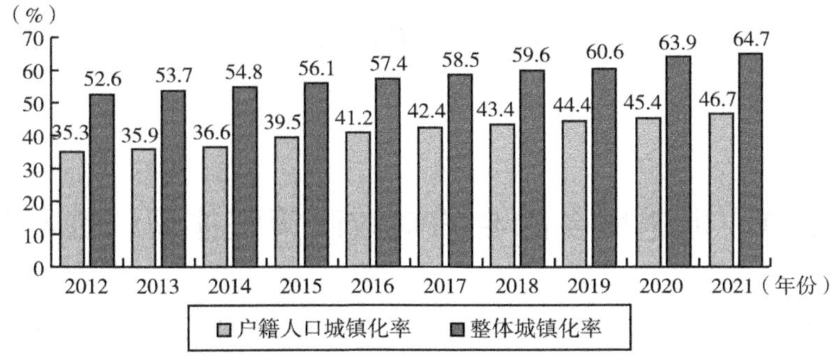

图 8.1　2012～2021 年我国户籍人口城镇化率和整体城镇化率

数据来源：刘天琦．财政政策视角下的新型城镇化助推共同富裕［J］．经济研究参考．

造成常住人口城镇化与户籍人口城镇化落差的重要原因为户籍制度所附带的福利功能。此外，影响农业转移人口市民化的重要原因还有农村土地制度改革不完善，不能解决农业转移人口实现市民化后的后顾之忧。农民加入城镇户口实现市民化，其原本享有的土地保障权益可能随之丧失，但他们在城市生存却缺乏基本保障。虽然国家推出了一系列农村土地改革措施，但农村土地与城镇土地、农村住房与城镇住房仍然存在巨大的市场价格和价值差异，土地评估流转机制也还不健全，农村土地的市场化流转与交易无法为农业转移人口带来可靠的保障效能。尤其值得注意的是，数量巨大的新生代农民工在城市成长，他们不熟悉农业生产、难以回农村定居；但其并未被纳入城市的保障范围，缺乏均等化的基本公共服务，受教育水平、专业技能所限又难以支撑其长久在城市就业生存，他们正面临“回不去、留不下”的生存困境。

此外，国家推进城乡融合发展的政策制度聚焦于城乡人口、经济、社会、空间、生态等领域的融合，但受各类因素影响，城乡互动不足、互促受阻。关于城乡文化、居民意识等方面的融合还有待进一步探索，国家有关政策制度的整体效能尚未完全显现。

8.2 财政政策促进城乡融合发展存在的不足

8.2.1 促进城乡融合的财政政策整体规划性不强

长期以来，我国高度重视国家层面的战略规划，出台了一系列总体规划、专项规划和区域发展规划等，对经济社会发展作出了指导思想、阶段目标、发展举措、实现路径等方面的明确规定。相比而言，国家对于促进城乡融合发展的财政政策的整体规划却显得考虑不足、谋划不深，不同层次、不同领域的政策制度对财政政策所提出的要求显得笼统而分散，许多政策仅仅停留在政策目标层面，只说要“做什么”，但没有可操作、可量化的具体操作与考核办法。关于“谁来做”“怎么做”“做到什么程度”主要依靠具体职能部门进行研究部署与跟进落实。政策执行要求不够明确，这就容易造成财政政策执行乏力，进而引起“政策空转”问题。

与之对应，我国财政政策在制定和执行过程中存在“问题导向”明显而“战略导向”不足的问题，没有体现国家规划的战略引领作用，没有协调区域均衡发展的明显趋向，在某种程度上表现出“宏观政策微观化”的困境，难以发挥财政在国家治理中的基础与支撑作用（郝立涛，2014）。例如，我国财政支农资金的使用仍然偏向于短期刺激的“授人以鱼”模式（樊轶侠，2021），在推进城乡融合发展进程中，以上特征体现得尤其明显。国家尚未出台支持城乡融合发展的整体性财政政策文件和制度规定，政策碎片化现象突出。在财政政策工具选择与创新，财政政策与产业、货币、就业等政策协同配合等方面也尚未做到综合与统筹考虑。

8.2.2　财政体制机制不完善造成地方财力不均衡

首先，分税制导致地方财政压力加大。实行分税制后，我国地方税体系不健全，地方政府财政收入来源有限，特别是“营改增”后，地方主体税种缺失，地方政府尤其是中西部地区地方政府自有财力不足。马骁等（2022）提出，1994 年分税制改革聚焦提高“两个比重”，从顶层设计上明确了中央和地方政府财政事权与支出责任的总体框架，但其实施效果并没有实现“权责清晰”“财力均衡”等目标。事权与财权不匹配让地方政府财政收入压力凸显、收支失衡压力加大。从支出规模来看，由于中央政府和地方政府之间财权、事权划分不够明确，地方基本公共服务和民生支出持续加大，公共预算支出刚性增长，地方财政支出压力巨大，财政收支严重失衡。此外，在过去很长一段时间里，受片面追求 GDP 的考核指标影响，地方政府在财力有限的情况下“为增长而竞争”，财政支出偏向明显，财政支出结构出现扭曲，长期忽略了对农业农村基础建设、公共服务等领域的投入。近年来，部分地方政府又因弥补农村地区的基础设施建设和民生投入历史欠账太多而造成地方财政压力加大。

其次，转移支付制度未能有效缩小区域财政能力差距。我国目前通过财政转移支付缓解地方政府的财政压力，但中央对地方的财政转移支付存在精准不够、规范不够等问题。由于转移支付种类繁多，功能重复交叉，部门利益固化以及不同层级政府激励约束机制弱化等原因，一般性转移支付“不一般”、专项转移支付“碎片化”等转移支付资金使用问题时有发生（安锦、杨壁宁、刘晓佳，2022）。甚至有学者认为，财政转移支付降低了地方政府的财政努力（李丹和裴育，2022），不仅无法缩小区域间的经济和财政收入差距，反而使其有所扩大。

8.2.3 财政支出城市偏向造成城乡资源配置失衡

受“二元经济”结构影响，特别是在财政分权体制和“晋升锦标赛”激励下，我国地方政府财政支出重点聚焦在城市，农业农村的发展长期受到忽视。事实上，我国具有城市倾向的财政支出政策由来已久。如前所述，在改革开放之前的计划经济时期，为了全面推进重工业优先发展战略，我国牺牲了乡村地区和广大农民的利益。一方面，政府采取农产品的价格“剪刀差”策略，通过吸收农业剩余为工业积累资本；另一方面，国家实施严格的限制人口流动管制，导致乡村居民难以涌入城市，从而加剧了城乡分割程度（胡必亮、马昂主，1993）。长期以来，城市公共产品和服务主要由政府直接提供，而农村的公共产品和服务则主要向农民筹集，必要时国家提供少量补助，由此造成农村公共产品供给严重不足，农村公共服务设施长期短缺。

近年来，国家持续推进脱贫攻坚和乡村振兴战略，调整地方政府绩效考评标准，地方政府偏向城市发展的行为有所缓解，但城乡经济社会发展和城乡基本公共服务差距仍然较为明显。由于地方政府之间存在“竞争”关系，各地政府在财政支出结构安排上表现出“重经济建设类支出、轻基本公共服务类支出”的倾向。财政支出偏向造成农业农村发展不足，城乡基础设施、基本公共服务差距依然存在。例如，城市优先发展战略加剧了城乡教育资源配置的不均衡，城乡之间甚至发达地区与欠发达地区的城市之间在教育经费、师资水平、教育设施、学校数量、教学环境与质量等教育资源配置上都存在较大差距。

8.2.4 财政资金管理条块分割导致资金使用效率不高

财政资金使用涉及不同的政府部门和各级地方政府权限，如财政支农资金管理涉及农业农村部、乡村振兴局（2023 年撤销建制）、发改委、财政部等多个部门，由于各部门职责不同，所负责审批的财政资金用途往往不同，容易出现条块分割、重复交叉等问题。财政资金使用政策涉及管理部门多，政策与制度规定多，也容易造成多头管理、落实不力等问题。在地方政府层面，由于监管松散不到位，项目重申报、轻监管，财政资金使用不规范，甚至被浪费、被挤占和挪用等现象时有发生。地方政府及官员基于任期政绩考核需要，财政资金使用往往缺乏长远谋划，小投入、见效快的项目更受欢迎，事关长远发展的农村基础设施建设、大型水利工程等往往不被重视（薛妮、魏桂杰，2022）。在财政资金投入优先顺序上，主要以行政意志或现实需要为主，财政投入事前评估、效应分析、优先级量化模拟与测评往往停留在学术研究之中，实际运用的效果并不如意。

8.2.5　财税调节收入能力有限和撬动资本能力不足

当前，我国税收收入以增值税、消费税、关税等间接税为主。2021 年我国间接税收入占比约为 65%。但间接税因具有累退性，调节居民收入能力较差。个人所得税可以调节收入分配差距，但在我国税收收入中占比较低，作用发挥有限；且当前我国个人所得税的 70% 来自工薪阶层，征收主体为工资薪金所得，在很大程度上已经退化为对中等收入者征收的“工薪税”，对非工资高收入者的征管存在巨大的空白地带，个人所得税征收现实与其调节收入差距的功能背道而驰（梁梦超，2022）。

与此同时，由于城镇化及乡村公用项目成本相对较高、盈利性不强，对社会资本的吸引力普遍不强。当前无论是乡村振兴，还是新型城镇化建设，或者是推进城乡融合发展，基础设施主要还是以政府财政投资为主，社会主体参与度不高，财政资金撬动市场资本、社会资本的能力非常有限，政府、社会、市场共同参与的多元融资机制尚不健全。地方政府依靠自有财力和发行政府债券融资推进城乡融合发展的模式单一，风险较大，可持续性不强。且我国农村范围广阔，基础设施相对薄弱，尽管每年投入的财政资金巨大，但分散到各地农村和急需领域，仍然无法满足现实发展需求。单纯依靠扩大财政支出规模来满足城乡融合发展的需要，显得困难重重。

8.2.6 财政转移支付与城乡人口快速流动要求不适应

城乡人口快速流动增加了实现基本公共服务均等化的工作难度。随着我国新型城镇化建设的推进，城乡人口快速流动成为显著特征。例如，2021 年我国农民工人数达到 29251 万人，其中外出农民工人数为 17172 万人，城乡人口动态流动成为新常态。以传统的静态、固定的户籍人口基数为依据提供基本公共服务的供给模式已经难以适应新形势和新要求。随着数字经济发展，跨区域、跨部门、跨产业的基础设施联通、各类资金融通、政务联动将日益成为常态（樊轶侠，2021）。而基本公共服务配置定期调整机制缺失，加剧了公共资源配置相对于人口分布与经济发展的滞后，造成人口流入地与流出地公共资源和实际需求不匹配（刘天琦，2022）。对于流入地政府，由于财政转移支付未与外来人口数量挂钩，外来人口流入在一定程度上加大了地方财政支出压力，使其财力更加紧张。

此外，财政政策支撑城乡绿色发展的有效性有待提高。财政政策支持绿色发展的投入稳定增长机制尚未形成，中央与地方政府在生态环境保护和治理上的事权和支出责任尚未调整到位。纵向生态补偿机制不健全，对重点生态功能区的转移支付还难以满足实际发展需要；在跨区域生态环境保护上，中央财政支出责任有待加强（王蕴，2021）。

8.3 国外推进城乡融合发展的财政政策借鉴

18 世纪 60 年代，由工业革命产生的机械化技术使生产效率快速提高，大量剩余劳动力和工业原料的出现推进了城镇化的发展。英国率先进入工业革命，带领欧洲步入城镇化进程。美国的城镇化始于 19 世纪 50 年代，高速发展期在 20 世纪上半叶。当前，世界主要发达国家均处于较高的城镇化水平，城乡关系总体处于协调发展状态，不协调的现象越来越不明显，它们在制定财政政策促进城乡融合发展方面产生了不少经验做法，可供我们参考借鉴。与此同时，发展中国家城镇化进程相对滞后，还处于大力提升阶段，一些创新做法也值得我们学习借鉴（见表 8.2）。

表 8.2　　世界城镇化率比较

年份	1950	1975	2000	2010	2025	2050
世界	29.6	37.7	46.6	51.6	58.2	66.4
发达国家	54.6	68.8	74.2	77.1	80.4	85.4
发展中国家	17.6	26.9	39.9	46.1	51.6	63.4
亚洲	17.5	25	37.5	44.8	53.9	64.2
欧洲	51.5	65.4	70.9	72.7	75.8	82
中国	11.8	17.4	35.9	49.2	65.4	75.8
英国	79	77.7	78.7	81.3	84.8	88.6
美国	64.2	73.7	79.1	80.8	83.3	87.4

资料来源：中国财政部官网．英国新型城镇化背景下的中央与地方支出责任研究．http：//gjzx.mof.gov.cn/jlm/cslm/pxyj/200012/t20001212_3404333.htm.

8.3.1　国外推进城乡融合基本模式

（1）城乡一体化建设的英国模式。

英国是世界上最早实现工业化的国家，也是最早关注城乡融合发展的国家。面对城市化带来的诸多城乡矛盾，英国政府于 1948 年制定《城乡规划法案》，推进城乡关系法制化发展，为各国城乡融合发展提供了宝贵的经验。其主要做法包括：一是严格政府之间的事权划分，强调政府规划管理。英国实行集权基础上的分权、分治，中央政府与地方政府事权划分，以法案的形式经国会批准后实施。政府的职责主要包括强化交通等公共基础设施一体化建设，保持城乡发展规划和公共政策的稳定。自1909年颁布世界上第一部城市规划法《住宅、城镇规划条例》以后，英国政府通过系列法律推进城乡一体统筹规划与建设。二是明确财政负担的公共服务范围。政府将复杂的公共服务划分为“个人服务”“邻里服务”“委托服务”三种类型。其中“委托服务”必须由中央和地方政府财政支持提供，如福利制度、应急卫生管理等。三是明确城乡一体的基本公共服务标准。英国建立了城乡一体化的社会保障制度和基本公共服务标准，持续推动城乡交通等公共基础设施和田园城市、生态城镇建设，连接大城市与周边小城镇，有效改善自然和居住环境，化解中心大城市的压力。四是重视政府和市场的协同配合。英国城镇化建设以私营企业为主，由其负责城镇建设和开发运营及资金筹措，重视特色化发展。

（2）大都市带动城乡融合的美国模式。

美国是工业发展比较早的国家，也曾因工业化快速发展引起城乡失衡的问题。为了统筹城乡发展，美国形成了以建设大都市带动城乡融合发展的模式。其主要做法包括：一是大力推进农村公共基础设施建设和公共事业发展。美国政府每年投入大量的财政资金用于加强农村灌溉、水电、道路等基础设施建设，以及教育、卫生、文化等社会公共事业发展，保障城乡均等化发展。二是加强财政对农业的补贴。美国政府重视加强农业作为第一产业的地位，为提高农业利润，增加农民收入，美国政府积极帮助农民开拓销售市场，出台对农民从购买农具、种植维护到产品销售等一系列的补贴政策（韩超、杨洁，2019）。三是大力支持农民技能培训和农业科技发展。美国的农业规模化经营程度高，美国政府高度重视对农业科研的补贴，大力推进农业高等教育事业发展，开展多元化的农民职业技术教育，对农村居民就业提供有针对性的支持。

（3）以市町村合并为先导的日本模式。

第二次世界大战后，日本经济的高速增长加速了城镇化进程。农村人口大量流入城市，使先天不足的农业发展面临更多问题，城乡矛盾凸显。为此，日本实施了“以组织化和体制化建设推进乡村振兴”的发展战略（张晴等，2009）。其主要做法包括：一是推进市町村合并运动，健全乡村振兴组织体系。日本政府于 1950 年前后颁布《地方自治法》《町村合并促进法》等法律，先后 3 次推行大规模的市町村合并运动，将其调整为规模适中的基层自治单元（李玉才，2022）。二是推进农村土地规模经营。19 世纪 60～70 年代，日本先后出台《农业基本法》和《关于农业振兴区域条件整备问题的法律》，推行以土地买卖和租借为主要形式的土地流动，为农业规模化经营奠定了基础。三是加强农村基础设施建设。政府运用公共财政加大了对农业生产基础设施、农村生活环境整治的投资，加强了城乡物质和信息联系，促进了农业生产率的提高。四是建立城乡一体化的社会保障体系。20 世纪 50 年代，日本先后制定《生活保护法》《国民健康保险法》《国民年金法》等法律制度，提出“全民皆保险”的口号（张小锋和杨淑敏，2021），建立了以医疗保险和养老保险为主的农村社会保障体系，推进实现城乡一体化的保障水平。五是发展农村职业教育和农业协会。日本特别重视农村职业技术教育，大力发展各类农业协会，以“农协”为枢纽拓展城乡间产品、要素和服务的双向流动。六是重视小城镇建设。20 世纪 50 年代以来，日本政府运用财政资金大力扶持落后地区、小城镇的发展，推进实现了均衡的城镇化进程。

（4）政府主导农村工业化的韩国模式。

第二次世界大战后，韩国政府大力扶持工业发展，并取得巨大成效，但也造成了工农失衡的困境。为此，韩国政府于 1970 年启动“新村运动”，探索了一条由政府主导的扩散型的农村工业化道路（张晴等，2009）。其主要做法包括：一是加强农村基础设施建设。政府加大财政投入，修建农村卫生供水和排污系统，推进农村环境整治和村庄重建工作。大力发展农村电网、设置公用电话等，增加道路、灌溉等农业生产基础设施的建设。二是实施农村工业区计划。将农村工业区建在农村人口密集区，集中发展农村非农产业，推进农村工厂规模化经营，实现农村工厂的外部规模经济，推动城乡均衡发展。三是增加农民收入。采取推广经济作物、发展专业化生产区以及建立各种新村工厂等举措，不断增加农民收入。

（5）城乡统筹发展的巴西模式。

20 世纪 60 年代，巴西摒弃了“先工业、后农业”“先城市、后农村”的工业化道路，开始了城乡统筹发展的新探索。其主要做法包括：第一，增加政府财政投入，改善农业生产环境。巴西政府在 1965～1985 年用于农业投入的资金累计约 2191 亿美元，其中 310 亿美元用于农业补贴，其他用于投资和市场政策（张晴等，2009）。二是完善城市与农村的联动机制。为了加速边远农村的开发，巴西政府在亚马逊州首府马瑙斯市及周边持续建立增长极和次增长极，形成了带动整个区域开发的开放型网络，推进形成城乡联动、辐射与梯次发展的态势。同时，以边远资源开发地或“绿色革命”地为新城建设点，在广大农村地区形成多个经济增长点。三是坚持政府与社会组织的合作。为推进城乡融合发展，巴西政府把原来由政府承担的培训、信息、宣传等工作转移至民间组织承担，推动农业科技推广、培训组织、农村教育、物资流通、农村综合开发等事业的全面发展。

8.3.2 国外推进城乡融合发展基本经验

通过对国外城乡融合经验模式的考察，可以发现，发达国家重视完善法律制度，明确各级政府职能，并采用直接财政收入补偿的办法来解决城乡发展不平衡的问题。通过实施税收减免政策，增加纳税人可自由支配的收入，进而推动消费促进民间投资，推进城乡经济的协调发展。政府关注农村内部的差异，实施相应的财政支持政策。例如，政府采取财政资金补助的方式支持相对落后的农村地区的发展。与发达国家相比，巴西等发展中国家在推进城乡融合发展进程中更加重视城乡发展规划与财政对农村农业发展的重点支持。增加财政对农业投入和增加农民收入水平是其财政政策的重要政策方向。

综合考察，各国的做法有不少共同之处，对我国推进城乡融合高质量发展具有较好的启发与借鉴意义。其主要包括：一是建立完善的法律法规体系，明确政府职能范围，明确政府在推进城乡融合发展中的财政事权和支出责任。二是突出农业基础地位，加大政府对农业农村的财政投入力度，重视农业技术应用、农业科技发展和农业技能培训。三是突出农民在乡村建设中的主体地位，努力提高农民收入水平，重视保护农民享有均等、合法的社会保障等各类权益。四是建立稳定的财政支农资金增长机制，包括采取贴息、配套、补助、奖励等形式，鼓励和引导各类资本直接参与城乡开发。五是循序渐进，因地制宜，形成各具特色的区域发展格局。六是动员各种社会力量参与推动城乡融合发展，充分发挥农业协会等社会组织的力量。

8.4 本章小结

本章首先总结了我国推进城乡融合发展存在的主要问题，为后续进行财政政策研究找准目标与方向；其次，根据前文现实考察与实证研究，总结发现我国财政政策在促进城乡融合发展中存在的不足；最后，从发达国家的经验模式和发展中国家的实践探索两个方面介绍国外的财政政策推进城乡融合发展的经验做法。

本章的主要结论如下：

第一，我国城乡融合发展总体水平呈现逐年平稳上升的趋势，但存在的问题仍然明显。其主要包括：整体融合水平不均衡，区域差异明显；农业产业化发展滞后，农村发展“短板”明显；城乡居民收入差距大，基尼系数持续高位；城乡基本公共服务差距大，供给落差明显；城乡融合体制机制不完善，要素流动受阻等。

第二，我国财政政策在促进城乡融合发展中发挥了巨大作用，但仍然存在不足。其主要包括：促进城乡融合的财政政策整体规划性不强；财政体制机制不完善造成地方财力不均衡；财政支出城市偏向造成城乡资源配置失衡；财政资金管理条块分割导致资金使用效率不高；财税调节收入能力有限和城乡融合社会参与度不高；基层政府财政治理能力与城乡融合发展要求不适应等。

第三，通过对英国、美国、日本、韩国、巴西等五个国家运用财政政策推进城乡融合发展基本经验的梳理与考察，本章发现一些对我国推进城乡融合发展具有较好启发与借鉴意义的经验做法。其主要包括：建立完善的法律法规体系，明确政府职能范围；突出农业基础地位，加大政府对农业农村的财政投入力度；突出农民在乡村建设中的主体地位，努力提高农民收入水平；建立稳定的财政支农资金增长机制，鼓励和引导各类资本参与城乡开发；循序渐进，因地制宜，形成各具特色的区域发展格局；动员各种社会力量参与推动城乡融合发展。

第 9 章　财政政策促进城乡融合发展的政策建议

针对前文提出的问题与不足，第一，本章尝试明确财政政策促进城乡融合发展的职能定位，认为财政政策在推进城乡融合发展中至少应承担起公共财政、民生财政、发展财政等三种职能；第二，提出财政政策促进城乡融合发展必须遵循整体规划、因地制宜、共建共享、多元共治、数字赋能等基本原则；第三，提出财政政策促进城乡融合发展的重点领域，包括完善财政分权、纠正财政支出偏向、坚持教育优先发展；第四，提出财政政策促进城乡融合发展的政策体系构想，主要从城乡经济融合、城乡空间融合、城乡社会融合、城乡人口融合、城乡生态融合等五个方面构建财政促进城乡融合发展的政策支持体系；第五，提出完善财政政策促进城乡融合发展配套措施的政策建议。

9.1　财政政策促进城乡融合发展的职能定位

党的十八届三中全会《决定》提出“财政是国家治理的基础和重要支柱”重要论断，将以往作为经济范畴的财政政策提升到国家治理层面，放在国家治理的大局中定位，使其功能和作用得到全面拓展和提升（高培勇，2016）。城乡关系作为影响国家发展和国民生活的重要社会关系，是国家治理的基本对象和重要内容。推进城乡融合发展是国家财政的基本职能。具体而言，本书认为，财政政策在推进城乡融合发展过程中至少应该承担以下三种职能。

（1）公共财政：提供城乡均等的基本公共服务。

财政政策在推进城乡融合发展过程中应该承担起“公共财政”的职能，提供城乡均等的基本公共服务。“公共财政”是指为市场提供公共服务的财政，是社会公众的财政，其主要职责包括实现社会资源的有效配置、社会收入的公平分配和宏观经济的稳定运行（张馨，2022）。从财政政策推进城乡融合发展的功能来看，财政政策尤其要注意加快补齐农业农村发展“短板”，加强农村基础设施建设，提升城乡义务教育、公共卫生、基本医疗、养老保险等领域基本公共服务水平，尽快实现城乡基本公共服务的统一标准和均等化要求。

（2）民生财政：满足城乡人民过美好生活的愿望。

财政政策在推进城乡融合发展过程中应该承担起“民生财政”的职能，满足城乡人民过美好生活的愿望。当前，我国社会主要矛盾已经发生改变，消除贫困、改善民生、实现共同富裕是社会主义的本质要求。民生财政是相对公共财政而言提出的更高层次的要求，是指用于教育、医疗卫生、社会保障和就业、环保、公共安全、数字服务等民生事项的财政支出占到相当高的比例，甚至处于主导地位（安体富，2008），其政策目标为促进消费增长、调节消费差距、保障消费安全（刘尚希，2008），满足人民对美好生活的需要。

（3）发展财政：激发城乡融合发展动力。

财政政策在推进城乡融合发展过程中应该承担起“发展财政”的职能，激发城乡融合发展动力。发展是永恒的主题，城乡融合发展“以协调推进乡村振兴战略和新型城镇化战略为抓手”，以“形成工农互促、城乡互补、全面融合、共同繁荣的新型工农城乡关系”为目标。这就决定了财政必须着眼于增强高质量发展活力，激发城乡融合发展动力，加大城乡教育和科技投入，全面提升城乡居民素质和整体发展能力，推进城乡产业升级和绿色发展，优化城乡人居环境和生态质量，切实满足新时代城乡现代化建设的目标要求。

9.2　财政政策促进城乡融合发展的基本原则

借鉴国外经验和总结我国实践探索，财政政策在推进城乡融合发展进程中必须遵循以下基本原则。

（1）坚持整体规划，推进非均衡协调发展。

围绕城乡融合发展的目标，强化统筹规划和顶层设计，增强工作的系统性、整体性、协同性，全面推进城乡互动与交流，完善城乡融合发展制度与规划，持续推进人口、空间、经济、社会、生态等领域全面融合。同时，要以协调推进乡村振兴和新型城镇化为抓手，以国家城乡融合发展试验区形成的基本经验为基础，抓住城乡融合发展进程中的主要矛盾和矛盾的主要方面，找准突破口，培养并扩大增长极，推动中东西部新型城镇化和农业现代化、工业化和城镇化、信息化和数字化深入发展和深度融合，促进就业转移和人口集聚、城乡发展与产业支撑、要素平等交换和公共资源均衡配置相互协调，推进既有阶段突破、重点突破，又有长远发展、全面发展的城乡融合高质量发展进程。

（2）坚持因地制宜，推进有特色与高质量发展。

统筹推进全国各地、各区域城乡融合发展进程，根据不同地区、不同区域的城乡融合发展阶段特征、自然历史文化禀赋和经济社会发展差异，尊重基层首创精神，发挥地方政府积极性，探索形成形态多样的城乡融合路径，科学规划城市群建设，合理构建城镇化布局，形成符合实际、各具特色的乡村改革模式，因地制宜地提出中国式城乡融合发展的路线图与时间表，稳妥把握城乡融合发展的时序、节奏，试点先行，分类施策，梯次推进，久久为功，探索形成科学合理、特色鲜明的中国式城乡融合发展新模式。

(3) 坚持共建共享，推进以人为核心的发展。

牢固树立人本意识，发挥农民在乡村振兴中的主体作用，尊重农民意愿，保护农民权益，调动亿万农民的积极性、主动性和创造性，推动农业全面升级、农村全面进步、农民全面发展，不断增强农民的获得感、幸福感、安全感。推进以人为核心的城镇化，有序推进农业转移人口市民化，合理引导城乡人口流动，稳步推进城镇基本公共服务常住人口全覆盖，加快实现城乡人口基本公共服务均等化，不断提高人口素质，促进人的全面发展和社会公平正义，使全体人民共享现代化建设成果。完善和优化促进城乡融合发展性质的转移支付制度，支持中西部地区、欠发达地区的政府提升财政能力，支持其加快发展速度，逐步实现各地城乡协调发展。

(4) 坚持多元共治，推进政府引导和市场主导。

正确处理政府和市场关系，充分发挥有为政府和有效市场的作用。政府要切实履行提供公共服务、制定政策规划、营造发展环境、保障安全稳定等重要职责。要更加尊重市场规律，发挥市场在资源配置中的决定性作用，引导更多市场主体、城乡居民参与推进城乡融合发展进程。要建立综合性的政策协调机构，发挥专家学者的资政建言作用，推进政府力量和社会力量的整合与协同，使城乡融合发展成为政府引导、市场主导、多元共治的发展过程。

(5) 坚持数字赋能，推进科技与智慧城乡建设。

充分利用大数据、互联网、云计算、人工智能、区块链等现代技术，推进城乡数字化基础设施建设，打破传统城乡物理阻隔，构建“云服务”平台，以数字赋能实现城乡智慧管理，打造智慧社区，建设智慧交通，深化智慧政务，将数字理论融入教育发展和职业培训，大力推进城乡新兴产业发展，逐步实现城乡数字化融合。

9.3 财政政策促进城乡融合发展的重点领域

9.3.1 完善财政分权，深化财政管理体制机制改革

推进城乡融合发展，要充分发挥中央和地方两个积极性，建立权责清晰、财力协调的中央和地方政府财政关系。一方面要明确中央和地方政府事权与支出责任，加强地方政府财力建设；另一方面，要完善政府绩效考核体系，增强地方政府推进城乡融合的动力，促进各项政策措施得到有效落实。此外，还必须大力推进区域财力均衡，增强中西部地区、北方地区尤其是城乡融合水平冷点区、中小城市的财政发展能力。

（1）明确政府事权及财政支出责任，加强城乡融合发展整体规划。

党的十九届四中全会从国家治理角度提出政府应承担经济调节、市场监管、社会管理、公共服务、生态环境保护等职能，大体确定了财政应该承担的事权和支出责任的范围。一般而言，经济调节职能主要由中央和省级政府履行，中央政府承担主要责任；市场监管、社会管理、公共服务、生态环境保护等职能由各级政府统一承担，中央和省级政府负更多责任，中央着重承担全国性、跨区域性事务的相关责任。在推进城乡融合发展中，中央政府要结合各地城乡融合发展情况，加强城乡发展的顶层设计和政策制定。地方政府要贯彻落实中央制定出台的战略规划和政策方针，并结合本地特色，强化实地调研，制订具体实施方案，并加强财力保障与政策落实，确保国家政策目标得到有效实现。

（2）加强地方政府财政能力建设，增强地方推进城乡融合发展动力。

根据中央与地方在推进城乡融合发展的事权与支出责任划分以及地

方财政收支现状，应分步调整中央与地方政府财权划分，增强地方推进城乡融合发展动力。首先，要重点加强地方税源培育，壮大地方税主体税种，优化主要税种的收入分享比例，建立健全地方税体系，增加地方财政自给度。其次，要加强中央财政对农业主产区、生态功能区、特殊类型地区的财力缺口弥补，增强中央财政对城乡融合发展水平冷点地区、落后地区，以及财政困难地区的支持力度和兜底能力。最后，重点加强县级政府财政能力建设。在当前重点推进县域城乡融合的背景下，要进一步完善县域财政管理体制，明确推进财力下沉，加大地方财政资金的使用自主权，改革和创新财政“支农”思路，增强县域经济发展的动力与活力。

（3）大力推进区域财力均衡，推动市场与政府优势互补。

首先，要加快建立财政转移支付与流动人口挂钩制度，落实财政资金“钱随人走”，推进区域、城乡基本公共服务均等化，减轻城市接纳转移人口成本负担。其次，要探索建立城乡资金投入的长效机制。大幅提高均衡性转移支付比重，突出转移支付的均等化功能，推进多元共治，持续增强中西部地区、北方地区尤其是城乡融合水平冷点区的财政发展能力。推进财政资源适当向中小城市、城镇地区倾斜，加大对城乡融合发展水平落后地区的基础设施、公共事业的投资力度。最后，推动有效市场和有为政府更好结合，在经济效益偏弱、市场机制“失灵”的情况下，完善政府管理制度，优化政府绩效考核指标，推动地方政府主动担责，通过重点转移支付和财政投资等手段，优化城乡要素资源配置，缩小城乡发展差距。

（4）理顺财政资金管理体系，增强政府财政治理能力。

中共中央、国务院《关于建立健全城乡融合发展体制机制和政策体系的意见》明确提出，国家发展改革委牵头建立城乡融合发展工作协同推进机制，各有关部门要围绕人口、土地、财政、金融、产权、编制等任务，制定配套改革措施。这为理顺国家机关、各级政府涉及城乡融合财政事权奠定了基础，指明了方向。各级政府部门必须明确定位，主动作为，加强财政信息共享平台建设，推动形成财政政策合力。与此同时，各级财政部门要树立生态文明和绿色发展理念，增加城乡生态发展投入，推进城乡全面融合。

9.3.2　纠正财政支出偏向，补齐农业农村发展“短板”

强国必先强农，强农方能强国。2014 年国家提出“工业反哺农业、城市支持农村”，2020 年提出以工补农、以城带乡。2023 年中央一号文件提出，全面建设社会主义现代化国家最艰巨最繁重的任务在农村。推进城乡融合高质量发展，必须解决好“三农”问题，推进农村农业优先发展。

（1）加大财政支农力度，压实地方政府财政责任。

加大财政支农投入，是财政公共性的重要体现。推进农业农村优先发展，必须在“多予”上下功夫，把农业农村作为一般公共预算优先保障领域，不断压实地方政府财政责任。首先，要加强农村基础设施建设。加强耕地保护和基准农田建设，完善农业水利体系和交通枢纽工程，支持农村物流和数字乡村建设，扎实推进农村人居环境整治和提升，将农业发展重大基础设施建设工程纳入地方政府债券支持范围。其次，要加强对农村产业发展的支持。加大农业科技资金投入，推动农业关键核心技术攻关，发展农业适度规模经营，大力发展“互联网 +”乡村新产业新业态，不断完善和优化农村产业链，大力支持农村特色优势产业集群，加大农村产业补贴力度。

（2）优化财政支农路径，提高财政支农效率。

首先，要加大财政补贴，健全和完善鼓励城市优质资源下乡制度，完善下（返）乡创业激励制度，吸引城市资本下乡或外出务工农民返乡创业。其次，创新政府购买服务方式，鼓励城镇技术与农村产业发展相结合，大力支持农业科研，加强科技成果转化，提升农业特色产业综合实力。再次，健全和完善财政金融合作机制。发挥财政资金引导作用，全力推动普遍惠农惠民的金融发展，探索多样化、专业化的金融支持“三农”发展模式，推动普惠、绿色金融等加快落地见效。最后，要拓宽农民增收致富的渠道。继续实施农业直补，加大强农惠农富农政策力度，深化农村土地制度改革，探索实施农村集体经营性建设用地入市制度，让农民更多分享改革红利。

（3）完善财政支农绩效考核，纠正财政支出城市偏向。

中国是发展主导型国家，发展是国家制度的第一要义（付敏杰，2020）。城乡融合发展、农业农村优先发展必须纳入国家整体治理体系，作为中央对地方政府及政府官员绩效考核的重要内容，进而推进地方政府优化财政支出结构，加强对农业农村发展的支持力度，打破城乡分治局面。要不断完善财政绩效考核指标体系，明确政府推进城乡融合发展目标导向，杜绝财政支农资金截留、挤占、挪用等现象，切实提高财政资金使用效率。

9.3.3 突出财政重点支出项目，推进教育优先发展

教育是基本的公共服务，也是最大的民生，在推进城乡融合发展中具有基础性、先导性作用。加大财政教育支出，优先发展教育事业，可以提高城乡人口素质，增加城乡人力资本积累，增进城乡人口与文化融合；能够为城乡产业技术水平提高、数字经济的快速推进、城乡整体创新能力的提升奠定基础，进而持续增强城乡融合发展的活力与韧性。

（1）大力发展普惠性学前教育，减轻城乡家庭养育负担。

《中国教育现代化2035》提出“普及有质量的学前教育”。党的二十大报告强调“强化学前教育普惠发展”。推进城乡融合高质量发展，必须加大对普惠性学前教育的财政投入，推进公办幼儿园建设和幼儿师资队伍建设，加强民办幼儿园发展规划与质量监督，保证城乡学前教育在数量上普及普惠，在质量上高效安全，着力解决城乡幼儿“入园难”“入园贵”的涉及百姓切身利益的重大民生问题，实现“让城乡所有适

龄幼儿都能接受学前三年的良好教育”目标。同时，要稳步推进科学、安全的婴幼儿保教服务，切实减轻城乡婴幼儿家庭养育负担。

（2）推进城乡义务教育均衡发展，提高城乡教育资源效率。

首先，要缩小城乡学校在软硬件上的发展差距。完善城乡教育资源配置体系，持续加大对农村义务教育阶段学校的财政投入力度，全面升级农村中小学的网络服务、教学设备、图书资料、学习场所、标准化食堂等办学条件，提高农村教师待遇，加大对农村地区尤其是在偏远山区从教教师的补贴与奖励力度，提高农村义务教育办学质量。其次，要着力解决“城镇大班化”“农村空校化”问题。加快建立转移支付与人口流动挂钩制度，改善城镇学校的办学条件；要科学测算城乡适龄儿童分布，合理推进农村学校“撤点并校”。建立以生均拨款、师资配备、教学设施设备等资源要素为核心的义务教育学校建设标准体系，建立办学条件标准动态调整机制和学校标准化建设长效机制。最后，要大力推广“互联网＋教育”模式，实现城乡优质教育资源“云共享”。充分利用国家网络教育平台，实现教学信息与资源共享，探索建立城乡义务教育共同体，推进融合型、共建型、协作型城乡校际合作模式。

（3）持续开展职业教育与就业培训，推进城乡人口双向流动。

首先，大力发展城乡职业教育。加强城乡职业教育整体规划，实现职业教育资源在城乡间自由流动，满足城乡居民终身学习的需要，特别是新型职业农民、返乡创业农民、城镇失业青年等群体对职业教育的需要。其次，大力发展技能教育和就业培训。加强职业学校的技能教育与就业培训功能，着力培育懂技术、有文化、能管理、善经营的城乡技术人才。大力开展内容丰富、形式多样的进城务工人员岗前培训和在职培训，有效提升城乡青年劳动力的生产技能和经营管理能力。最后，大力发展网络职业教育。利用信息化、数字化技术手段，扩大职业教育与技能培训覆盖范围，建立职业教育资源共享、利益分享和风险共担等机制。

（4）重视高等教育资源的科学分布，提升高等教育整体质量。

高等教育是数字经济发展的重要人才和智力支撑，是国家和区域科技创新能力的根本所在，也是带动地区经济社会发展的重要力量。重视高等教育资源的科学分布，必须从战略意义上认识并加大对城乡融合发展落后地区、高等教育欠发达地区的教育财政投入，支持当地高等教育发展，提升当地高等教育质量。

9.4 财政政策促进城乡融合发展的体系设计

推进城乡融合发展是国家治理的重要内容，财政政策是国家治理的基础和重要支柱。如前所述，城乡融合可进一步细分为城乡人口融合、城乡空间融合、城乡经济融合、城乡社会融合、城乡生态融合等多个观察维度。根据前面研究基础及本书优先排序，本书主要从城乡经济融合、城乡空间融合、城乡社会融合、城乡人口融合、城乡生态融合等五个方面构建财政政策促进城乡融合发展的政策支持体系。

9.4.1 促进城乡经济融合的财政政策

根据前文文献研究与测评数据，经济融合是我国城乡融合发展的“短板”。产业发展是城乡经济融合的核心内容，缩小城乡居民收入差距是城乡融合发展的工作重点。财政政策促进城乡融合发展，必须重视推进城乡经济融合发展，持续推进城乡产业发展和缩小城乡居民收入差距。

（1）加快农村现代产业发展。

中国最大的发展不同步，是农业农村发展不同步的问题，即农村产业现代化滞后于工业化、城镇化、信息化发展（周立，2018）。加快发展现代农业是实现农村经济高质量发展的重要途径，能够有效推动农民收入增长，改善农村居民生活质量。加快发展现代农业，首先，要通过增加财政补贴和税收优惠的方式，推进农村产业链延伸，优化农村三次产业结构。农村产业融合的实质是通过产业链的延伸整合和扩大现有产业功能，包括采取财政补贴的方式改变原有传统农村产业的生产模式，推动传统农业转型升级，发展特色果蔬、农产品精细加工等新行业；鼓励农民发展休闲康养、文化旅游、民俗经济等农村新业态。其次，要出台人才专项激励政策，吸引优秀人才入乡创业。鼓励基层政府大力改善农村创业环境，通过财政补贴、贴息贷款等方式，引导有市场经营经验和一定技术专长的农村外出人员返乡创业，以及有志推进农村产业经营的专业人才投身农村发展。最后，加强农业科技投入，推进科技助农。结合城市智能科技，提升农村产业资源利用效率和生产现代化水平，推进农村自然与生态保护，拓宽农村产业规模，打造农村绿色、生态、智慧产业。

（2）优化城乡资源配置。

首先，财政政策要鼓励企业结合本地产业优势，找准发展方向。财政政策可以以对各类要素补贴性支持为主、股权投资性支持为辅的方式，引导城乡产业因地制宜发展，避免盲目追求“高精尖”产业，在大中小城市以及小城镇协调发展的基础上，推进城乡产业在区域内的合理分工和科学布局，实现资源的优化配置。其次，要引导生产要素资源流动。围绕各地资源优势，通过项目直接补贴的方式，引导社会资本进入农产品生产、加工和经营领域以及城市公用设施、公共产品的生产、服务领域。最后，要通过政府购买服务的方式，鼓励城乡技术力量与产业发展相结合，推动科研攻关、科技下乡，加强科技成果转化，提升城乡产业的品质和竞争力。

（3）推进城乡产业协同发展。

首先，引导城乡产业双向靠拢和聚合城乡产业融合方向。城市是工商、贸易和人口的集中地，在城乡产业链中可重点拓展资金密集型、技术密集型领域，吸纳农业转移人口就业，推进技术向农村转移。农村主要依托于就近择业农民，重点锁定“农业+”发展，深耕农产品深加工、生态旅游、电子商务等新产业，主动承接城镇资本、技术、人才和消费需求的转移。财政政策要发挥经济杠杆作用，结合城乡产业结构和区域发展布局，引导城乡产业双向靠拢，城乡要素逐步融合。其次，要推进城镇产业下乡。政府通过制定退税补贴政策，扶持城市的多元产品下乡，推动企业到农村建设生产合作社，吸纳农村外出人口返乡创业，增强农村产业动力和活力，丰富农村业态。最后，推进城乡产销一体化。政府出台财税政策扶持农村建设，推进工农业协同关系，发展数字经济，利用智慧媒介和城镇交通发展连接城乡的产销一体化模式。

（4）缩小城乡居民收入差距。

在调节居民收入差距上，税收政策重在“削高”，财政政策重在“提低”，而两者最终目的在于“扩中”，即增加中等收入群体的规模（李丹、裴育，2022）。首先，要加大对农村地区、低收入人群的财政转移支付力度。通过完善社会保障体系，提高各类补贴标准，做好财政“兜底”保障。加大对农村劳动力的职业技能培训，将保障与发展相结合，促进农村居民持续增收。完善财政资金股权投资收益，保障农民长期稳定收入。其次，要完善税收调节城乡收入功能。不断完善我国财产税体系，提高直接税比重，加快推进建立赠与税、遗产税。同时，完善个人捐赠税前扣除、互联网捐赠等相关制度，持续优化与第三次分配相关的税收优惠政策。最后，要加快建立农民财产性收入制度体系，增加农民财产性收入。

9.4.2 促进城乡空间融合的财政政策

城乡空间结构反映区域经济资源配置状况，推进城乡空间融合有助于城乡要素双向流动，既是解决当前“大城市病”、提高城市空间品质的重要途径，也是提升乡村价值、释放乡村活力的必然要求。科学布局城乡空间，完善城乡交通、物流、信息网络，打造功能协调、分布有序的城镇空间体系，离不开财政的支持与投入。

（1）支持新型城镇化拓围扩面。

随着我国城镇化率的提高，延伸城区面积成为必然趋势，财政必须做好准备，加大投入与支持。首先，要支持郊区变为城区。撤村、转户、招工、集体所有制的国有化，无论采取何种拓展形式，均需属地财政部门的大力支持。此外，若发生涉及安全稳定等风险性事件，财政部门必须承担“兜底”责任。其次，要扩展郊区型城区，即保持乡村原有体制不变，农民“离土不消乡，就地求发展”（范栋华、杨华，2006），这也需要财政加强对农村产业发展的支持。最后，要支持城乡交错融合。根据城乡发展实际，支持乡中有城、城外有村，以及“城中村”的发展，使城市外延与城郊发展有机结合起来，农工商业实现综合经营、全面发展。

（2）加大城乡交通网络建设投资。

交通基础设施能够强化城乡联系，将农村融入当前以城市为中心的发展体系，进而形成城乡各具特色的发展模式。各地应根据区域经济发展水平和城乡融合发展阶段，明确和落实财政事权和支出责任，加快构建城乡交通网络体系。首先，要加大重大交通项目建设投资。国家应推进财政政策与货币金融政策协同发力，为区域之间、城乡之间交通基础设施重大项目建设、城乡重要通道疏通提供较为充足的资金支持和相对宽松的融资环境，加快完善我国区域、城乡之间的重要公路、水路、铁路、航空等交通基础设施网络体系。其次，要加强区域内部交通基础设施建设。财政部门可通过政策性银行发行金融债券方式，解决本地联通城乡的交通设施项目资本金筹集难的问题，各地财政部门要会同交通运输部门将债券项目储备作为一项长期性、基础性工作，根据项目轻重缓急和成熟程度安排使用，扩大交通有效投资。最后，要完善城乡普通公路一般公共财政保障机制。基层政府应当将没有收益的普通公路建管养运等所需资金纳入年度财政预算予以保障。项目和资金安排可由地方交通运输部门提出需求，财政部门负责审核，确保财政资源高效配置。

（3）推进城乡物流产业发展。

物流行业随电子商务的兴起而快速发展，业已成为融合城乡运输、仓储、配送的重要产业，在促进城乡产业结构调整、增强城乡经济活力方面发挥着不可替代的作用，是推进城乡空间融合的重要影响因素。首先，要加强对城乡物流服务中心建设的财政投入。各级政府部门应积极响应国家推进城乡融合发展的政策，加大资金投入力度，完善城乡尤其是农村物流基础设施布局，建立农产品加工配送中心及农村物流服务中心等，为实现城乡之间尤其是县、乡、村三级物流基础设施网络体系建设打下坚实基础。在农村地区建设专门的物流中心、集散中心、转运中心等。与此同时，提高农村交通运输状况，增设客运村级站点，为物流提供便利。其次，要加强对物流产业和企业的扶持力度。推动各地将交通运输物流的发展作为重要的产业基础，采取减税降费等方式，支持物流企业发展，加强对农产品物流服务业的扶持。最后，探索公私合营的物流合作模式。借用城市物流品牌资源，通过代理制等合作方式形成新的城乡物流营运模式，运用供应链思想（张帅、陈志杰，2022），积极探索城乡物流对接新模式，增强城乡物流的合作发展。

（4）加大财政对信息技术与数字经济发展的支持。

互联网和信息技术发展推动了城乡全域交通治理现代化，让城乡分割的壁垒逐渐被打破，使城乡之间的交通和地理的边界和隔阂逐渐被消解。数字经济的发展突破地理空间的束缚，通过优化要素资源布局、扩大交易市场规模能够为城乡融合提供新动能。加大财政对信息技术的投入，能够推动利用数字平台升级交通基础设施建设、提高交通通达度，缩小城乡居民外出活动的便捷差异。此外，地方政府可以借助数字技术建立清晰的土地、人口基础信息库，实现土地数字化管理、人口动态化管理、财政精准化投入，同时在区域内部做好区块划分，打造城乡“工作圈”和“休闲圈”（孙涛、王硕，2023），满足城乡居民需求，推进城乡空间的融合。

9.4.3 促进城乡社会融合的财政政策

地位平等、待遇平等是城乡社会融合的基础。长期以来，“先进的教育理念”“发达的医疗水平”总是与城市联系在一起，当前我国城乡教育、医疗卫生等资源配置均存在较大差距。城乡融合发展就是要缩小城乡差距。在我国加快民生事业发展的背景下，财政政策支持城乡社会融合的着力点不仅要落在推进基本公共服务均等化之上，更要落在城乡社会服务质量和水平的全面提升之上。

（1）提供均等化的城乡基本公共服务。

首先，要加大财政投入，补齐农村基本公共服务落差。提高农民享受医疗、养老等基本公共服务标准，改善农村人居环境，优化农业发展基础，推进乡村振兴，以城市与乡村的共同发展实现城乡融合高质量发展。其次，要建立稳定的基本公共服务财政投入增长机制。推动土地、户籍、财产等制度改革，实现农村多数人在收入水平、财富积累等层面上有明显的提升。促进农村水利、道路、治污等生产型设施资源的优化配置，完善农村非流动人口教育、医疗卫生、养老等生活型公共服务的供给；增加乡村医生及乡村教师的培养力度、编制职数和财政补贴等，将缩小乃至清除城乡基本公共服务差距作为地方政府考核的重要指标。最后，要及时调整农村公共服务布局。要适应城乡人口结构变动，适时动态调整农村基本公共服务供给的空间结构和群体结构，切实提高公共财政投入的针对性、精准性和财政资金使用效率。

（2）全面提升农村居民福利水平。

在基本公共服务均等化的基础上，要突出民生财政和发展财政功能，努力实现城乡居民享有更高质量的综合服务。首先，要加强财政对医疗资源的投资建设。加大财政投入力度，优化农村卫生机构布局，引进先进医疗设备和专业医务人员，全面提高农村医疗卫生服务水平，解决农民“看病难，看病贵”等问题，形成城乡医疗之间的衔接与融合。

其次，要全面提升农村教育质量，包括学前教育、中小学教育、职业教育、高等教育等阶段的教育质量。准确把握各个区域的教育资源优势与不足，实行精准帮扶，努力达到城乡教育水平无差异目标。再次，大力支持农村社会组织的发展。加大政策宣传力度，鼓励产业、生态、社会治理等社会组织参与乡村治理，推进乡村振兴和城乡融合。最后，探索建立财政承担和个人自费相结合的农村居民职级制度和农民退休制度，保证农村居民退休后可享受与城镇居民水平相当、与个人职级相应的社会养老保障，提高农村居民心理预期和幸福指数。

（3）全面消除城乡身份差异。

物质决定意识。只有实现城乡经济社会发展一体化和公共服务均等化，才能确保城乡居民之间的平等相处和良性互动（陈娇阳，2020）。首先，要着力改善农民状况和培养公民意识。增强财政对农民技能培训的投入，提高他们的经济能力与整体素养，进而提高其参与社会治理的话语权和维护自身权益的能力。其次，要加大宣传投入并重视文化引领。增加财政补助，加大政府媒体建设，重视城乡融合宣传，消除社会歧视，消除城市对农民工的排斥，开展形式多样的社区文化活动，增进城乡文化认同与情感融合。最后，要引导城乡居民有序参与政治与社会生活。通过增加财政补贴，加强农民利益表达渠道建设，提高农民参与推进城乡融合发展的能力。贯彻落实乡村振兴战略，增强农村对于城市居民的吸引力，探索加快城乡互通互动的途径与机制，实现城乡资源要素双向流动。

9.4.4 促进城乡人口融合的财政政策

城乡人口双向流动是城乡融合发展的重要驱动力，是带动城乡资源、理念、信息、市场、资本等联动融合的重要因素。当前我国由村入城的单向人口流动已呈稳定态势，城乡双向人口流动趋势尚未形成。大力推进城乡人口融合，财政政策发挥着不可替代的作用。其主要措施除了加大财政投入力度和优化财政投入结构，提供均等化的城乡基本公共服务外，还应全力保障农业转移人口在城镇落户并实现就业；激励城镇各类人才下乡，并保障“新村民”权利。

（1）建立农业转移人口市民化的成本分担机制。

从短期来讲，推进城乡人口融合的第一步是必须做好农业转移人口市民化工作。从财政的角度看，要建立健全农业转移人口市民化的成本分担机制。推进户籍制度改革的关键问题，表面上是依附其上的福利制度，实则为尚未建立的农业转移人口市民化成本分担机制。要按照“人钱挂钩、钱随人走，人地挂钩、以人定地”的原则，进行财政负担与土地成本测算，并以此为依据建立财政转移支付、城镇建设用地增加规模同农业转移人口市民化挂钩的政策，保证农业转移人口实现市民化后能够享受与普通城市居民同等的基本公共服务政策（李丹、裴育，2022）。

（2）加大农业转移人口市民化后的财政政策支持。

实现稳定就业是农业转移人口市民化的关键。首先，政府应将农业转移人口职业发展规划作为教育培训的重要内容，帮助他们了解职业生涯规划，明确就业方向，培养就业技能，为其提供职业介绍、政策咨询等一体式的就业服务。其次，要建立农业转移人口市民化后的福利保障机制。通过财政投资或购买服务，加大租赁型保障房和购置型保障房建设力度，为农业转移人口提供住房保障（董昕，2023）。放宽农业转移人口子女在义务教育及高中教育阶段入学条件，推动公办学校向农业转移人口子女开放。最后，以财政补助为激励手段，鼓励企业、人力资源培训机构为流向城市的农民工群体提供培训服务并吸纳其就业。

（3）激励人才下乡并保障“新村民”权利。

从短期看，要加大财政对农村的投入力度，完善乡村人才振兴政策，建立人才引进、培育、保障和激励机制，鼓励城市有能力的人才向乡村流动，激发乡村活力。从长远看，在实现城乡基本公共服务均等化的基础上，深化农村户籍制度改革、土地制度改革、农业经营制度改革和乡村建设制度改革，保障由城市或外地流入的新村民拥有与原来村民同等的村民权利以及经由市场交易取得的财产权利，让下乡市民实现“村民化”，真正融入乡村生活。未来有必要促进乡村从打开进城渠道向全面开放村庄转变，全面推动进城农民市民化、下乡市民村民化、农业经营职业化和乡村经营市场化（钱文荣、郑淋议，2021），最终实现城乡特色发展、融合一体，各类要素自由流通。

9.4.5 促进城乡生态融合的财政政策

良好的生态环境是城乡融合高质量发展的必备基础，坚持以绿色发展为目标，持续推进城乡生态融合共生，也是实现中国特色社会主义现代化的必由之路。城市与乡村融合发展的过程，实际上也是城乡与自然的融合过程，即打造兼具城乡之利的生态宜居环境。

（1）推动城乡全域多维生态融合。

首先，要将城乡纳入整个区域生态系统进行规划，明确区域生态功能分区要求，调整转移支付政策，支持形成城乡统一的生态系统，并保持其良性运转。其次，要以规划为抓手，在城乡已有生态结合的基础上多维度推动城乡空间融合。例如，重视基础设施的功能连接、交通物流的一体化、资源要素市场的统一、城乡景观及建筑风格的多样化设计等，进而实现使城市融入自然，使乡村走进城市，实现城乡在结构和功能上的互补。最后，要围绕以人为本、简约健康的要求，打造城乡一体的区域游憩和公共服务体系，以及以自然景观为主、人工景观为辅的绿色生态网，推进形成融合共生、宜业宜居的城乡生态。

（2）支持生态文明发展模式。

生态文明是生产力可持续发展的必要条件，也应该成为城乡生态融合的目标追求。首先，应加大对无害环境科学研究的投入，并重点发展清洁经济。财政对生态经济的发展，应该给予大力支持。如企业增加科研投入的，应给予税收减免优惠或者给予财政奖励。通过财政补贴或税收优惠政策等方式，鼓励企业增加环保设施投入，鼓励传统企业进行环境无害化转型，按照高、中、低产业和区域分工，建立包括乡村产业在内的完整生态产业链，通过技术创新消除对资源的浪费和对环境的污染。其次，要加强城乡生态环境整治，宣传绿色发展理念。策应国家“双碳”政策要求，加快引入“碳税”，增加企业和居民对二氧化碳排放的关注。改进生态补偿机制和环境利益报告制度，完善举报人保护和财政奖励制度，同时将生态环境治理情况纳入政府绩效考核体系，并强化考核结果的应用。最后，要发展生态教育，提高城乡居民对城乡生态融合的认识。

（3）大力推进生态农业发展。

首先，要依据区域生态基础，大力发展都市型、休闲旅游型等生态农业。生态农业必须重视经济、生态、社会的协调，集休闲旅游、科普、经济、防灾、生态于一体，为城市提供生态产品和生态服务，实现城乡在生态产品和服务上的共荣共享。其次，要以满足人民对美好生活的需要为目的，以生态价值最大化实现为原则，以“生态优先、绿色发展”为导向，构建由政府主导、市场决定、各方力量共同参与的实现机制，加大财政支持，推动城乡生态融合共生。

9.5　财政政策促进城乡融合发展的配套措施

（1）深化户籍制度改革。

要合理、有序、坚定地清理与户籍制度挂钩的城乡公共服务与福利待遇差异，剥离户籍制度的经济功能，清除城乡融合的隐形障碍，让户籍制度真正回归身份识别与数据统计本位。要尽快推进城乡公共服务均等化，建立健全农业转移人口市民化的成本分担机制，夯实户籍制度改革的物质基础。

（2）深化农村土地制度改革。

从近期来看，要维护好由农村转入城镇“新市民”的土地权益，在农村土地承包期限内或者城乡基本公共服务均等化实现之前，不宜要求他们以退出承包地和宅基地作为进城落户的前置条件，让农业转移人口安心进城落户，全心就业、谋职、发展。从中期来看，要持续推进建立农村土地制度改革与城乡土地收益平衡机制，探索建立承包地退出、宅基地退出、农村土地“三权分置”改革，推进农村土地有序流转，扩大农民财产性收入渠道。从更长远看，在城乡公共服务、发展环境等全面均等化后，可全面放开土地制度，鼓励土地资源通过市场实现自由流转。

（3）深化金融政策支持。

建立公共财政和涉农金融共同投入、稳定增长机制，优化金融支农服务体系，创新农业金融产品，完善涉农信贷担保服务，成立农业发展专项投资基金，提升涉农金融机构差别化定价能力，增强农村商业银行、农村信用社等中小金融机构涉农信贷支持能力，满足农业农村发展的多样化金融需求。同时，要灵活运用保险、期权、期货等金融工具防范化解农产品市场风险。

（4）关注财政本身的风险。

构建民生本位的阳光财政政策体系，不断加快政府政务的信息化、公开化进程，提高基层财政支出透明度，持续关注各级财政减收增支压力，及时防范化解地方债务风险，确保国家财政安全运行、精准发力。

9.6 本章小结

本章首先提出财政政策促进城乡融合发展的总体思路，认为财政政策在推进城乡融合发展中至少应承担起提供城乡均等的基本公共服务、满足城乡人民过美好生活的愿望、激发城乡融合发展动力等三种职能；

并提出财政政策促进城乡融合发展必须遵循整体规划、因地制宜、共建共享、多元共治、数字赋能等基本原则。其次，提出财政政策促进城乡融合的重点领域，包括完善财政分权、纠正支出偏向、坚持教育优先发展等。再次，提出财政政策促进城乡融合发展的政策体系构建设想，主要从城乡经济融合、城乡空间融合、城乡社会融合、城乡人口融合、城乡生态融合等五个方面构建财政促进城乡融合发展的政策支持体系。最后，提出完善财政政策促进城乡融合发展的配套措施。

本章的主要结论如下：

第一，党的十八届三中全会《决定》提出“财政是国家治理的基础和重要支柱”重要论断，将以往作为经济范畴的财政政策提升到国家治理层面。本书认为，财政政策在推进城乡融合发展过程中至少应该承担以下三种职能，即承担起“公共财政”的职能，提供城乡均等的基本公共服务；承担起“民生财政”的职能，满足城乡人民过美好生活的愿望；承担起“发展财政”的职能，激发城乡融合发展动力。

第二，借鉴国外经验及总结我国实践探索，财政政策推进城乡融合发展，必须遵循以下基本原则，具体包括：坚持整体规划，推进非均衡协调发展；坚持因地制宜，推进有特色与高质量发展；坚持共建共享，推进以人为核心的发展；坚持多元共治，推进政府引导和市场主导；坚持数字赋能，推进科技与智慧城乡建设。

第三，财政政策促进城乡融合的重点领域包括：一是完善财政分权，深化财政管理体制机制改革。要明确政府事权及财政支出责任，加强政府财政能力，优化财政管理体制机制建设。二是纠正财政支出偏向，补齐农业农村发展“短板”。要加大财政支农力度，优化财政支农路径，完善财政支出绩效考核。三是突出财政支出重点项目，推进教育优先发展。大力发展普惠性学前教育，推进城乡义务教育均衡发展，持续开展职业教育与就业培训，重视高等教育资源的科学分布。

第四，考虑现有基础及政策优先位序，本书从城乡经济融合、城乡空间融合、城乡社会融合、城乡人口融合、城乡生态融合等五个方面构建了财政政策促进城乡融合发展的政策支持体系。在促进城乡经济融合方面，包括加快农村现代产业发展、优化城乡资源配置、推进城乡产业协同发展、缩小城乡居民收入差距。在促进城乡空间融合方面，包括支持新型城镇化拓围扩面、加强城乡交通网络建设投资、推进城乡物流产业发展、加大财政对信息技术与数字经济发展的支持。在促进城乡社会融合方面，包括提供均等化的城乡基本公共服务、全面提升农村居民福利水平、全面消除城乡身份差异。在促进城乡人口融合方面，除了加大财政投入力度和优化财政投入结构、提供均等化的城乡基本公共服务外，还包括建立农业转移人口市民化的成本分担机制、加大农业转移人口市民化后的财政政策支持、激励人才下乡并保障新村民权利。在促进城乡生态融合方面，包括推动城乡全域多维生态融合、支持生态文明发展模式、大力推进生态农业发展等。

第五，财政政策促进城乡融合发展，还必须重视配套措施的构建，包括深化户籍制度改革、深化农村土地制度改革、深化金融政策支持、关注财政本身的风险等。

附　　录

“促进城乡融合发展的财政政策研究”调查问卷

尊敬的先生/女士：您好！感谢您点开本问卷并支持完成问卷调查内容，问卷共有22个题目，预计完成时长25分钟。本问卷为“促进城乡融合发展的财政政策研究”选题研究需要而设计，所有信息只用于选题研究且严格保密。您所提供的客观、真实信息对本研究至关重要，感谢您的支持，我们将认真做好问卷数据分析，力争产出高质量的研究成果。再次感谢您的支持和帮助！

1. 您的性别是［单选题］

○男　　　　○女

2. 您的年龄段［单选题］

○18岁以下　　○18～35岁　　○35～60岁　　○60岁以上

3. 您的职业为［单选题］

○国家机关、党群组织工作人员

○事业单位专业技术人员

○农、林、牧、渔、水利业生产人员

○工人

○学生

○军人

○其他

4. 您的学历为：[单选题]

○小学　　○初中　　○高中/中专　　○专科

○本科　　○硕士研究生　　○博士研究生

5. 您的户籍［单选题］

○城镇　　○农村

6. 您所在的地区为［单选题］

○东部地区　　○中部地区　　○西部地区　　○东北地区

下列7~10题是单项选择题，反映2012年以来发生在您身边的城乡融合情况。请您在1~5分别表示“完全不同意”“基本不同意”“基本同意”“同意”“完全同意”，请根据您的体验，选择您认为最认同的数字填写。

7. 经济发展［矩阵量表题］

（1完全不同意~5完全同意）

题目\选项	1	2	3	4	5
城乡居民人均GDP提升较快	○	○	○	○	○
城乡居民人口城镇化率显著提高	○	○	○	○	○
城乡一、二、三产业结构融合好	○	○	○	○	○
城乡居民收入差距明显缩小	○	○	○	○	○
城乡居民可支配收入差距明显下降	○	○	○	○	○
城乡居民年末储蓄存款余额逐步增加	○	○	○	○	○
城乡居民消费差距逐渐缩小	○	○	○	○	○

8. 基础设施建设［矩阵量表题］

（1完全不同意~5完全同意）

题目\选项	1	2	3	4	5
农村交通基础设施建设不断完善	○	○	○	○	○
农村电力能源、清洁能源设施建设有所改善	○	○	○	○	○
农村电话、宽带等通讯信息化建设有所改善	○	○	○	○	○
农村水利设施建设有所改善	○	○	○	○	○
农村文化馆数占比增加	○	○	○	○	○
农村医疗条件显著进步	○	○	○	○	○

9. 社会事业发展［矩阵量表题］

（1 完全不同意 ~5 完全同意）

	1	2	3	4	5
农村基础教育发展水平有所提高	○	○	○	○	○
农村教育支出明显增加	○	○	○	○	○
农村科技创新加快发展	○	○	○	○	○
农村养老保险、农村合作医疗参合率不断提高	○	○	○	○	○
农村医疗卫生设施不断完善、医疗水平不断提高	○	○	○	○	○
农村文化建设投入显著增加	○	○	○	○	○
农村体育场馆建设资金投入增加	○	○	○	○	○
农村社会优抚、社会救济财政资金投入不断加大	○	○	○	○	○
城乡居民文化卫生、医疗保健、教育投资及维权意识差距缩小	○	○	○	○	○

10. 生态环境发展［矩阵量表题］

（1 完全不同意 ~5 完全同意）

	1	2	3	4	5
农村水土、森林、草原等资源得到有效保护	○	○	○	○	○
农村工业固体、废气和工业粉尘排放量有所控制	○	○	○	○	○
农村生产、生活环境污染问题得到改善	○	○	○	○	○
城市建设更加整洁、卫生、便利	○	○	○	○	○

11. 您对当前农村基础设施配套建设的满意度为［单选题］

○很不满意　○不满意　○一般　○满意　○很满意

12. 您对当前城乡生产资源的流动方向满意度为［单选题］

○很不满意　○不满意　○一般　○满意　○很满意

13. 您对当前农村公共服务的满意度为［单选题］

○很不满意　○不满意　○一般　○满意　○很满意

14. 您对当前农村人居环境治理投入的满意度为［单选题］

○很不满意　○不满意　○一般　○满意　○很满意

15. 您对当前财政政策促进城乡融合发展的力度评价为［单选题］

○很不满意　○不满意　○一般　○满意　○很满意

16. 您对当前财政政策促进城乡融合发展的契合度评价为［单选题］

○很不满意　○不满意　○一般　○满意　○很满意

17. 您对当前促进城乡融合发展的税收调节功能的满意度为［单选题］

○很不满意　○不满意　○一般　○满意　○很满意

18. 您所在家族亲人的城镇化程度占比，即现在在城市有房产或稳定职业人员占家族总体成员比例［单选题］

○20%以下　○21%～40%　○41%～60%　○61%～80%

○81%以上

19. 您认为，您家族成员实现城镇化的原因是什么？［多选题］

○国家经济社会发展大环境影响

○国家政策作用的结果

○接受了更好的教育

○外出务工积淀

○经商或从政

○家庭原有基础比较厚实

○原城镇居民

20. 您对我国县域城乡融合发展趋势的基本判断和看法［单选题］

○很乐观　○乐观　○一般　○悲观　○很悲观

21. 您是否经常关注我国推进城乡融合发展问题［单选题］

○首次关注　○偶尔关注　○关注　○较多关注

○经常关注

22. 您对改进和完善本选题研究的建议：________［填空题］

参考文献

［1］安锦，杨壁宁，刘晓佳．促进共同富裕的财政政策研究［J］．内蒙古财经大学学报，2022，20（4）：98－101.

［2］安体富．民生财政：我国财政支出结构调整的历史性转折［J］．地方财政研究，2008（5）：4－8.

［3］艾伯特·赫希曼．经济发展战略［M］．经济科学出版社，1991.

［4］白俊红，戴玮．财政分权对地方政府科技投入的影响［J］．统计研究，2017，34（3）：97－106.

［5］卞元超，白俊红．“为增长而竞争”与“为创新而竞争”——财政分权对技术创新影响的一种新解释［J］．财政研究，2017（10）：43－53.

［6］卞元超，吴利华，白俊红．财政科技支出竞争是否促进了区域创新绩效提升——基于研发要素流动的视角［J］．财政研究，2020（1）：45－58.

［7］蔡昉．城乡收入差距与制度变革的临界点［J］．中国社会科学，2003（5）：16－25，205.

［8］茶洪旺．区域经济发展的第三种理论：非均衡协调发展［J］．学术月刊，2008，40（10）：71－77.

［9］陈斌开，张鹏飞，杨汝岱．政府教育投入、人力资本投资与中国城乡收入差距［J］．管理世界，2010（1）：36－43.

［10］陈斌开，林毅夫．发展战略、城市化与中国城乡收入差距［J］．中国社会科学，2013（4）：81－102，206.

［11］陈方猛．推进城乡融合发展研究［M］．北京：中国财政经济出版社，2020：7.

［12］陈永国．统筹城乡发展的内涵、层次及思路［J］．商业研究，2008（4）：121－123.

［13］陈佳渲．我国乡村旅游发展的财税政策研究［J］．长春工程学院学报（社会科学版），2019，20（4）：54－57.

［14］陈娇阳．改革开放以来中国共产党推进城乡社会融合发展政策研究［D］．武汉理工大学，2020.

［15］陈丽华，许云霄，辛奕．城市化进程中以财政制度创新缩小城乡收入差距［J］．财政研究，2012（1）：50－53.

［16］陈丽莎，孙健夫．“十四五”时期支持城乡融合发展的财政政策研究［J］．河北大学学报（哲学社会科学版），2021，46（4）：147－152.

［17］陈明星．积极探索城乡融合发展长效机制［J］．区域经济评论，2018（3）：119－121.

［18］陈硕，高琳．央地关系：财政分权度量及作用机制再评估［J］．管理世界，2012（6）：43－59.

［19］陈雯．空间均衡的经济学分析［M］．北京：商务印书馆，2008：55.

［20］陈云文稿选编（一九四九——一九五六年）［M］．北京：人民出版社，1982：114.

［21］程开明，李金昌．城市偏向、城市化与城乡收入差距的作用机制及动态分析［J］．数量经济技术经济研究，2007（7）：116－125.

［22］程名望，韩佳峻，杨未然．经济增长、城乡收入差距与共同富裕［J］．财贸研究，2022，33（10）：1－17.

［23］成同杰．城乡财税统筹问题之思考［J］．中国农业会计，

2006 (12): 26 - 28.

[24] 迟爱萍. 抗美援朝财经工作方针的拟定和演变 (下) [J]. 世纪风采, 2020 (11): 3 - 10.

[25] 崔格格, 刘维奇. 中国城乡融合发展的时空演变及动力机制 [J]. 统计学报, 2021, 2 (4): 28 - 43.

[26] 邓小平文选 (第二卷) [M]. 北京: 人民出版社, 1993: 316.

[27] 丁凯旋. 推进吉林省新型城镇化建设的财税政策研究 [C]. 财金观察 (2021 年第 1 辑), 2021: 9 - 17.

[28] 丁烈云. 面向数字经济的复合型人才培养探讨 [J]. 高等工程教育研究, 2022 (6): 1 - 4, 24.

[29] 董琦, 袁娇, 王敏. 促进共同富裕的税收政策选择与机制保障 [J]. 税务研究, 2022 (4): 27 - 33.

[30] 董昕. 住房保障、财政支出与城乡人口迁移 [J]. 城市问题, 2023 (1): 60 - 68.

[31] 段进军, 姚士谋, 陈明星, 等. 中国城镇化研究报告 [M]. 苏州: 苏州大学出版社, 2013.

[32] 杜香. 我国城乡关系的历史演变及启示 [J]. 山东工商学院学报, 2011, 25 (3): 96 - 99, 117.

[33] 樊轶侠. 数字经济下的城乡融合发展财政政策取向研究 [J]. 人民论坛·学术前沿, 2021 (2): 52 - 58.

[34] 范栋华, 杨华. 对城乡经济融合的认识 [J]. 中国乡镇企业会计, 2006 (11): 84 - 85.

[35] 费孝通. 乡土中国 [M]. 上海: 上海人民出版社, 2006: 1.

[36] 弗朗索瓦·佩鲁. 经济空间: 理论与应用 [J]. 经济学季刊, 1950 (64).

[37] 傅元海, 刘啟仁, 岳芳敏, 等. 广东经济学界 "学习贯彻落实党的二十大会议精神" 笔谈 (二) [J]. 南方经济, 2023 (1): 15 -

27.

［38］傅勇，张晏．中国式分权与财政支出结构偏向：为增长而竞争的代价［J］．管理世界，2007（3）：4－12，22.

［39］付敏杰．国家治理与财政分权的政治原则［J］．社会发展研究，2020，7（4）：134－150，240.

［40］甘行琼，李玉姣，蒋炳蔚．财政分权、地方政府行为与产业结构转型升级［J］．改革，2020（10）：86－103.

［41］高洪波．城乡融合视域中的城乡基本公共服务供给与创新——基于新技术变革逻辑［J］．人民论坛·学术前沿，2021（2）：74－83.

［42］高培勇．深刻认识财政“基础和支柱说”［J］．金融经济，2016（3）：19－20.

［43］高培勇．中国财政 70 年［M］．北京：经济科学出版社，2019：297.

［44］宫锡强．财政教育支出对城乡居民收入差距的影响研究——基于十分位点的分层省级数据分析［J］．云南财经大学学报，2020，36（4）：64－71.

［45］郭代模，杨舜娥．简论大国财政的特征职能与构建［C］．中国财政学会 2017 年年会暨第 21 次全国财政理论研讨会论文集，2017：91－102.

［46］郭丰，杨上广，任毅．数字经济、绿色技术创新与碳排放——来自中国城市层面的经验证据［J］．陕西师范大学学报（哲学社会科学版），2022，51（3）：45－60.

［47］郭庆旺，贾俊雪．财政分权、政府组织结构与地方政府支出规模［J］．经济研究，2010，45（11）：59－72，87.

［48］郭涛．我国城乡关系演变的特点及政策取向［J］．中共青岛市委党校．青岛行政学院学报，2012（3）：44－46.

［49］顾龙生，毛泽东经济年谱［M］．北京：中共中央党校出版

社，1993：1，285.

[50] 韩超，杨洁．发达国家城乡融合发展理论与实践研究 [J]．郑州轻工业学院学报（社会科学版），2019，20（1）：63－68.

[51] 韩俊．中国城乡关系演变60年：回顾与展望 [J]．改革，2009（11）：5－14.

[52] 韩硕，戴悦．经济新常态视阈下推进新型城镇化建设的财税政策思考 [J]．改革与开放，2015（11）：8－9，24.

[53] 贺俊，吴照．财政分权、经济增长与城乡收入差距——基于省际面板数据的分析 [J]．当代财经，2013（5）：27－38.

[54] 胡必亮，马昂主．城乡联系理论与中国的城乡联系 [J]．经济学家，1993（4）：98－109，128.

[55] 胡晶晶，黄浩．二元经济结构、政府政策与城乡居民收入差距——基于中国东、中、西部地区省级面板数据的经验分析 [J]．财贸经济，2013（4）：121－129.

[56] 黄寿峰．财政分权对中国雾霾影响的研究 [J]．世界经济，2017，40（2）：127－152.

[57] 黄小明．收入差距、乡村人力资本深化与城乡融合 [J]．经济学家，2014（1）：84－91.

[58] 黄永春，宫尚俊，邹晨，贾琳，许子飞．数字经济、要素配置效率与城乡融合发展 [J]．中国人口·资源与环境，2022，32（10）：77－87.

[59] 江艇．因果推断经验研究中的中介效应与调节效应 [J]．中国工业经济，2022（5）：100－120.

[60] 金成武．中国城乡融合发展与理论融合——兼谈当代发展经济学理论的批判借鉴 [J]．经济研究，2019，54（8）：183－197.

[61] 金冲及．陈云传（第2卷）[M]．北京：中国文献出版社，2015.

[62] 靳涛．资本倚重、投资竞争与经济增长——中国转型期经济

增长的再思索（1978～2004）[J]. 统计研究，2006（9）：37－41.

[63] 景普秋，郝凯，刘育波. 城乡金融发展差异及其收入分配效应分析 [J]. 当代经济研究，2021（1）：89－99.

[64] 匡小平. 财政学 [M]. 北京：清华大学出版社，2012.

[65] 匡小平，熊高鹏. 中国现代财政制度建设的时代背景、理论基础和主要内容——对党的二十大关于深化财税改革的思考 [J]. 当代财经，2023（1）：29－42.

[66] 孔祥智，谢东东. 缩小差距、城乡融合与共同富裕 [J]. 南京农业大学学报（社会科学版），2022，22（1）：12－22.

[67] 雷根强，蔡翔. 初次分配扭曲、财政支出城市偏向与城乡收入差距——来自中国省级面板数据的经验证据 [J]. 数量经济技术经济研究，2012，29（3）：76－89.

[68] 刘合光，潘启龙. 中国城乡融合发展进程与新时代推进路径 [J]. 石河子大学学报（哲学社会科学版），2021，35（3）：1－6.

[69] 李成友，孙涛，王硕. 人口结构红利、财政支出偏向与中国城乡收入差距 [J]. 经济学动态，2021（1）：105－124.

[70] 李丹，裴育. 高质量发展背景下促进共同富裕的财税政策研究 [J]. 地方财政研究，2022（8）：41－48.

[71] 李刚. 新中国成立70年来我国城乡关系演变的内在逻辑——本质、动力与基本经验 [J]. 行政与法，2019（10）：12－21.

[72] 李红锦，张丁山. 数字普惠金融对城乡融合的影响研究 [J]. 金融经济学研究，2022，37（3）：146－160.

[73] 李南，苏维词. 重庆主城新区城乡融合子系统耦合协调度时空演变及其影响因素 [J]. 农业与技术，2022，42（23）：157－163.

[74] 李茂生，陈昌盛. 中国：农民减负、县乡财政解困的财税对策 [J]. 财贸经济，2004（1）：45－54，96.

[75] 李祥云，禹文颂，陈珊. 公共教育支出与居民收入分配差距 [J]. 财经问题研究，2018（8）：82－88.

[76] 李扬．货币政策和财政政策协调配合：一个研究提纲 [J]．金融评论，2021，13 (2)：1-11，123.

[77] 李玉才．城乡融合：日本乡村振兴实践的经验启示 [J]．山西农经，2022 (6)：30-32，37.

[78] 李钊．中国新型城镇化发展中的财税政策研究 [J]．企业导报，2015 (1)：23，25.

[79] 李政，杨思莹．财政分权、政府创新偏好与区域创新效率 [J]．管理世界，2018，34 (12)：29-42，110，193-194.

[80] 黎苑楚，徐东，赵一鸣．统筹城乡发展的新内涵 [J]．科技进步与对策，2010，27 (10)：23-25.

[81] 厉以宁．走向城乡一体化：建国60年城乡体制的变革 [J]．北京大学学报，2009 (6)：5-19.

[82] 梁梦超．国内大循环背景下财税政策提振居民消费研究 [J]．合作经济与科技，2022 (18)：150-152.

[83] 林昌华．中国城乡融合高质量发展研究 [M]．北京：中国书籍出版社，2020：13.

[84] 林永佳，杨畅，蔡幸．企业数字化转型与绿色创新能力升级——基于网络效应的分析 [J]．现代财经（天津财经大学学报），2023，43 (2)：3-19.

[85] 刘爱梅．新型城镇化与城乡融合发展 [M]．北京：人民出版社，2021.

[86] 刘秉镰，边杨，周密，等．中国区域经济发展70年回顾及未来展望 [J]．中国工业经济，2019 (9)：24-41.

[87] 刘承礼．中国式财政分权的解释逻辑：从理论述评到实践推演 [J]．经济学家，2011 (7)：61-69.

[88] 刘根荣．转型时期城乡经济一体化的路径探索 [J]．中国经济问题，2009 (6)：23-28.

[89] 刘建民，刘晓函，周思瑶，等．湖南省支持乡村产业振兴的

财税政策研究 [J]. 湖南大学学报 (社会科学版), 2020, 34 (6): 66 -72.

[90] 刘军, 张泓瑶. 行政分权、财政收支与城乡收入差距——来自湖北省“扩权强县”改革的历史证据 [J]. 财政科学, 2021 (12): 81 -93.

[91] 刘荣增, 赵亮, 陈娜, 等. 中国城乡高质量融合的水平测度 [J]. 区域经济评论, 2020 (5): 94 -104.

[92] 刘尚希. 公共风险论 [M]. 北京: 人民出版社, 2018.

[93] 刘尚希等. 大国财政 [M]. 北京: 人民出版社, 2016.

[94] 刘尚希. 论民生财政 [J]. 财政研究, 2008, 306 (8): 2 -10.

[95] 刘淑虎, 任云英, 马冬梅, 等. 1949 年以来中国城乡关系的演进 · 困境 · 框架 [J]. 干旱区资源与环境, 2015, 29 (1): 6 -12.

[96] 刘天琦. 财政政策视角下的新型城镇化助推共同富裕 [J]. 经济研究参考, 2022 (7): 41 -49.

[97] 刘伟, 王灿, 赵晓军, 等. 中国收入分配差距: 现状、原因和对策研究 [J]. 中国人民大学学报, 2018, 32 (5): 25 -43.

[98] 刘晓路. 财政分权与经济增长: 第二代财政分权理论 [J]. 财贸经济, 2007 (3): 47 -53, 129.

[99] 刘艳艳. 美国城市郊区化及对策对中国城市节约增长的启示 [J]. 地理科学, 2011 (7): 125.

[100] 刘志刚. 推进城乡一体化发展的财政政策研究 [D]. 财政部财政科学研究所, 2012.

[101] 罗昌财, 沈建祥. 财政分权对地方公共服务供给效率影响研究——基于城市层面的空间面板计量模型 [J]. 东南学术, 2022 (1): 191 -200.

[102] 罗芳, 陈莹. 产业结构升级、财政支出偏向与城乡收入差距 [J]. 新疆农垦经济, 2022 (3): 50 -60.

[103] 罗伊·鲍尔. 财政分权的基本原则 [M]. 政府间财政关系比较研究 [M]. 北京: 中国财政经济出版社, 2004.

[104] 陆铭, 陈钊. 城市化、城市倾向的经济政策与城乡收入差距 [J]. 经济研究, 2004 (6): 50-58.

[105] 吕冰洋, 马光荣, 胡深. 蛋糕怎么分: 度量中国财政分权的核心指标 [J]. 财贸经济, 2021, 42 (8): 20-36.

[106] 马恩涛, 任海平. 发挥财政职能作用　支持稳住经济大盘 [J]. 中国财政, 2022 (20): 69-71.

[107] 马克思恩格斯选集 (第1卷) [M]. 北京: 人民出版社, 1995: 273, 283.

[108] 马克思恩格斯选集 (第1卷) [M]. 北京: 人民出版社, 2012: 237, 305.

[109] 马克思恩格斯文集 (第2卷) [M]. 北京: 人民出版社, 2009: 53.

[110] 马克思恩格斯选集 (第3卷) [M]. 北京: 人民出版社, 2012: 365.

[111] 马克思恩格斯文集 (第1卷) [M]. 北京: 人民出版社, 2009: 689.

[112] 马克思恩格斯文集 (第9卷) [M]. 北京: 人民出版社, 2009: 308.

[113] 马克思恩格斯全集 (第3卷) [M]. 北京: 人民出版社, 1960: 57.

[114] 马骁, 王平, 周克清. 新时代财政体制改革的重要成就与基本经验 [J]. 财政研究, 2022 (8): 29-39.

[115] 毛泽东文集 (第五卷) [M]. 北京: 人民出版社, 1996: 348.

[116] 茅锐. 我国城乡融合的逻辑演变规律及对策建议——兼论国际经验与地方探索 [J]. 国家治理, 2022 (21): 21-26.

［117］梅浩．习近平城乡融合发展思想的理论逻辑与实践路径［J］．中共乐山市委党校学报，2018，20（4）：45－50．

［118］缪尔达尔．国际不平等和外国援助的回顾［M］．经济科学出版社，1988．

［119］年猛．中国城乡关系演变历程、融合障碍与支持政策［J］．经济学家，2020（8）：70－79．

［120］庞凤喜，朱润喜，唐明，等．论构建农民增收的税收长效机制［J］．中南财经政法大学学报，2006（4）：68－75，143－144．

［121］潘光曦，代善超．促进农民工向新型职业农民转变的财税支持政策［J］．当代农村财经，2019（12）：19－21．

［122］潘林伟，吴娅玲．基于偏最小二乘回归的金融发展、财政政策与城乡收入差距的实证研究［J］．西南金融，2019（2）：1－7．

［123］澎湃新闻．2022年城镇化率达65.22%，常住人口92071万人．2023－01－17．［2023－02－25］．

［124］钱文荣，郑淋议．构建城乡人口双向流动与融合的制度保障体系——从权利开放理论到村庄开放实践的分析线索［J］．南方经济，2021（8）：24－34．

［125］邱伟华．公共教育支出调节收入差异的有效性研究［J］．清华大学教育研究，2008（3）：20－26．

［126］萨缪尔·P. 亨廷顿．变化社会中的政治秩序［M］．上海：三联书店，1989．

［127］桑倩倩，栗玉香．教育投入、技术创新与经济高质量发展——来自237个地级市的经验证据［J］．求是学刊，2021，48（3）：86－99．

［128］盛开．以城乡融合发展推动乡村振兴战略［J］．调研世界，2018（6）：62－65．

［129］史宇鹏，王阳，张文韬．我国企业数字化转型：现状、问题与展望［J］．经济学家，2021（12）：90－97．

[130] 苏春红，李真．财政分权、支出偏向与城乡融合发展［J］．经济问题探索，2022（6）：107－123．

[131] 沈锋．统筹城乡发展推进共同富裕的财政思考［J］．当代农村财经，2022（5）：19－24．

[132] 孙昌乾．建立健全城乡融合发展的体制机制和政策体系［J］．经济研究导刊，2019（24）：144－145．

[133] 孙华臣，焦勇．制度扭曲与中国城乡收入差距：一个综合分解框架［J］．财贸经济，2019，40（3）：130－146．

[134] 孙群力，周镖．财政分权、农村金融服务与城乡融合水平——基于城镇化与乡村振兴视角［J］．农村经济，2021（3）：93－100．

[135] 孙涛，王硕．数字经济赋能城乡多维融合的理论机制与实践方略［J］．理论与改革，2023（1）：143－156，168．

[136] 孙志毅，杨文静，倪甜甜．新型城镇化背景下的差异性城乡税收制度改革路径研究［J］．农业经济，2020（12）：87－88．

[137] 司春燕．新型城镇化中扩大消费需求的财税政策研究［J］．商业经济研究，2016（4）：39－41．

[138] 舒志彪．财政政策的作用机理研究［D］．中共中央党校，2016．

[139] 唐祥来，康锋莉．财政学［M］．北京：人民邮电出版社，2017．

[140] 王安美．乡村振兴战略中促进农业转型升级的财政税收相关政策探讨［J］．质量与市场，2021（12）：11－13．

[141] 王路．农村建筑传统村落的保护与更新——德国村落更新规划的启示［J］．建筑学报，1999，（11）：16．

[142] 王乔，吴宗福．以人民为中心：中国共产党百年治税思想的精髓［J］．税务研究，2021（12）：83－88．

[143] 王乔乔，孙鹏举，李晓丹，等．兰州市县域城乡融合发展

水平测度研究 [J]. 上海国土资源, 2020, 41 (4): 23 - 28.

[144] 王向阳, 谭静, 申学锋. 城乡资源要素双向流动的理论框架与政策思考 [J]. 农业经济问题, 2020 (10): 61 - 67.

[145] 王育宝, 李国平. 狭义梯度推移理论的局限性及其创新. 西安交通大学学报 (社科版), 2006, (9): 25 - 30.

[146] 王蕴. "十四五" 时期优化政府间事权和财权划分研究 [J]. 社会科学文摘, 2021 (4): 46 - 48.

[147] 温来成. 城镇化税收政策与城乡区域经济协调发展 [J]. 税务研究, 2005 (4): 9 - 12.

[148] 温忠麟. 张雷, 侯杰泰, 刘红云. 中介效应检验程序及其应用 [J]. 心理学报, 2004 (5): 614 - 620.

[149] 文军, 沈东. 当代中国城乡关系的演变逻辑与城市中心主义的兴起——基于国家、社会与个体的三维透视 [J]. 探索与争鸣, 2015 (7): 71 - 77, 2.

[150] 吴丰华. 中国近代以来城乡关系变迁轨迹与变迁机理 (1840 ~ 2012) [D]. 西北大学, 2013.

[151] 吴海峰. 论城乡经济融合发展的内涵特征与实现路径 [J]. 中州学刊, 2021 (9): 41 - 47.

[152] 吴俊培, 郭柃沂. 关于建构我国一般性转移支付基金制度的可行性研究 [J]. 财贸经济, 2016 (12): 47 - 56.

[153] 中国社会科学院经济研究所编. 现代经济辞典 [M]. 南京: 凤凰出版社, 江苏人民出版社, 2005.

[154] 肖叶, 刘小兵. 财政支出偏向是否促进了土地出让规模扩张 [J]. 当代经济科学, 2021, 43 (3): 107 - 117.

[155] 谢磊, 何仁伟, 史文涛, 等. 黄河流域城乡融合发展时空演变和动力机制 [J]. 中国沙漠, 2022, 42 (3): 31 - 40.

[156] 谢旭人. 中国财政管理 [M]. 北京: 中国财政经济出版社, 2011: 66.

[157] 谢旭人. 我国财政职能的转换及财税体制改革 [J]. 财政研究, 1994 (1): 3-9.

[158] 谢志强, 姜典航. 城乡关系演变: 历史轨迹及其基本特点 [J]. 中共中央党校学报, 2011, 15 (4): 68-73.

[159] 熊冬洋. 推进农业现代化发展的财税政策研究 [J]. 西部财会, 2020 (12): 4-9.

[160] 邢祖礼, 邓朝春. 财政分权与农村义务教育研究——基于财政自给度视角 [J]. 中国经济问题, 2012 (4): 62-68.

[161] 徐建斌, 李睿骁, 兰卫琴. 地方科技创新目标约束、财政科技支出与城市创新 [J]. 科技进步与对策, 2022, 39 (14): 34-43.

[162] 许经勇. 习近平城乡关系演变趋势理论研究 [J]. 黄河科技学院学报, 2020, 22 (1): 43-47.

[163] 许宪春, 雷泽坤, 窦园园, 柳士昌. 中国南北平衡发展差距研究——基于"中国平衡发展指数"的综合分析 [J]. 中国工业经济, 2021 (2): 5-22.

[164] 许毅. 重新认识社会主义国家职能和财政职能　发展完善"国家分配论" [J]. 财政研究, 1998 (1): 3-7.

[165] 薛妮, 魏桂杰. 助推农业高质量发展的财政支农政策研究 [J]. 学习与探索, 2022 (7): 138-142.

[166] 亚当·斯密, 国民财富的性质及其原因的研究 [M]. 郭大力、王亚南译, 北京: 商务印书馆, 1974: 1.

[167] 杨艳俊. 财税政策对新型城镇化的影响分析 [J]. 纳税, 2020, 14 (17): 18, 20.

[168] 姚林香. 统筹城乡就业的财政政策选择 [J]. 财政研究, 2007 (9): 67-69.

[169] 叶超, 曹志冬. 城乡关系的自然顺序及其演变——亚当·斯密的城乡关系理论解析 [J]. 经济地理, 2008 (1): 79-82, 95.

[170] 叶红，唐双，彭月洋，等．城乡等值：新时代背景下的乡村发展新路径［J］．城市规划学刊，2021（3）：44－49.

[171] 易赛键．城乡融合发展之路：重塑城乡关系［M］．北京：红旗出版社，2019.

[172] 约翰·冯·杜能．孤立国同农业和国民经济之关系［M］．吴衡康，译，北京：商务印书馆，1986.

[173] 约瑟夫·熊彼特：经济发展理论［M］．何畏，易家详，等译，北京：商务印书馆，1997.

[174] 余靖雯，龚六堂．公共教育、经济增长和不平等［J］．世界经济文汇，2013（3）：1－17.

[175] 于君博，王国龙．财政分权与中国地方政府治理模式的识别［J］．中共天津市委党校学报，2016（2）：76－85.

[176] 杨良初．我国公共财政及其职能问题的研究［J］．财政研究，2003（9）：14－18.

[177] 岳文泽，钟鹏宇，甄延临，等．从城乡统筹走向城乡融合：缘起与实践［J］．苏州大学学报（哲学社会科学版），2021，42（4）：52－61.

[178] 张春波．中国特色城乡融合发展的理论与实践研究［D］．吉林大学，2021.

[179] 张海鹏．中国城乡关系演变70年：从分割到融合［J］．中国农村经济，2019（3）：2－18.

[180] 张琳，郑兴明，季雨亭，杨青青．百年来中国共产党对城乡关系认识演变的历史脉络及其现实启示［J］．长春理工大学学报（社会科学版），2022，35（05）：37－43.

[181] 张可云，杨孟禹．财政金融政策对农民增收的空间效应及其分解：以滇西贫困地区为例［J］．国际商务（对外经济贸易大学学报），2015（5）：54－62.

[182] 张克中，王娟，崔小勇．财政分权与环境污染：碳排放的

视角［J］. 中国工业经济，2011（10）：65－75.

［183］张明源. 财政支出政策会改善区域发展不平衡吗——基于地方竞争框架下的讨论［J］. 当代经济管理，2021，43（2）：81－89.

［184］张晴，罗其友，刘李峰. 国外城乡统筹发展的做法与经验［J］. 中国农业资源与区划，2009，30（2）：76－80.

［185］张帅，陈志杰. 推进交通运输物流促进城乡融合发展［J］. 农业经济，2022（2）：131－132.

［186］张守营. 缩小城乡差距 农业人口市民化 财政政策更积极［N］. 中国经济导报. 2022－7－5.

［187］张卫航，黄汝婷. 税收结构对城乡收入差距的影响［J］. 西安交通大学学报（社会科学版），2018，38（2）：86－92.

［188］张馨. 公共财政论纲. 北京：商务印书馆，2022.

［189］张小芳，潘欣欣，陈习定，时培豪. 教育公共支出与收入不平等——基于结构门槛回归模型的实证研究［J］. 宏观经济研究，2020（1）：164－175.

［190］张小锋，杨淑敏. 新型城镇化发展财政政策的国际比较与借鉴［J］. 对外经贸，2021（6）：82－85.

［191］张宥澈. 论列宁、斯大林对城乡关系的认识［J］. 西部学刊，2020（7）：23－25.

［192］张应良，徐亚东. 金融发展、劳动收入分配与城乡收入差距——基于省级面板数据的实证分析［J］. 改革，2020（11）：135－146.

［193］张占斌. 新型城镇化的战略意义和改革难题［J］. 国家行政学院学报，2013（1）：48－54.

［194］张中敏. 税收支持乡村振兴的理论探索［J］. 税收经济研究，2019，24（2）：91－95.

［195］赵德起，陈娜. 中国城乡融合发展水平测度研究［J］. 经济问题探索，2019（12）：1－28.

［196］赵德昭．地方政府财政治理对就地城镇化影响的实证研究［J］．中国软科学，2022（1）：87－97．

［197］赵涛，张智，梁上坤．数字经济、创业活跃度与高质量发展——来自中国城市的经验证据［J］．管理世界，2020，36（10）：65－76．

［198］赵峥，张亮亮，陈志．技术创新、城市化与城乡收入差距——基于城市面板数据的实证分析［J］．中国科技论坛，2018（10）：138－145．

［199］周佳宁，秦富仓，刘佳，等．多维视域下中国城乡融合水平测度、时空演变与影响机制［J］．中国人口·资源与环境，2019，29（9）：166－176．

［200］周立．乡村振兴的核心机制与产业融合研究［J］．行政管理改革，2018（8）：33－38．

［201］周林．关于消灭城乡差别问题的思考［J］．城市发展研究，2022，29（7）：1－10，181．

［202］周黎安．中国地方官员的晋升锦标赛模式研究［J］．经济研究，2007（7）：36－50．

［203］周游，谭光荣，王涛生．财政分权的门槛与FDI技术溢出效应的非线性研究——基于地方政府竞争视角［J］．管理世界，2016（4）：168－169．

［204］郑磊，汪旭晖．外商直接投资流入加大了中国省际城乡收入差距吗——基于空间视角下的分析［J］．宏观经济研究，2018（3）：62－80．

［205］郑良海．促进我国城镇化发展的财税政策建议［J］．税务研究，2020，421（2）：111－117．

［206］郗立涛．促进我国经济结构调整的财政政策研究［D］．财政部财政科学研究所，2014．

［207］邹进泰，肖艳丽．建立健全体制机制破解城乡融合三大难

题［N］. 湖北日报，2019-06-30（9）.

［208］ Abadie，A G. W. Imbens，Bias-corrected Matching Estimators for Average Treatment Effects［J］. Journal of Business & Economic Statistics 2011（29）：1-11.

［209］ Adna Ferrin Weber. The Growth of Cities in the Nineteenth Century，A Study in Statistics ［M］. New York：Cornell University Press，1967.

［210］ Alwyn Y. Inequality，the Urban-Rural Gap，and Migration ［J］. Quarterly Journal of Economics. 2013（4）：1727-1785.

［211］ An Yehyun，Kim Minjee. The Current State of Territorial Development of ASEAN Countries and Strategic Types for Balanced Development. ［J］. Sustainability Volume 14，2022（19）：127.

［212］ Atkinson，A. B.，J. E. Stiglitz. Lectures on Public Economics ［M］. US：McGraw-Hill Inc.，1980.

［213］ Baron R M，Kenny D A. The Moderator-mediator Variable Distinction in Social Psychological Research：Conceptual，Strategic，and Statistical Considerations［J］. Chapman and Hall. 1986，51（6）：1173-1182.

［214］ Barry F. Economic Integration and Convergence Processes in the EU Cohesion Countries ［J］. JCMS：Journal of Common Market Studies. 2003，41（5）：897-921.

［215］ Beck T，Levine R，Levkov A. Big Bad Banks? The Winners and Losers from Bank Deregulation in the United States ［J］. The Journal of Finance，2010，65（5）：1637-1667.

［216］ Bernanke，B. S.，& Mishkin，F. S.. Inflation Targeting：A New Framework for Monetary Policy?［J］. Journal of Economic perspectives，1997，11（2）：97-116.

［217］ Bernanke，B.. What Tools Does the Fed Have Left? Part 3：

Helicopter Money [M]. Washington: Brookings Institution, 2016.

[218] Black, D. A., Smith, J. A.. How Robust is the Evidence on the Effects of College Quality? Evidence from Matching [J]. Journal of Econometrics, 2004 (121): 99 - 124.

[219] Blanchard O, Giavazzi F. Macroeconomic Effects of Regulation and Deregulation in Goods and Labor Markets [J]. Quarterly Journal of Economics, 2003, 118 (3): 879 - 907.

[220] Bleemer Z, Mehta A. Will Studying Economics Make You Rich? A Regression Discontinuity Analysis of the Returns to College Major [J]. American Economic Journal: Applied Economics, 2022, 14 (2): 1 - 22.

[221] Brernan G and Buchanan J M. The Power to Tax: Analytical Foundations of a Fiscal Constitution [M]. Cambridge: Cambridge University Press, 1980: 197 - 217.

[222] Breton, A. Competitive Governments: An Economic Theory of Politics and Public Finance [M]. Cambridge: Cambridge University Press, 1998.

[223] Christer Bengs, Urban - rural Relations in Europe [J]. Collections of Inter - regional Conference on Strategies for Exhancing Rural - urban Linkages Approach to Development and Promontion of Local Economic Development, 2005 (1): 256.

[224] Copeland, B. R. and M. S. Taylor. Trade, Growth, and the Environment [J]. Journal of Economic Literature, 2004, 42 (1): 7 - 71.

[225] Copus A. Urban - rural Relationships in the New Century: Clarifying and Updating the Intervention Logic [J]. New Paradigm in Action, 2013 (7).

[226] Corgnet B, Gómezmiñambres J, Hernan Gonzalez R. Goal Setting in the Principal - Agent Model: Weak Incentives for Strong Performance

[J]. Social Science Electronic Publishing, 2018, 5 (109): 311 – 326.

[227] Crowe, C., & Meade, E. E. The Evolution of Central Bank Governance Around the World [J]. Journal of Economic Perspectives, 2007, 21 (4): 69 – 90.

[228] Cumberland, J. H. Efficiency and Equity in Interregional Environment Management [J]. Review of Regional Studies, 1981 (2): 1 – 9.

[229] David Landes. The Wealth and Poverty of Nations: Why Some are Sȯ Rich and Some So Poor [M]. New York: W. W. Norton, 1998.

[230] Davoudi, . S, and Stead, D. Urban – Rural Relationships: An Introduction and a Briefhistory [J]. Built Environment, 2002, 28 (4): 269 – 277.

[231]] Donaldson, D., Hornbeck, R. Railroads and American Economic Growth: A "Market Access" Approach [J]. The Quarterly Journal of Economics, 2016 (131): 799 – 858.

[232] Dosi, G., Fagiolo, G., Napoletano, M., Roventini, A., & Treibich, T. Fiscaland Monetary Policies in Complex Evolving [J]. Economies Journal of Economic Dynamics and Control, 2015 (52): 166 – 189.

[233] Ellen M. Hoffmann, Monish Jose, Nils Nölke and Thomas Möckel, Construction and Use of a Simple Index of Urbanisation in the Rural – Urban Interface of Bangalore [J]. India, Sustainability, 2017 (9): 2146.

[234] Friedman John. China's Urban Transition [M]. University of Minnesota Press, 2005.

[235] Fields, Gary S, A Welfare Economic Analysis of Labor Market-Policies in the Harris – Todaro Model [J]. Journal of Development Economics, 2005, 76 (1): 127 – 146.

[236] Friedman, M.. The Optimum Quantity of Money. The Optimum Quantity of Money and Other Essays [M]. Chicago: Aldine Press, 1969.

[237] Gabriel A. Almond, Sidney Verba. The Civic Culture——Political Attitudes and Democracy in Five Nations [M]. Princeton: Princeton University Press, 1963.

[238] Galí, J. Helicopter Money: The Time Is Now. Mitigating the COVID Economic Crisis: Act Fast and Do Whatever [M]. Washington: CEPR Press, 2020.

[239] Ghani E., Goswami, A. G., Kerr, W. R. Highway to Success: The Impact of the Gold – en Quad – rilateral Project for the Location and Performance of Indian Manufacturing [J]. The Economic Journal, 2016 (126): 317 –357.

[240] Glaeser E L, Resseger M, Tobio K. Inequality in Cities [J]. Journal of Regional Science, 2010, 49 (4): 617 –646.

[241] Glaeser, Edward, Yueran, et al. What is Different about Urbanization in Rich and Poor Countries? Cities in Brazil, China, India and the United States [J]. Journal of urban economics. 2017 (98): 17 –49.

[242] G. M K. Twenty Years of the United Nations Economic Commission for Europe [J]. International Organization, 1968 (22) 3: 617 –628.

[243] Gollin D, Jedwab R, Vollrath D. Urbanization with and without Industrialization [J]. Journal of Economic Growth, 2016, 21 (1): 35 –70.

[244] Gregorio J D, Lee J. Education and Income Inequality: New Evidence from Cross – Country Data [J]. Review of Income & Wealth, 2010, 48 (3): 395 –416.

[245] Gunasekera, K., Anderson, W., Lakshmanan, T. R. Highway – Induced Development: Evidence from Sri Lanka [J]. World Development, 2008 (11): 2371 –2389.

[246] Haase D, Güneralp B, Dahiya B, et al. Global Urbanization [J]. The Urban Planet: Knowledge Towards Sustainable Cities, 2018

(19).

[247] Harris J R, Todaro M P. Migration, Unemployment & Development: A Two - Sector Analysis [J]. American Economic Review, 1970 (60) 1: 126 - 142.

[248] Hinton, W. Fanshen. A Documentary of Revolution in a Chinese Village [M]. NewYork: Monthly Press, 1966.

[249] Hirschman A. Exit, Voice, and Loyalty: Responses to Decline in Firms, Organizations, and States [M]. Harvard University Press, 1970.

[250] Hong, J., Chu, Z., Wang, Q. Transport Infrastructure and Regional Economic Growth: Evidence from China [J]. Transportation, 2011 (5): 737 - 752.

[251] Howard E. Garden Cities of Tomorrow [M]. Cambridge, Mass: MIT Press, 1984: 48.

[252] Hua Zhang. Recommendations for Development of Rural Labor Service Economy from the Perspective of Urban and Rural Integration [J]. Asian Agricultural Research, 2014, 6 (12): 69 - 71, 78.

[253] Huffman W E. Farm and Off - Farm Work Decisions: The Role of Human Capital [J]. The Review of Economics and Statistics, 1980, 62 (1): 14 - 23.

[254] Jean - Paul Bourdier, Nezar AlSayyad. Dwellings, Settlements and Tradition: Cross - Cultural Perspectives [M]. Berkeley, CA: University Press of America, 1989.

[255] Jerrim J, Macmillan L. Income Inequality, Intergenerational Mobility, and the Great Gatsby Curve: Is Education the Key? [J]. Social Forces, 2015, 94 (2): 505 - 533.

[256] John Boardman and N. G. L. Hammond. The Cambridge AncientHistory [M]. Cambridge: Cambridge University Press, 2006.

[257] Jordà, Ò., Schularick, M., & Taylor, A. M.. The Great

Mortgaging: Housing Finance, Crises and Business Cycles [J]. Economic Policy, 2016, 31 (85): 107 –152.

[258] Karin S, Alexandre R G. Urbanization Solutions of a Thirdworld Country's Metropolis to its Social Environment Challenges [J]. Journal of Urban Economics, 2004 (8): 36.

[259] Kelly – Reif K, Wing S. Urban – rural Exploitation: An Underappreciated Dimension of Environmental Injustice [J]. Journal of Rural Studies, 2016 (47): 350 –358.

[260] Knapp Ronald G. China's Traditional Architecture: A Cultural of Geography ofthe Common House [M]. Honolulu: University of Hawaii Press, 1986.

[261] Knapp Ronald G. Chinese Landscape: The Village as Place [M]. Honolulu: University of Hawaii Press, 1992.

[262] Krueger A. Economic Policy Reform in Developing Countries [M]. Oxford: Basil Blackwell, 1992.

[263] Lewis A. Economic Development with Unlimited Supplies of Labour [J]. The Manchester school of economic and social studies, 1954, 22 (2): 139 –191.

[264] Li Ji, Wei Zhang. Fiscal Incentives and Sustainable Urbanization: Evidence from China [J]. Sustainability, 2020 (12): 103.

[265] Lipton Michael. Why Poor People Stay Poor: Urban Bias in World Development [M]. Cambridge: Harvard University Press, 1977.

[266] Li P, Lu Y, Wang J. Does Flattening Government Improve Economic Performance: Evidence from China [J]. Journal of Development Economics, 2016, 123 (8): 18 –37.

[267] Lynch K. Rural – Urban Interaction in the Developing World [J]. Routledge Perspective on Development. 2005 (3): 6 –8.

[268] Luizr De Mello Jr. Fiscal Decentralization and Intergovernmental

Fiscal Relations: A Cross – Country Analysis [J]. Economic Development, 2000 (2): 365 – 380.

[269] Mario I Blejer, Isabel Guerrero. The Impact of Macroeconomic Politics on Income Distribution: An Empirical Study of the Philippines [J]. The Review of Economics and Statistics. 1990 (6): 37 – 41.

[270] Matthew Taylor. Living, Working, Countryside, The Taylor Review of Rural Economy and Affordable Housing [M]. London: Department for Communities and Local Government, 2008.

[271] McKinnon, R. Money and Capital in Economic Development [M]. Washington, DC; Brookings Institution, 1973.

[272] Michaels G, Rauch F, Redding S J. Urbanization and Structural Transformation [J]. The Quarterly Journal of Economics, 2012, 127 (2): 535 – 586.

[273] Midgley, J. Growth, Redistribution, and Welfare: Toward Social Investment [J]. Social Service Review, 1999 (73): 3 – 21.

[274] Motohiro sato. Tax Competition, Rent – seeking and Fiscal De – centralization [J]. European Economic Review, 2003 (47): 19 – 40.

[275] Niloy Financing Policy: Does the Level of Economic Development Matter? [J]. Economic Inquiry, 2007 (5): 46 – 48.

[276] Noell J J. On the Administrative Sector of Social System: An Analysis of the Size and Complexity of Government Bureaucracies in the American States [J]. Social Force, 1974 (52): 549 – 558.

[277] Oates, W. E. Fiscal Federalism [M]. New York: Harcourt Brace Jo – vanovich, 1972.

[278] Persson, T. , Tabellini, G. The Size and Scope of Government: Comparative Politics with Rational Politicians [J]. European Economic Review, 1999 (3): 23 – 27.

[279] Preston D. Rural – urban and Inter – settlement Interaction:

Theory and Analytical Structure [J]. Area, 1975 (7): 171 - 174.

[280] Qian Y, Weingast B R. Federalism as a Commitment to Preserving Market Incentives [J]. Journal of Economic Perspectives, 1997, 11 (4): 83 - 92.

[281] Richard Madsen. Morality and Power in a Chinese Village [M]. Berkeley: University of California Press, 1986.

[282] Shaw, E. Financial Deepening in Economic Development [M]. New York; Oxford University Press, 1973.

[283] Sju, Helen F. Agents and Victims in South China: Accomplices in Rural Revolution [M]. New Haven and London: Yale University Press, 1989.

[284] Stark O, Bloom D E. The New Economics of Labor Migration [J]. American Economic Review, 1985, 75 (2): 173 - 178.

[285] Svein T. Urban - Rural Inter - relationship: Condition for Sustainable Development [J]. United Nations Environment Programmed, 2004, 19 (2): 145 - 167.

[286] Tacoli C. The Links Between Urban and Rural Development [J]. Environment & Urbanization, 2003 (3): 3 - 12.

[287] Tacoli C. Rural - urban Interactions: A Guide to the Literature [J]. Environment and Urbanisation, 1998 (2): 55 - 59.

[288] Timberlake M. The World - system Perspective and Urbanization [M]. The Globalizing Cities Reader. Routledge, 2017: 77 - 82.

[289] Todaro M P. Model of Labor Migration and Unemployment in Less Developed Countries [J]. American Economic Review, 1969 (59): 138 - 148.

[290] Tsui, K. Economic Reform and Interprovincial Inequalities in China [J]. Journal of Development Economics, 1996 (2): 35 - 68.

[291] Vernon Henderson. Urbanization in Developing Countries [J].

The World Bank Research Observer, 2002 (1): 89 - 112.

[292] Tiebout C M. A Pure Theory of Local Expenditures [J]. The Journal of Political Economy, 1956, 64 (5): 416 - 424.

[293] Unwin T. Urban - Rural Interaction in Developing Countries: A Theoretical perspective [M]. The geography of urban - rural interaction in developing countries. Routledge, 2017: 11 - 32.

[294] Weber K M, Rohracheacher H. Legitimizing Research, Technology and Innovation Policies for Transformative Change [J]. Research policy, 2012, 41 (6): 1037 - 1047.

[295] Williamson, Jeffrey G. Regional Inequality and the Process of National Development: A Description of the Patterns [J]. Economic Development & Cultural Change, 1965, 13 (4, Part 2): 1 - 84.

[296] Woolthuis R K, Lankhuizen M, Gilsing V. A System Failure Framework for Innovation Policy Design [J]. Technovation, 2005, 25 (6): 609 - 619.

[297] Xiao - Ying WanAn Empirical Analysis of the Relationship Between Urbanization and Fiscal Policy - Taking Jiangxi Province of China As an Example [J]. Journal of Mathematics Research, 2018 (2): 140 - 150.

[298]] Xu, H. , Nakajima. K. Highways and Industrial Development in the Peripheral Regions of China [J]. Papers in Regional Science, 2017 (96): 325 - 356.

[299] Zhang T, Zou H F. Fiscal Decentralization, Public Spending, and Economic Growth in China [J]. Journal of public economics, 1998, 67 (2): 221 - 240.

[300] Zhou, J , Yang, F. Impact of Chinese - Style Fiscal Decentralization on Urban - Rural Integration: Based on Factor Allocation [J]. Sustainability, 2023 (15) 1542.

后　记

2013年6月13日，我调任党办校办秘书科工作。当天下午，由时任党办校办主任袁雄教授带领到校长办公室报到。这是我第一次近距离面见我的导师王乔教授。在寒暄数语中，他的一句话令我至今记忆犹新。王老师说："我们是需要长期在一起工作的，以后见面不用太拘谨。"这不仅让我看到了作为校长的温润与平和，更让我增强了此后数年做好工作的责任与信心。寒来暑往，作为校领导工作联系人，我有幸在王老师身边工作。在无数次亲切或严厉的交往中，王老师为人处事的品质，让我深感钦佩，深受影响。2020年上半年，我考博江财，有幸拜读在王老师门下，投身于财政学专业的学习。读博三年，王老师悉心教导，帮助我以相对较快的速度转换角色、投身学术。他为学从教的态度与精神，让我深受感染，积极效仿。及至本人学位论文的写作，无论选题立意、逻辑框架，还是数据核校、词句斟酌，都得到王老师的耐心指导。师恩难忘，不仅铭记在心，更要落实于行。在今后日子里，无论所在何方，当奋力前行。

我要感恩我的父母，他们文化不高，但却坚毅顽强。即使在家庭最困难的时候，依然支持着我的"勇毅向前"。在我很小的时候，为了完成稻谷抢收，母亲总是在众人酣睡的凌晨时分下地干活，等到大家起床下地，她早已割倒满田水稻，等着我和父亲扛机出工。父亲最常说的一句话就是"家里的事情，你们放心！"他用实际行动告诉我，男人是应该负责的，他永远是家庭的栋梁。即使偶遇身体抱恙，他仍然不愿让远方的儿子为家分心。是父母的精神滋养，让我学会了笨鸟先飞，选择了踉跄前行，有勇气去面对论文写作乃至人生旅程的“至暗时刻”。

朝齑暮盐，其乐融融。她是我任教小学时的同事，后来成了我的女友和爱人。2000 年相识，2005 年来昌，2007 年结婚成家……一路走来，无论甘苦，妻子对我总是温暖有加，默默承担着许多本该由我承担的责任，支持着我每一刻“义无反顾的担当”。在党办校办工作的 7 年多时间里，常因我在家庭事务中的缺席，让她吃了不少独自承担之“苦”，她用柔弱的肩膀抵挡着远多于半边的风雨。在我博士学业生涯中，她总给予任何时候都无条件的支持，让我有机会成为“老学生”，依然能够在“知识的海洋”里游曳与彷徨。

在学术的路途上，我还要感谢我的硕士生导师蒋金法教授，是他对学术的孜孜以求，撞击出我的义无反顾。感谢我的博士生导师梅国平教授，虽然所学马克思理论专业尚未毕业，但梅老师的博学与务实给我带来的不仅仅是学术上的影响。在财政学博士求学的三年时光里，我要感谢匡小平教授、席卫群教授、姚林香教授、伍红教授、杨得前教授、万莹教授、肖建华教授、吴军民教授、欧阳静教授等众多优秀老师的教诲，是他们的严谨教学与悉心指导，带我领略了知识的力量和学术的影响。我还要感谢纪江老师、叶静老师、黄杰华老师的敬业服务和所有我亲爱的辅导员同事、博士班同学，可爱的硕士生同学们，是他们让我感受到青春的活力，给了我奋进的力量。

此外，本书由我的博士学位论文改编得以出版，并入选江西财经大学信毅学术文库，完全依靠学校的大力支持，让我深为感激，深受感动。在书稿编辑过程中，责任编辑的专业和敬业精神，以及周到细致的服务，给我留下深刻的印象，令我内心充满感激。

作者

2024 年 2 月 5 日

[illegible]

[illegible]

[illegible]

[illegible]的[illegible]

[illegible]

[illegible]，[illegible]

作者

[illegible]